马克思是全世界无产阶级和劳动人民的革命导师,是马克思主义的主要创始人,是马克思主义政党的缔造者和国际共产主义的开创者,是近代以来最伟大的思想家。两个世纪过去了,人类社会发生了巨大而深刻的变化,但马克思的名字依然在世界各地受到人们的尊敬,马克思的学说依然闪烁着耀眼的真理光芒!

本书为北京高校思想政治理论课高精尖创新中心重点项目 "'马克思主义基本原理概论'教学中的'马克思与青年'专题研究"（项目号：19GJJB031）的阶段性成果

"十三五"国家重点出版物出版规划项目

高校主题出版

"走近马克思"小丛书

马克思与青年

张晓萌 著

中国人民大学出版社
·北京·

图书在版编目（CIP）数据

马克思与青年/张晓萌著. --北京：中国人民大学出版社，2020.7
"走近马克思"小丛书
ISBN 978-7-300-28378-4

Ⅰ.①马… Ⅱ.①张… Ⅲ.①马克思主义理论-青年读物
Ⅳ.①A81-49

中国版本图书馆CIP数据核字（2020）第122304号

"十三五"国家重点出版物出版规划项目
"走近马克思"小丛书
马克思与青年
张晓萌　著
Makesi yu Qingnian

出版发行	中国人民大学出版社			
社　　址	北京中关村大街31号		邮政编码	100080
电　　话	010-62511242（总编室）		010-62511770（质管部）	
	010-82501766（邮购部）		010-62514148（门市部）	
	010-62515195（发行公司）		010-62515275（盗版举报）	
网　　址	http://www.crup.com.cn			
经　　销	新华书店			
印　　刷	涿州市星河印刷有限公司			
规　　格	148mm×210mm　32开本		版　　次	2020年7月第1版
印　　张	9.125 插页2		印　　次	2022年10月第3次印刷
字　　数	186 000		定　　价	48.00元

版权所有　侵权必究　　印装差错　负责调换

代序言

青年一代有理想、有本领、有担当,国家就有前途,民族就有希望。马克思主义自传入中国以来,深刻改变了中国人民的命运和中华民族的面貌,使中国这个古老的东方大国创造了人类历史上前所未有的发展奇迹。马克思主义在中国的发展进程深刻体现了理论逻辑、实践逻辑、历史逻辑的有机统一,有力诠释了马克思主义为什么"行"。《马克思与青年》一书面向新时代的中国青年,旨在重温青年马克思的思想历程和人生之旅,解读马克思主义与中国青年及世界青年的历史渊源,讲好马克思主义中国化的理论与实践,在历史的接力跑中继承和发展马克思主义。

马克思主义的圣火需要忠实的传播者,让追求真理的火炬代代相传。中国人民大学一级教授陈先达先生作为新中国培养的第一代马克思主义哲学家，数十年来一直致力于马克思主义的研究与教学，尤其重视马克思主义对青年的教育引领作用。围绕马克思主义与青年教育的相关问题，笔者特别访问了陈先达先生。陈先生对这些问题做出了耐心细致、生动鲜活、意蕴深邃的解答，既体现出一位为追随信仰毕生奋斗的马克思主义者广博精深的思想智慧，更反映出老一辈马克思主义理论家、教育家以信仰引领青年成长的强烈使命与深切情怀。在得到先生授权后，本书将这篇专访作为代序言，以飨读者。

张晓萌：陈先生，您好！作为当代中国马克思主义哲学家，您亲身经历了从旧中国到新中国的沧桑巨变，亲眼见证了中华民族从站起来、富起来迈向强起来的伟大征程，亲自践行了马克思主义的崇高信仰和教书育人的使命担当。首先在这里向您致以诚挚的敬意！

从教 60 多年来，您以坚定的信仰、高尚的师德和无私的奉献精神栽培桃李成荫，影响了一代代马克思主义理论工作者，引领着无数青年学子追随真理的步伐。如今，身为"90 后"的您仍在与"90 后"的青年们对话，希望当代青年树立起马克思主义的科学信仰并为之不懈奋斗，做新时代的马克思主义者。您曾说过,"姓马"容易,"信马"不易,"姓马"是专业,"信马"是信仰。那究竟什么是信仰?

陈先达：谢谢你,你提的信仰问题非常重要。我一生在高校工作。可以说,我的职业是教师,我的专业是马克思主义哲学,而我的信仰是马克思主义。在我来说,这三者是统一的。如果我在教学中不坚持马克思主义,那我的职业就完全是个饭碗,是单纯的谋生手段,与我的教学使命背道而驰。从专业角度说,如果我不坚持马克思主义信仰,我最多只能说是个马克思主义的研究者,而不是坚定的马克思主义信仰者。因此在我的职业和专业中,对马克思主义的信仰问题是生命线。

在一个社会中,信仰是多样的。宗教是一种信仰。我们不反对宗教信仰,宗教有它的社会功能,它对真诚的宗教信仰者具有道德约束力和教化作用。我们的信仰是马克思主义。马克思主义是科学体系,对马克思主义的信仰本质上是对真理的信仰,而不是偶像崇拜。宗教信仰是有神论,我们是无神论者,我们不把希望寄托在来世、寄托在彼岸世界,我们对共产主义的理想和信念,是可证实的、可以实现的理想信念。

马克思主义的信仰、信念、信心、行动是不可分的。坚定的马克思主义信仰可以内化为内心的信念,坚定的信念可以转化为信心,信心可以转化为坚定的行动。信仰动摇了,信念肯定就会动摇,随之就会失去信心,从而导致行动方向的改变。我们只要比较一下中国革命历史上的革命烈士和叛徒,就能理解这个道理。

张晓萌：您曾提及，自己是以"先过门，后恋爱"的方式开始与马克思主义为伴，并将接触和学习马克思主义哲学的经历视为"学术专业的定格""人生道路的定格"，从此逐步成长为新中国培养的第一批马克思主义哲学家的。那么，您是如何形成并确立自己的马克思主义信仰的呢？

陈先达："先过门，后恋爱"主要是因为在我上学的年代没有马克思主义相关专业。我是1953年在我们学校马克思主义研究班哲学分班学习的，全班同学都是这个情况，这是由当时的特定条件造成的。你们年青一代和我们当时条件不一样，你们可以从本科、硕士、博士一以贯之地以马克思主义为专业进行学习，你们应该取得更大的成就。

你问我是如何确立马克思主义信仰的，主要是两条：一是我亲身经历了新旧两个社会。我亲眼目睹旧社会的贫困、腐败和落后，新中国成立以后，我亲眼看到在中国共产党领导下，在马克思主义指导下，我们国家如何一步一步由穷到富、由弱到强，因此在感情上特别亲近我们党，亲近社会主义制度，相信马克思主义的真理性，这种情感上的感受是感性的，但特别重要，它沁入灵魂。二是理论学习。我的专业是马克思主义，我当然要学习马克思主义经典著作、学习马克思主义基本原理，通过学习，使朴素感情有相应的理论支撑，因此更坚定。确立信仰必须要兼具感性与理性，只有感性的信仰是朴素的，环境变化了就容易变化；只有理性的信仰没有情感基础，遇到挫折了就容易动摇。当前讲政治课也要求以情动人、以理服人，有"情"才能动人，有"理"才能服人，这两点彼此关联、缺一不可。

张晓萌：自1956年毕业留在中国人民大学工作至今，您始终在马克思主义这片沃土上笔耕不辍，坚持推动马克思主义理论创新，并承担起传播马克思主义真理、用马克思主义塑造青年学生的世界观和人生观的重任。对您而言，马克思主义的魅力具体体现在何处？它的哪些特质持久而热烈地吸引着您为之奉献一生呢？

陈先达：马克思主义的魅力主要有两点。一是它的科学性，它是以事实为依据、以规律为对象、以实践为检验标准的学说。事实、规律、实践，是任何一门科学的本质要素。马克思主义政治经济学依据的是资本主义社会的经济事实，马克思主义哲学是对自然科学和社会科学的总结，尤其是19世纪上半叶自然科学和社会科学研究提供的科学成果。至于科学社会主义不同于空想社会主义的地方，正在于它是立足于资本主义社会现实的。马克思主义基本原理，包括哲学原理、政治经济学原理、科学社会主义原理，都是以事实为依据、以规律为对象、经过实践检验和仍然经得起实践检验的具有规律性的认识。当代中国马克思主义在哲学、政治经济学和社会主义学说的发展，其事实依据就是中国国情和中国发展的实践，成果就是对中国特色社会主义规律的新概括和新总结,而标准仍然是实践。事实依据、规律概括、实践标准,是马克思主义作为科学学说始终如一的要素。二是它具有人民性,始终站在多数人民的立场上,为受压迫的人民发声。这两点就足以使有正义感的人去相信马克思主义。在这次抗击新冠肺炎疫情的斗争中,我感受更深。我们党把人民的生命健康放在首位,保护弱势群体,包括老人和穷人,能收都收,能救都救,能治都治,为此不惜代价;而不像有些国家采取以牺牲老弱保证经济的防疫政策,宣称死20万人符合预期,死10万人是最大的成就。我想起马克思在《1844年经济学哲学手稿》中批评资本主义制度的一句话:"人是微不足道的,而产品则是一切。"在一些国家的确如此。

张晓萌: 在部分青年人中流传着一个观点,"只有党员和马克思主义研究者才需要信仰马克思主义,没有对它的信仰,我依然可以生活得很好"。我们应该如何看待这个观点?

陈先达: 党员当然要信仰马克思主义,这是党章、党纲规定的,是入党宣过誓的;从事马克思主义教学和研究的人当然要信仰马克思主义,否则名实不符,甚至是"两面人"。我们不可能要求每一名青年都信仰马克思主义,但是我要告诉我们年轻人,马克思主义的基本原则贯穿生活的全部,生活中的真理均渗透着马克思主义的基本原则。比如大学生如何处理朋友关系,这是个生活问题,如果同寝室的同学有矛盾,要学会处理矛盾；再比如不发展生产力的话，生活就改善不了，如果生产不出粮食的话就吃不饱，吃不饱的话群众就有意见。这是非常清楚的道理，其实在这平凡的道理中就蕴藏着马克思主义辩证法和历史唯物主义的大道理。有些年轻人可能是因为受到错误思想的误导，对马克思主义产生误解，以为马克思主义是单纯的意识形态，是政治，与我们无关。我可以告诉他们，没有一个人能生活在马克思主义揭示的基本规律之外。如果你说要求每个人都成为马克思主义者，这不一定。但是每一个人都生活在马克思主义所揭示的真理范围之内。正因为这样，与其只停留在生活道理的层面，不如改变对马克思主义的错误看法，认真学习马克思主义，才能更深地懂得和应对我们在生活中时时刻刻碰到的问题。

张晓萌：确实如此，通过结合实际的阐述和生活化、通俗化的表达，学生对马克思主义就不会产生距离感，从而更好地理解马克思主义基本原理的科学内涵和精神实质，更好地接受这种世界观和方法论，为信仰的塑造打好基础。

陈先达：对，只要把马克思主义的基本原则通俗化，学生是可以接受的。任何人违背了辩证法、违背了历史辩证法，都无法生存下去。这就是马克思主义的基本观点。我们年轻人要处理好个人和社会的关系。要反对个人主义，要树立集体主义和爱国主义观点。习近平总书记说，每个人的前途命运都与国家和民族的前途命运紧密相连。国家好，民族好，大家才会好。如果没有社会主义，据我所知，解放以前贫下中农的子弟几乎没有接受高等教育的机会，只有解放之后才有这种可能。"机遇"是什么？有的人认为"机遇"是个人的能力，但是，实际上"机遇"是一个社会所造就的。个人奋斗当然重要，但只有社会提供条件才会有个人的奋斗问题。

张晓萌： 我们常说，对待马克思主义要做到"真学、真懂、真信、真用"，其中，"真信"就是要求我们不能把马克思主义仅仅作为表面上的口号，或者肤浅地甚至歪曲地理解马克思主义，而是要真正掌握这一思想学说，从而发自内心地相信其真理性。您认为，当代青年如何才能真正建立起对马克思主义的信仰？如何才能做到真信而非盲从？

陈先达： 如何真正建立马克思主义的信仰主要有两点：一是要懂得马克思主义的基本道理，二是要切身感受，感受社会、家庭及周围人的变化。我们现在为什么说共产党"能"，为什么说马克思主义"行"？这个"行"就是事实上的行，而非只是理论上的行。中国从一个贫穷落后的国家发展到现在，就说明马克思主义行、社会主义行。这个事实本身就说明这个道理，这个道理我们可以从理论上进行分析，但归根结底是事实本身证明了这个道理。我们不能用理论来说明理论，而是要用事实来说明理论。

盲从与否的关键在于"理解"。不理解就相信便是盲从，理解之后才相信便不是盲从。所谓"盲"不就是"亡目"吗？

自己不用眼睛看，道听途说，信以为真，这不就是盲从吗？理性的思考不能叫盲从，对真理从来没有盲从的问题，只有对迷信有盲从的问题。迷信，是因信而迷，因迷而信，不看事实。

张晓萌：在不同的历史环境下，对科学信仰的坚持应该一以贯之，但是坚持信仰的方式会有所不同。国内外复杂的环境考验给许多人在当代继续坚守马克思主义信仰带来了一定的考验。一个信仰马克思主义的人，会有哪些特质？如何判断一个人是否为真正的马克思主义者？

陈先达：这个其实也是我们中国的传统观点，即"言行一致"，听其言、观其行。甄别马克思主义者的最高标准就是观察其是否言行一致。做一个马克思主义者很难，做一个坚定的马克思主义者更难。社会主义建设绝不是坐在咖啡馆喝咖啡，高谈阔论，指点江山。对共产党人来说，革命时期有生与死的考验，和平建设时期有顺境与逆境的考验，改革时期有利益关系调整中的金钱考验。从某种意义上说，改革时期的考验更大，因为它是原有的社会关系和利益关系的一次大的调整。在现实生活中，经不起市场经济考验、经不起改革开放考验、经不起地位变化考验、经不起金钱考验的"老虎"和"苍蝇"并不少。

在改革开放中始终坚持马克思主义方向，对理论工作者也是一个考验。改革开放是关乎中华民族命运的大事，也是对每个马克思主义理论工作者的考验。在意识形态领域，我们一定要头脑清醒，能辨别理论上的大是大非。做一个坚定的马克思主义信仰者，不仅要有深厚的马克思主义理论学养，吸取人类积累的广博的知识，而且要有关心社会现实问题和以人民利益为中心的激情和热情。"不管风吹浪打，胜似闲庭信步"。毛泽东在《水调歌头·游泳》中的这两句词，应该成为马克思主义理论工作者的座右铭。

张晓萌： 恩格斯曾指出，马克思的整个世界观不是教义，而是方法。它提供的不是现成的教条，而是进一步研究的出发点和供这种研究使用的方法。社会上也有"马克思主义过时论"的声音，认为马克思主义已经不能满足当代发展的要求。时至今日，您认为马克思主义的发展遇到了哪些亟待解决的重大问题？我们应该如何理解马克思主义在当代的生命力问题？

陈先达： "马克思主义过时论"，主要问题是把马克思主义当作万古不变、包医百病的药方，当作本本上的马克思主义，而非实践中的马克思主义。如果说把马克思主义看作是随着实践的发展而不断发展的理论，它就不存在过时论的问题，而是创造性的问题。所以过时不过时要看对待马克思主义的态度。用教条主义对待马克思主义，马克思主义会过时，创造性地对待马克思主义，它就不会过时。

马克思主义的生命力在于它的创造性，在于其与时俱进的理论品质。马克思是1883年逝世的，恩格斯是1895年，把他们逝世后100多年的马克思主义发展史看成空白来谈论马克思主义的适用性问题，这种思维方法是错误的。马克思主义学说是发展着的学说，马克思和恩格斯的后继者与他们是一脉相承的。马克思和恩格斯逝世后的一个多世纪，是社会主义由理论变为现实的时期，是马克思主义大发展的时期。仅就中国来说，由毛泽东思想到邓小平理论、"三个代表"重要思想、科学发展观以及习近平新时代中国特色社会主义思想，就是一部马克思主义中国化的光辉历史。不仅马克思和恩格斯的某些过时的论断、没有实现的预测、判断的失误完全可以在后继者的实践和理论发展中得到克服和解决，而且马克思主义本身也被创造性地向前推进了。把马克思和恩格斯的继承者与马克思和恩格斯对立起来，实际上就是把马克思和恩格斯的思想变成教条，这本身就是一种理解上的错误。所以要正确理解马克思主义在当代的生命力，必须充分把握马克思主义与时俱进的理论品质。这就是我们党经常强调的坚持和发展马克思主义的问题。

张晓萌：部分人认为，一些西方国家正不遗余力地对我国进行价值观渗透，试图以此误导和笼络青年。在这种复杂的思想斗争形势之下，您认为青年应该如何客观理性地辨析，进而做出正确的价值选择？

陈先达：我们主张文化交流，但是我们反对文化渗透。文化渗透是"颜色革命"的一种形式。不同的国家有不同的制度、不同的发展道路。一个国家采用什么样的制度，取决于国情和传统。要中国采用和资本主义同样的制度，就是从根本上否定中国特色社会主义道路和制度。

西方一些人把自由、民主、人权说成是普世价值，具有极大的欺骗性。因为它与价值共识最易混淆。我们并不反对自由、民主、人权，自由、民主、人权作为人类文明发展的成果，具有某些共同性。但资本主义的自由、民主、人权并非唯一的模式，并不具有普遍性。资本主义极力鼓吹的自由是摆脱社会主义的"自由"，民主是摆脱共产党领导的"民主"，而所谓的"人权"是借助人权的名义进行闹事的"人权"。

资本主义社会的自由、民主、人权是怎么产生的呢？它们是资产阶级在反对封建社会的启蒙时期提出来的。他们的自由，是向封建主争自由，如果人身没有自由，资本主义就没有劳动力，没有平等就没有办法发展资本主义，没有人权就是专制。可是当资产阶级上台以后，他们的自由、民主、人权就发生了变化，恩格斯在《反杜林论》的概论里面对其进行过详细阐释，他们所谓的平等就变成口头上的、法律形式上的平等，所谓的"法律面前人人平等"，其中的法律是资本家制定的，他们首先以一个不平等的态度制定一个法律，然后宣称法律面前人人平等，这种平等实际上包含着不平等。自由也是如此，如果每一个人都享有独立的自由，那么实际上是剥夺了别人的自由。而我们社会主义国家提倡的自由是有规则的自由，每个人的自由是其他人自由发展的条件，而非障碍。而资本主义国家的自由有一个最大的问题，便是一个人的自由往往成为其他人无法自由的原因。平等也是如此。有产者和无产者怎么平等？穷人和亿万富翁怎么平等？普通老百姓和特朗普怎么平等？所以马克思主义讲平等最后归结为消灭阶级。自由、民主、人权是依赖于社会制度的，而非脱离社会制度的抽象概念。如果接受的只是自由、民主、人权的概念，而没有区分，停留在表层，没有进入什么样的自由、什么样的民主、什么样的人权，很容易掉入陷阱。

自由、民主、人权是最具有诱惑力的。谁会不要自由呢？马克思说，任何人都想要自由，连反对自由的人都主张自由。在《马克思恩格斯全集》第一卷就讲到这个问题。谁不要求平等？谁都要求平等。实际上，马克思在讲封建社会时，批评了卢梭"人生而平等"的观点，由于社会存在阶级对立，每个人生下来以后都像药材一样被往中药铺的药屉里放：你是贵族，你是平民，都由你的出身决定。资本主义社会消灭了等级制度，但仍然是阶级社会，因而出生在富贵之家和出生在贫穷之家的人，不可能生而平等。我们国家情况不一样，但发展不平衡的问题仍然存在。中国共产党的扶贫政策是希望通过调整这种情况来给普通人一个平等的机会，而不是直接给他们一个平等的待遇。我们目前讲的平等主要是指机会平等，是只要努力就有一定的机会，而这个机会在旧社会很少。

其实社会平等、公平、正义的问题不能脱离制度。我们不要被自由、平等、正义等抽象概念所迷惑。自由、民主、人权都有它们的内涵，要是玩弄一个抽象的概念，就会使人迷惑。现在西方国家的阶层固化现象较为严重，少数人拥有着大部分的人类财富。我们现在要努力防止阶层固化，一个有生机、有竞争力、人员流通的社会，人们通过自己的努力有可能由底层进入到高层。如果所有的门都堵死了，社会就会停滞不前。

张晓萌：习近平总书记指出，青年一代有理想、有本领、有担当，国家就有前途，民族就有希望。教师是打造中华民族这支"梦之队"的筑梦人，习近平总书记对思政课教师特别提出政治要强、情怀要深、思维要新、视野要广、自律要严、人格要正的要求，请问您认为教师应如何在价值塑造、能力培养、知识传授方面当好学生引路人，为青年扣好人生的第一粒扣子？

陈先达：首先，教师要不断提升自己，讲课的教师关键要站得稳，如果教师自己站不稳，东倒西歪的，就不可能有效地帮助别人。对自己讲的道理要相信，否则就不可能理直气壮。课堂上的主导权在教师手中，所以政治教师自身的理论素质培养是首要的，这是政治方向的问题，然后才是讲课艺术问题。因为政治课不能讲成相声，也不能讲成网红，你要讲清楚的是一个道理。其次，教师要关注学生现状，要想学生相信，就必须清楚当代思潮在学生中有什么影响，同学们有什么思想、有什么问题。这些问题怎样结合基本原理进行讲授？不能脱离基本原理来讲问题。不然就不是政治课，而是思想报告。想要将两者有机结合，就需要选择具有普遍性的例子，并在此基础上进行理论方面的回答，要讲到学生心里去，让学生心服口服。要学思并重，读书就要思考、就要动笔，我读所有的书，有什么感想，哪怕是几句话，都要把它记下来。学而不思则罔，学而思才是对的。只思考不读书就没有材料，只读书不思考就没有创造性。我过去的很多文章都是在读书笔记的基础上形成的。

我们从事马克思主义理论研究和教学的人，应该自尊、自信、自强。不要屈服于市场的诱惑和某种错误思潮的压力，更不要害怕某些无知者的狂言。我们应该懂得，我们在从事一项重要的工作。我们的教学不限于某一个学科，而是面对全体学生。我们在讲台上宣传什么，可以影响学生的一生。我们承担的是在世界观、人生观和价值观方面为中国特色社会主义建设培养合格建设者、可靠接班人的重要责任和工作。

张晓萌：谢谢陈先生！相信您的嘱托与期许将会激励更多的新一代青年满怀赤子之心，坚定马克思主义信仰，传承马克思主义精神，在实现中华民族伟大复兴的接力跑中接续奋斗，跑出更好成绩。

目 录

导论　马克思主义的时代意义　　001

上篇　马克思的青年观

第一章　马克思的青年时期　　015
　第一节　青年马克思的成长历程　　016
　第二节　青年马克思的思想转变轨迹　　022
　第三节　从理论探索走向实践斗争　　037

第二章　马克思和恩格斯论青年　　050
　第一节　论青年的理想追求　　051
　第二节　论青年的现实境遇　　056
　第三节　论青年的劳动与教育　　061
　第四节　论青年的学习与成长　　067

第三章　马克思主义的理论特质和历史使命　　073
　第一节　马克思主义的理论特质　　073
　第二节　马克思主义的历史使命　　088

中篇　马克思主义星火燎原

第四章　马克思主义与世界青年　　101
　　第一节　青年与马克思主义在世界的传播　　103
　　第二节　青年与马克思主义在世界的发展　　119
　　第三节　青年与马克思主义在世界的实践　　134

第五章　马克思主义与中国青年　　145
　　第一节　追寻救国真理的中国青年　　146
　　第二节　以民族解放为己任的中国青年　　153
　　第三节　新中国建设征程中的中国青年　　161

下篇　马克思主义与新时代青年

第六章　21世纪马克思主义与新时代青年观　　171
　　第一节　马克思主义中国化最新理论成果　　172
　　第二节　新时代呼唤与时俱进的青年观　　185
　　第三节　新时代青年观开辟马克思主义青年观
　　　　　　新境界　　190
　　第四节　新时代青年观是青年发展的行动指南　　195

第七章　新时代青年的使命担当与价值引领　　201
　　第一节　新时代中国青年的时代使命　　202
　　第二节　新时代中国青年的价值引领　　216

第八章　马克思主义信仰引领新时代青年　　228
　　第一节　马克思主义是科学与信仰的统一　　229
　　第二节　引领当代青年树立马克思主义信仰　　245
　　第三节　造就新时代的青年马克思主义者　　255
结　语　　267
后　记　　270

导论

马克思主义的时代意义

穿越两个世纪的漫长时空,我们仿佛能够听见19世纪欧洲社会里蒸汽火车的呼啸、工厂机器的轰鸣和街头工人的呐喊。在资本主义飞速发展的年代里,马克思和恩格斯背离他们优越的出身,选择与工人群众坚定地站在一起,用毕生的艰辛探索创立出改变世界的思想理论——马克思主义。历经两个世纪的沧桑变幻,人类社会的面貌已经发生了翻天覆地的变化,马克思主义不仅没有沦为被历史遗弃的旧卷、博物馆中尘封的展品,反而如一轮新日再度升起,焕发着愈加耀眼的真理光芒。历史雄辩地证明:"无论时代如何变迁、科学如何进步,马克思主义依然显示出科学思想的伟力,依然占据着真理和道义的制高点。"①

---

① 习近平. 习近平谈治国理政:第2卷. 北京:外文出版社,2017:329.

习近平在纪念马克思诞辰 200 周年大会上的讲话中指出:"在人类思想史上,没有一种思想理论像马克思主义那样对人类产生了如此广泛而深刻的影响。"[①] 170 多年来,马克思主义在世界各个国家和地区广泛传播,展现出蓬勃的理论生命力、巨大的思想解释力和强劲的现实推动力,深刻改变了人类社会的面貌和世界历史进程,为社会的发展进步和人的自由解放指明了道路。当前,世界政治经济格局处于加快演变之中,全球范围内两种意识形态、两种社会制度的历史演进及其较量呈现出有利于马克思主义、有利于社会主义的积极转变,世界社会主义理论与实践不断孕育的新发展正向世人宣告:马克思主义没有过时,它依然属于这个时代并引领着这个时代,依然具有不可忽视的当代价值和现实意义。

一、为探索人类社会发展道路提供强有力的思想武器

提供了解开历史发展之谜的钥匙。恩格斯指出:"正像达尔文发现有机界的发展规律一样,马克思发现了人类历史的发展规律"[②]。马克思主义作为辩证唯物主义和历史唯物主义的世界观和方法论,以科学的实践观作为首要的和基本的出发点,深刻揭示出社会生活的实践本质。这一理论"从直接生活

[①] 习近平. 在纪念马克思诞辰 200 周年大会上的讲话. 北京:人民出版社,2018:10.
[②] 马克思,恩格斯. 马克思恩格斯文集:第 3 卷. 北京:人民出版社,2009:601.

的物质生产出发阐述现实的生产过程"①，将衣食住行等生活的第一需要作为人们创造历史的第一条件，在坚持物质世界的客观先在性的同时建构起人的实践的历史性生存，从而精准地把握人与外部世界的动态关系，形成了考察社会历史运动的科学方法。站在时代思想的最高峰和革命浪潮的交汇点，马克思和恩格斯在深入研究前人的理论成果、深入考察所处社会现实的基础上，创立了唯物史观和剩余价值理论，发掘了资本主义经济社会的运行规律，进而揭示了人类社会发展的一般规律，为人们探索历史演进规律、把握社会发展方向提供了"进一步研究的出发点和**供**这种研究**使用**的方法"②，使人类第一次对社会历史领域的"斯芬克斯之谜"做出科学的理论解答。

揭示了人类历史发展趋势和命运。列宁深刻地指出，俄国社会主义革命的成功象征着"两个具有世界历史意义的时代，即资产阶级时代和社会主义时代，资本家议会制度时代和无产阶级苏维埃国家制度时代的世界性交替的开始"③。当今时代是由资本主义向社会主义过渡的历史时代，两种生产方式和国家制度相互合作、相互竞争，马克思主义的基本原理仍然阐释着当代世界发展变化及其挑战的根源，正如习近平所强调的，"从世界社会主义500年的大视野来看，我们依然处在马克思

---

① 马克思，恩格斯. 马克思恩格斯文集：第1卷. 北京：人民出版社，2009：544.
② 马克思，恩格斯. 马克思恩格斯文集：第10卷. 北京：人民出版社，2009：691.
③ 列宁. 列宁全集：第36卷. 2版增订版. 北京：人民出版社，2017：208.

主义所指明的历史时代"①。资本主义社会所能容纳的生产力依然具有进一步发展的空间,而社会主义力量仍处在长周期的复兴进程中,这一历史现状使得人们在现在和未来的很长一段时间内依然无法跳出马克思为我们所处时代描绘的历史卷轴,依然要使用马克思主义的思维和语言来叙述时代、解读时代。面对当代资本主义发生的深刻复杂变化,既要用好马克思主义的"显微镜",深入分析和批判资本主义社会的结构性矛盾及其各种表现形式、资本主义危机的发展规律及其变化、资本主义统治的新形态及其本质,也要用好马克思主义的"望远镜",正确认识资本主义的发展趋势和命运,准确把握当代资本主义新变化新特征,保持对马克思主义的坚定信心和对社会主义的必胜信念。

指引着人民改造世界的实践行动。"哲学家们只是用不同的方式**解释**世界,问题在于**改变**世界。"② 镌刻在马克思墓碑上的这句话一语道出了哲学家和哲学的历史任务——能动地改变世界。相比于只注重解释世界而无法承担改变世界重任的传统哲学,"马克思主义不是书斋里的学问"③,而是指导人民群众行动的理论,是为人类求解放的理论。17 岁那年,马克思便将"最能为人类而工作的职业"视为最崇高的事业,并为此

---

① 习近平. 深刻认识马克思主义时代意义和现实意义 继续推进马克思主义中国化时代化大众化. 人民日报,2017 - 09 - 30 (1).
② 马克思,恩格斯. 马克思恩格斯文集:第 1 卷. 北京:人民出版社,2009:502.
③ 习近平. 在纪念马克思诞辰 200 周年大会上的讲话. 北京:人民出版社,2018:9.

感叹道,"那时我们所享受的就不是可怜的、有限的、自私的乐趣,我们的幸福将属于千百万人,我们的事业将悄然无声地存在下去,但是它会永远发挥作用"①。在此后艰难困苦的考验中,马克思始终初心不改、矢志不渝,用一生的不懈奋斗践行了为人类谋福利的崇高理想,成就了为追求真理而勇攀理论高峰的思想标杆,树立了为推翻旧世界、建立新世界而不息战斗的典范。恩格斯曾这样评价马克思:"现代运动当前所取得的一切成就,都应归功于他的理论活动和实践活动;没有他,我们至今还会在黑暗中徘徊。"② 马克思主义是为改变人民历史命运而创立的,是在人民求解放的实践中形成的,也是在人民求解放的实践中丰富和发展的,为人民认识世界、改造世界提供了强大的精神力量和行动指南。

二、引领世界社会主义运动不断实现历史性飞跃

指引世界社会主义运动在沧海横流中砥砺前行。1848 年《共产党宣言》的问世宣告了马克思主义的诞生,英国政治学家阿兰·瑞安曾说:"马克思 1883 年去世时,谁也没有预言他和恩格斯在 1848 年的《共产党宣言》中设想的'革命的幽灵'将成为 20 世纪世界历史的一股主要动力。"③ 在科学社会主义的指引下,社会主义理论运动与无产阶级革命运动开始合流,

---

① 马克思,恩格斯. 马克思恩格斯全集:第 1 卷. 2 版. 北京:人民出版社,1995:459.
② 马克思,恩格斯. 马克思恩格斯文集:第 10 卷. 北京:人民出版社,2009:502.
③ 瑞安. 论政治:下卷. 林华,译. 北京:中信出版社,2016:432.

汇聚出推动世界社会主义运动发展的磅礴力量。1917年,列宁领导的十月革命取得伟大胜利,"打开了通向未来的窗口"①,建立起世界上第一个社会主义国家,使世人真正领略到了理论转化为实践的巨大能量和推翻资本主义统治、实现人民当家作主的现实可能。第二次世界大战结束后,社会主义运动和民族解放浪潮席卷全球,一大批国家先后走上社会主义道路,特别是新中国的成立,让五星红旗在世界的东方高高飘扬,极大地增强了世界社会主义力量,深刻改变了人类历史进程。社会主义500多年的正道沧桑,见证了从空想到科学、从理论到实践、从一国到多国、从单一模式到多种模式的历史飞跃,在社会主义革命运动波澜壮阔的历史进程中,马克思主义始终随着时代的发展而不断发展,指引着世界社会主义运动扬帆破浪、奋楫前行。

推动中国开辟通往社会主义现代化的崭新道路。马克思主义不仅深刻改变了世界,也深刻改变了中国。十月革命胜利后,以马克思主义为指导的中国共产党在近代以来中华民族寻求独立解放的历史大潮中应运而生。中国共产党人把马克思主义基本原理同中国革命、建设和改革的具体实际结合起来,团结带领中国人民经过长期奋斗,建立了中华人民共和国,进行了社会主义建设的艰辛探索,实行了改革开放的伟大决策,开辟出了一条具有中国特色的社会主义现代化道路。新中国成立70多年来,特别是改革开放40多年来,中国人民在广袤的神

---

① 卢卡奇.历史与阶级意识.杜章智,等译.北京:商务印书馆,1999:4.

州大地上创造出世所罕见的经济快速发展奇迹和社会长期稳定奇迹，在世界上高高举起了中国特色社会主义伟大旗帜，使科学社会主义在21世纪再度焕发出强大的生机活力。党的十八大以来，以习近平同志为核心的党中央坚持解放思想、实事求是、与时俱进、求真务实，坚持辩证唯物主义和历史唯物主义，以全新的视野深化了对共产党执政规律、社会主义建设规律、人类社会发展规律的认识，创立了习近平新时代中国特色社会主义思想，这是当代中国马克思主义、21世纪马克思主义。历史已经证明，"马克思主义为中国革命、建设、改革提供了强大思想武器，使中国这个古老的东方大国创造了人类历史上前所未有的发展奇迹"[1]。在新思想的指引下，新时代的中国正以现代化建设的伟大成就引领科学社会主义的新发展，谱写马克思主义中国化的历史新篇，不断彰显马克思主义的真理力量和时代价值。

引导中国共产党永葆政治本色、勇担时代使命。马克思在《共产党宣言》中澄清，共产党"没有任何同整个无产阶级的利益不同的利益"，"在无产阶级和资产阶级的斗争所经历的各个发展阶段上，共产党人始终代表整个运动的利益"[2]，这鲜明地体现了马克思主义政党的先进性和纯洁性。中国共产党自成立以来就立志于中华民族千秋伟业，担负起为中国人民谋幸

---

[1] 习近平.在纪念马克思诞辰200周年大会上的讲话.北京：人民出版社，2018：14.
[2] 马克思，恩格斯.马克思恩格斯文集：第2卷.北京：人民出版社，2009：44.

福、为中华民族谋复兴的历史使命,带领中华民族实现了从站起来到富起来的伟大飞跃,迎来了伟大复兴的光明前景。在带领全国各族人民进行伟大社会革命的同时,我们党始终重视思想建党、理论强党。习近平强调,我们党在中国这样一个有着十几亿人口的大国执政,"面对十分复杂的国内外环境,肩负繁重的执政使命,如果缺乏理论思维,是难以战胜各种风险和困难的,也是难以不断前进的"①。我们党要赢得优势、赢得主动、赢得未来,就要不断提高运用马克思主义分析和解决实际问题的能力,不断提高运用科学理论指导我们应对重大挑战、抵御重大风险、克服重大阻力、化解重大矛盾、解决重大问题的能力,不断坚定马克思主义信仰和共产主义理想。中国特色社会主义进入新时代,中国共产党人正紧紧围绕实现民族复兴的伟大梦想,进行伟大斗争、建设伟大工程、推进伟大事业,不忘初心、牢记使命,在一代代的接续奋斗中把党建设成为始终走在时代前列、人民衷心拥护、勇于自我革命、经得起各种风浪考验、朝气蓬勃的马克思主义执政党。

三、在时代的风云变幻中始终占据真理与道义的制高点

胸怀世界的马克思主义,照亮人类寻求自身解放的道路。美国思想家海尔布隆纳曾说,"对于那些想要探索社会发展历程的内在动力的人来说,马克思是权威性的人物"②,"要探索

---

① 习近平. 在全国党校工作会议上的讲话. 北京:人民出版社,2016:14.
② 海尔布隆纳. 马克思主义:赞成与反对. 马林梅,译. 北京:东方出版社,2016:4.

人类社会发展前景，必须向马克思求教，人类社会至今仍然生活在马克思所阐明的发展规律之中"①。马克思主义为人类社会指明的发展前景便是共产主义社会，用马克思的话说，"代替那存在着阶级和阶级对立的资产阶级旧社会的，将是这样一个联合体，在那里，每个人的自由发展是一切人的自由发展的条件"②。而这样的理想社会并非历史的终点，而是人之真正作为人的历史的起点，人们实现了从必然王国向自由王国的飞跃，开始自觉创造自己的历史，成为自己的主人。共产主义的崇高理想站在人类道义制高点上，为全世界的无产阶级和革命群众吹响了推翻压迫和剥削、争取自由和平等的号角，为马克思主义政党一往无前、不惧任何风险挑战提供了精神支柱，也为共产党人坚定理想信念、坚守精神家园奠定了理论基础。习近平指出："只要我们掌握了马克思主义基本原理，就能够深刻认识到实现共产主义是由一个一个阶段性目标逐步达成的漫长历史过程，需要若干代人接续奋斗、艰苦奋斗、不懈奋斗"③。中国共产党是为中国人民谋幸福的政党，也是为人类进步事业而奋斗的政党，既立足中国，又胸怀世界，始终坚持为实现中华民族伟大复兴和追寻共产主义远大理想而不断奋斗。

---

① 习近平．在哲学社会科学工作座谈会上的讲话．北京：人民出版社，2016：10.
② 马克思，恩格斯．马克思恩格斯文集：第 2 卷．北京：人民出版社，2009：53.
③ 习近平．学习马克思主义基本理论是共产党人的必修课．求是，2019（22）：9.

回应时代的马克思主义，在不断发展中迎接现实的挑战。 马克思主义具有跨越时空的真理价值，不在于对不同历史阶段的具体问题给出现成的解答，而在于为人们探索时代发展的新课题、回应人类社会的新挑战提供思路和方法论的启示。马克思曾深刻地分析道，资本主义世界市场的发展打破了各民族和各地区闭关自守的状态，推动了物质生产和精神文化生产的全球化，使历史成为真正的世界历史。正如马克思和恩格斯所预见，当今世界各国之间相互依存的程度之深前所未有，全球化已经成为不可逆转的历史趋势，在带来巨大发展机遇的同时，也伴随着新的风险和挑战。时代潮流滚滚向前，"冷战思维、零和博弈愈发陈旧落伍，妄自尊大或独善其身只能四处碰壁"①，唯有站在更广阔的格局之中携起手来迎接挑战、共担时代责任、共享发展机遇，才是符合世界各国人民的共同愿望和人类社会未来的现实出路。身处新时代的历史方位，中国积极探索关系人类前途命运的重大问题，提出构建人类命运共同体的主张，超越了靠战争和掠夺推进现代化的霸权逻辑，开辟了人类实现现代化的崭新路径，坚持做世界和平的建设者、全球发展的贡献者、国际秩序的维护者，努力为应对全球性问题和挑战、维护全人类共同利益和价值贡献中国智慧、中国方案。

面向未来的马克思主义，激励当代青年勇做时代弄潮儿。 马克思主义蕴藏着改变世界的力量，流淌着奋斗的热血，激荡

---

① 习近平.开放共创繁荣　创新引领未来：在博鳌亚洲论坛 2018 年年会开幕式上的主旨演讲.北京：人民出版社，2018：6.

着理想的凯歌，最容易影响青年的观念、品行和人格的养成，也最容易感召青年为追求理想信念而献身。青年人选择了马克思主义，就是选择了为社会做更大贡献，就是选择了不平凡的人生。五四运动以来，中国革命的面貌在马克思主义的指导下焕然一新，一代又一代的中国青年满怀赤子之心，在浴血牺牲的接续奋斗中以青春之我创造青春之中国，把最美好的青春奉献给民族独立和人民解放事业。习近平指出："今天，新时代中国青年处在中华民族发展的最好时期，既面临着难得的建功立业的人生际遇，也面临着'天将降大任于斯人'的时代使命。"[①] 在建设社会主义现代化强国的新征程上，当代青年要坚定对马克思主义的信仰、对中国特色社会主义的信念和对中华民族伟大复兴的中国梦的信心，到人民群众中去，到新时代新天地中去，让青春在为祖国和人民的奉献中焕发出更加绚丽的光彩。在推动构建人类命运共同体的时代旋律中，当代青年要积极拓展国际视野，关注全人类共同面临的问题和挑战，承担全球化时代的中国青年责任，为世界共同发展和文明交流互鉴做出更大贡献。"任何真正的哲学都是自己时代的精神上的精华"[②]，理论的生命力在于与时俱进、不断创新，推动马克思主义不断发展是当代青年马克思主义者的时代使命。面向未来，当代青年要勇做走在时代前列的奋进者、开拓者、奉献

---

① 习近平. 在纪念五四运动 100 周年大会上的讲话. 北京：人民出版社，2019：6.
② 马克思，恩格斯. 马克思恩格斯全集：第 1 卷. 2 版. 北京：人民出版社，1995：220.

者，坚持用马克思主义观察时代、解读时代、引领时代，用鲜活丰富的当代中国实践推动马克思主义发展，用宽广视野吸收人类创造的一切优秀文明成果，守正出新、博采众长，不断开辟当代中国马克思主义、21世纪马克思主义新境界！

> 面向未来的马克思主义，激励当代青年勇做时代弄潮儿。

上 篇
马克思的青年观

第一章

马克思的青年时期

"在他的葬礼上,恩格斯在对少数忠诚的朋友发表的讲话中宣称:'他的名字和他的工作将数百年地继续存在下去'。这一预言的确被证明了是正确的。在卡尔·马克思去世之后的世纪中,他已经获得了很少有人得到的世界声誉与影响。"[①] 作为马克思主义的主要创始人、马克思主义政党的缔造者和国际共产主义事业的开创者、全世界无产阶级和劳动人民的革命导师,马克思将其一生都奉献给了为人类求解放的事业。但马克思并非天生的马克思主义者,"他是从资产阶级社会有教养的人们中间,经过艰苦的探索,自觉地转到无产阶级方面来的先进知识分子的典型代表"[②]。

[①] 麦克莱伦. 马克思传. 4 版. 王珍, 译. 北京:中国人民大学出版社, 2016:461.

[②] 孙伯鍨. 探索者道路的探索:青年马克思恩格斯哲学思想研究. 北京:北京师范大学出版社, 2017:2.

在青年时期①，马克思在孜孜不倦的理论研究和社会实践中完成了从唯心主义到唯物主义、从革命民主主义到共产主义的思想转变，在批判吸收德国古典哲学的基础上创立了唯物史观，实现了社会历史观的伟大变革，并通过对英国古典政治经济学的研究为剩余价值理论的形成奠定了基础。科学社会主义的第一部纲领性文件——《共产党宣言》的问世向世界宣告了马克思主义的诞生，也标志着马克思青年时期的思想逐步走向成熟。

第一节 青年马克思的成长历程

一、马克思生活的时代背景

任何思想都是时代的产物，其产生和发展都离不开时代的影响。"马克思的思想理论源于那个时代又超越了那个时代，既是那个时代精神的精华又是整个人类精神的精华。"② 社会现实的变化催生新的理论思想，马克思主义正是在回应现实社会发展需要、汲取人类文明优秀成果的基础上应运而生的。

---

① "马克思的青年时期"是指马克思思想理论成熟前的一段时期。根据列宁对马克思的思想发展时期的划分观点，以1847年《哲学的贫困》和1848年《共产党宣言》两部著作的发表为界，标志着马克思完成了青年时期思想的转变，走向思想的成熟时期。列宁. 列宁全集：第31卷.2版增订版. 北京：人民出版社，2017：21.

② 习近平. 在纪念马克思诞辰200周年大会上的讲话. 北京：人民出版社，2018：7.

1818年5月5日，马克思诞生于德国莱茵省南部的特里尔。这是一个由工业革命带动生产力飞速提升的时代，18世纪60年代的英国率先掀起的生产方式变革推动资本主义经济获得了前所未有的发展。自14世纪后期资本主义生产关系在封建社会内部出现以来，新兴资产阶级不断改进生产技术、降低生产成本，以谋取越来越多的利润。随着世界市场的逐步扩大，资本主义原有的生产方式已难以满足市场的需要，因此，大机器的使用就成为资本主义生产的必要条件。在资本主义生产关系较为发达的英国，以机器的发明和使用为特征的工业革命拉开机械化大生产的序幕，随后，法国、德国、西班牙等欧洲国家也先后加入工业革命的浪潮中。随着大机器生产的普遍推广，资本主义生产技术发生了革命性变化：工场手工业逐步为机器大工业所代替，工厂制度逐步确立。工业革命使资本主义经济发展取得了空前的成就，正如马克思和恩格斯在《共产党宣言》中所说，"资产阶级在它的不到一百年的阶级统治中所创造的生产力，比过去一切世代创造的全部生产力还要多，还要大"[1]。

　　随着资本主义生产力的不断发展，资产阶级逐步取得欧洲社会的统治地位，工人阶级作为一个与新的生产力相适应的新兴阶级不断壮大，整个资本主义社会日益分化为资产阶级和无产阶级。一方面，资产阶级占有和享受着工业文明的发展成果，不断巩固和加强其统治；另一方面，无产阶级的生活境况却并未得到改善，反而在经济上受到残酷的剥削，在政治上受

---

[1] 马克思，恩格斯. 马克思恩格斯文集：第2卷. 北京：人民出版社，2009：36.

到沉重的压迫，生存境遇愈加艰难。在社会化大生产迅速发展的历史进程中，广大无产阶级被剥夺了生产资料，只能出卖自己的劳动力，不断沦为生产机器的附庸，受到的剥削和压迫日益加深，使得资产阶级和无产阶级的矛盾与对立不断加剧，阶级斗争也日趋激烈。无产阶级反抗资产阶级的斗争最初只是采取破坏机器、烧毁厂房、罢工等自发性、局部性的手段，之后逐步上升为对资本主义生产方式及其社会制度的反抗，使得两大阶级之间的矛盾尖锐化。19世纪30—40年代的西欧先后爆发了三次大规模的工人起义，即1831年和1834年的法国里昂工人起义、1836年开始的英国宪章运动和1844年的德国西里西亚纺织工人起义。这些起义象征着现代无产阶级革命力量的觉醒，但其现实运动的陆续失败也说明了无产阶级要获得解放就必须具备科学的理论指导。风起云涌的革命运动呼唤着推翻旧世界、建立新世界的新旗帜，这正是马克思主义诞生的时代序曲。

在这个时代中，自然科学和思想领域出现的新成果深刻影响着人类对外在世界运行规律以及自身发展前途命运的探索。在19世纪的自然科学领域，细胞学说、能量守恒和转化定律以及生物进化论三大发现首度科学地揭示了自然界各个领域之间的内在联系，深化了人们对自然的认识。这些重大发现对以往传统哲学中的唯心主义和形而上学的观点造成了沉重的打击，使得"一切被当做永恒存在的特殊的东西变成了转瞬即逝的东西"①。同时，德国古典哲学家、英国古典政治经济学家、

---

① 马克思，恩格斯.马克思恩格斯文集：第9卷.北京：人民出版社，2009：418.

法国复辟时期历史学家、英法空想社会主义者对社会问题的积极思考，在19世纪的人类历史星空中留下了群星璀璨的文明成就，这些发展成果共同构成了马克思在青年时期进行创造性探索的思想史背景和理论资源。

二、马克思的成长环境

马克思成长于一个有着自由民主的政治传统的城市。他的出生地特里尔曾于1793年被法国大革命的军队占领，并按照法国大革命的政治原则和《法国民法典》[①]进行治理，相较于德国的其他地方，特里尔有着较为浓厚的言论自由和立宪自由的氛围。1814年，包括特里尔在内的部分莱茵地区被并入普鲁士王国，浸润民主已久的特里尔人民由法国共和国的公民变为普鲁士国王陛下的臣民，对政治、经济现状不满的情绪在特里尔的民众中逐渐积累。

影响马克思早期思想形成的因素主要有以下三个方面。首先，对马克思的启蒙教育产生重要影响的是他的父亲——亨利希·马克思。他担任特里尔城高级诉讼法庭的法律顾问，工资虽不高，但足以维持较为体面的家庭生活。1817年，出于现实原因，亨利希·马克思按照普鲁士的法律受洗成为一名新教徒，以便能够继续从事自己的事业。他常常阅读法国启蒙思想家的著作，沉浸于18世纪法国政治、宗教、生活、艺术的自

---

① 1804年颁布，是法国资产阶级革命的产物，最早的资本主义国家民法典。1807年改称《拿破仑法典》。法典规定了资本主义的财产制度，贯彻了自由平等、私有财产神圣不可侵犯和契约自由原则。恩格斯称它为"典型的资产阶级社会的法典"。（马克思，恩格斯. 马克思恩格斯文集：第4卷. 北京：人民出版社，2009：307.）

由思想中，这样的兴趣使他"完全赞同18世纪法国理性主义者的观点，完全相信理性的力量，认为理性可以解释这个世界并推动这个世界的进步"①。同时，他与莱茵地区的自由主义运动也有着密切联系，曾于1834年作为五名组织者之一参加普鲁士举行的自由主义政治性宴会。亨利希·马克思正是在理性主义以及宗教、政治上的自由主义世界观的引导下，给予了马克思良好的思想启蒙。

其次，马克思未来的岳父冯·威斯特华伦男爵②对马克思思想中所蕴含的浪漫主义精神有着直接影响。威斯特华伦男爵是一位极有教养的人，掌握法语、德语、西班牙语、拉丁语等多个语种。他喜爱读浪漫派诗歌，并常常同马克思一起散步、讨论，向马克思灌输浪漫主义学派所具有的热情。不仅如此，"男爵还热心于进步的政治思想"③，让马克思对法国空想社会主义者圣西门的人格和思想产生了浓厚兴趣，激发了他对浪漫主义学派的热情和对社会现象的思考。

最后，在中学阶段对马克思产生重要影响的是以约翰·胡果·维滕巴赫④为代表的自由派的中学老师。马克思于1830

---

① 麦克莱伦. 马克思传.4版. 王珍，译. 北京：中国人民大学出版社，2016：6.
② 冯·威斯特华伦男爵是特里尔的城市顾问，也是亨利希·马克思家的世交和邻居，曾被马克思称为"敬爱的父亲般的朋友"。（马克思，恩格斯. 马克思恩格斯全集：第25卷.2版. 北京：人民出版社，2001：538.）
③ 麦克莱伦. 马克思传.4版. 王珍，译. 北京：中国人民大学出版社，2016：13.
④ 约翰·胡果·维滕巴赫（1767—1848），德国历史学家和教育家，特里尔中学校长。（马克思，恩格斯. 马克思恩格斯全集：第1卷.2版. 北京：人民出版社，1995：1087.）

年进入特里尔的弗里德里希·威廉中学读书，这是一所充满自由精神的大学预科中学，拥有一批学识渊博的学者和思想激进的教师。维滕巴赫是当时社会的进步人士，也是康德哲学的坚定支持者，他致力于在学校传播启蒙思想和人道主义精神。"对于马克思来说，特里尔文科中学校长、特里尔精神生活的主要代表约翰·胡果·维腾巴赫，在介绍启蒙运动思想方面起到了决定作用。而且很说明问题的是，马克思德语作文中最重要的观点都可以在维腾巴赫的文章中得到印证。"[1] 德文作文《青年在选择职业时的考虑》是马克思中学时期保留下来的三篇作品之一，文章既表达了富有人道主义精神的少年马克思为人类而工作的卓越理想抱负，又表现了他思考客观社会环境的理性主义原则。正如文中所说："如果我们选择了最能为人类而工作的职业，那么，重担就不能把我们压倒，因为这是为大家作出的牺牲；那时我们所享受的就不是可怜的、有限的、自私的乐趣，我们的幸福将属于千百万人。"[2] "但是，我们并不总是能够选择我们自认为适合的职业；我们在社会上的关系，还在我们有能力决定它们以前就已经在某种程度上开始确立了。"[3] 除此之外，拉丁文作文《奥古斯都的元首政治应不应当算是罗马国家较幸福的时代？》和论宗教问

---

[1] 张亮. 伦理的激情：马克思中学时代的哲学世界观解读. 学海，2005（3）：111.

[2] 马克思，恩格斯. 马克思恩格斯全集：第1卷. 2版. 北京：人民出版社，1995：459.

[3] 马克思，恩格斯. 马克思恩格斯全集：第1卷. 2版. 北京：人民出版社，1995：457.

题作文《根据〈约翰福音〉第 15 章第 1 至 14 节论信徒同基督结合为一体，这种结合的原因和实质，它的绝对必要性和作用》都不同程度地反映了中学时期马克思的知识发展水平和独立思考能力。

第二节　青年马克思的思想转变轨迹

一、大学时期：走向黑格尔主义

如果说马克思的中学时期是世界观形成的雏形时期，那么大学时期便是他的世界观发生急遽变化的时期。从波恩大学转学至柏林大学的马克思，受到当时社会氛围和学校教育的影响，带着对未知领域的探索精神走向黑格尔主义。

1835 年 10 月，17 岁的马克思听从父亲的安排进入波恩大学的法律系。波恩大学是莱茵地区的思想中心，有着浓厚的浪漫主义氛围。初入大学的马克思具有强烈的学习热情并选修了 9 门课程，考虑到父亲在来信中的建议①，他最后选修 6 门课程。由于过度用功，马克思在 1836 年初病倒，此后，他逐渐寻找适合自己的学习方式——按照计划进行自学，这一学

---

① 1835 年 11 月 18 日，亨利希·马克思致马克思的信中写道："9 门课程，在我看来多了一点。并且我不希望你学的东西超过你的身体和精力所能承受的限度。"（马克思，恩格斯. 马克思恩格斯全集：第 47 卷. 2 版. 北京：人民出版社，2004：516－517.）

习方式也是马克思知识广博的重要原因。在波恩的生活是丰富多彩的,马克思参与诗歌创作,参加特里尔同乡会并很快成为五名领导者之一。在此期间,马克思因醉酒被学校关禁闭,也参与过同乡会和普鲁士社团成员之间的斗殴,加之马克思花钱不加节制,使他欠下了不少债务。马克思的这些不良行为让父亲对他的未来发展感到担忧,因此决定让他转学:"我的儿子卡尔·马克思下学期要进柏林大学,继续攻读在波恩选修的法律和财政学。这不仅得到我的准许,而且是我的意愿。"①

在柏林大学求学期间,青年马克思接触到了对其世界观形成产生重要影响的黑格尔主义。1836 年 10 月,马克思在同儿时的玩伴燕妮·冯·威斯特华伦②有了正式的婚约后启程前往柏林。这是一座有着 30 万人口的德国最大的城市,作为普鲁士的首府,这一特殊的政治地位使它长期受普鲁士封建政府专制统治的直接影响。恩格斯后来将柏林描述为"仅仅作为一个'京城'所具有的一切特点"③。然而,柏林大学作为"当时德国思想斗争的中心"④,与普鲁士政府专制统治下的柏林形成

---

① 马克思,恩格斯.马克思恩格斯全集:第 47 卷.2 版.北京:人民出版社,2004:529.

② 燕妮·冯·威斯特华伦是冯·威斯特华伦男爵的女儿,因亨利希和威斯特华伦男爵两家是世交,燕妮和马克思在孩童时期就是朋友。两人之间彼此仰慕,逐渐产生了深挚的爱情,后燕妮成为马克思的妻子。

③ 马克思,恩格斯.马克思恩格斯文集:第 4 卷.北京:人民出版社,2009:6.

④ 马克思,恩格斯.马克思恩格斯全集:第 1 卷.2 版.北京:人民出版社,1995:前言 2.

鲜明对比。德国古典哲学大师费希特、黑格尔曾先后在柏林大学任教并担任校长,因此,柏林大学有着比波恩大学更为浓厚的学术氛围。尤其是在黑格尔去世后,青年黑格尔派①更加活跃于知识界,使黑格尔主义在柏林大学中居于支配地位。

马克思到达柏林后,依旧采取自学的方式极其勤勉地投入到书林学海中。他在第一学年就攻读了大量文献和重要典籍,养成了做读书笔记的习惯。同时,他还继续以往的浪漫主义风格,将自身投入到文学创作中:为燕妮写了《爱之书》第一部、《爱之书》第二部以及《歌之书》三部诗集;尝试写剧本和小说,如悲剧《乌兰内姆》和幽默小说《斯考尔皮昂和费利克斯》。此时的马克思只进行了诗歌、剧本与小说的创作,而未开展专业阅读和写作,他后来意识到了这种做法的问题,"写诗可以而且应该仅仅是附带的事情,因为我必须攻读法学,而且首先渴望专攻哲学。这两门学科紧密地交织在一起"②。他想效仿康德和费希特,独创一套法哲学的理论体系——先写一篇形而上学的导言,然后研究法的形而上学原理在实际的法中的发展,把庞大的法学知识融会贯通并上升到哲学高度。但

---

① 黑格尔在19世纪20年代末创立黑格尔学派后,由于黑格尔哲学的内在矛盾和社会条件的变化,黑格尔学派发生了分裂,按其思想倾向形成了左、中、右三派,左派即青年黑格尔派。青年黑格尔派主要由一些青年知识分子组成,他们在哲学上特别强调黑格尔的辩证法思想,反对其强制性的体系和老年黑格尔派(即黑格尔学派中的右派)将黑格尔哲学视为绝对真理的观点,反对老年黑格尔派调和哲学与宗教的企图。(庄福龄.简明马克思主义史.北京:人民出版社,2004:27.)

② 马克思,恩格斯.马克思恩格斯全集:第47卷.2版.北京:人民出版社,2004:7.

由于他始终未能找到由先验的法的原则过渡到现实的法的途径，这一写作计划并未成功。在这一过程中，马克思触碰到康德和费希特还未解决的理论难题，即抽象理性如何在现实中得以实现，认识到"没有哲学就无法深入。于是我就可以心安理得地重新投入哲学的怀抱，并写了一个新的形而上学基本体系"①。这一次，马克思构建哲学体系的尝试是一篇对话体的著作《克莱安泰斯，或论哲学的起点和必然的发展》，他为创作这部作品对宗教、哲学、自然和历史进行了一定的了解，但却以回到黑格尔体系的开端而告终，宣告了这一阶段的理论建构尝试的失败。两个体系的研究失败和思想中充斥着的激烈斗争让马克思陷入痛苦之中，有一些日子他甚至完全不能思考，"发疯似地在'冲洗灵魂，冲淡茶水'的肮脏的施普雷河旁的花园里乱跑"②。

为尝试解决理论建构的难题，这一时期的马克思参与了一时间席卷德国思想界的青年黑格尔运动。在转学到柏林大学的第一学年结束时，过量的脑力负荷和肺病使马克思病倒，于是他来到柏林郊区的渔村施特拉劳休养。在这里，马克思带着此前创作体系时所遇到的问题，将研究兴趣转向黑格尔哲学，他"从头到尾读了黑格尔的著作，也读了他大部分弟子的著作"③。

---

① 马克思，恩格斯. 马克思恩格斯全集：第47卷.2版. 北京：人民出版社，2004：11.
② 马克思，恩格斯. 马克思恩格斯全集：第47卷.2版. 北京：人民出版社，2004：13.
③ 马克思，恩格斯. 马克思恩格斯全集：第47卷.2版. 北京：人民出版社，2004：15.

在此期间，他加入了博士俱乐部①，经常参加博士俱乐部的讨论活动，并与布鲁诺·鲍威尔、卢格等主要成员建立了密切的联系。俱乐部的成员莫泽斯·赫斯②曾高度评价当时的马克思："他把闪光的机智（den schneidensten Witz）同最深刻的哲学的严肃性结合起来。你想象一下，把卢梭、伏尔泰、霍尔巴赫、莱辛、海涅和黑格尔结合成为一个人——我是说**结合**（vereinigt），不是凑合（zusammengeschmissen）——那么结果就是马克思博士。"③此时的马克思，在政治和思想上都受到青年黑格尔派的影响：黑格尔哲学对应有和既有、理想和现实的辩证观点使马克思从激烈的思想斗争中解脱出来，并使自己从浪漫的理想主义转向对社会现实问题的关注。

马克思在博士论文《德谟克利特的自然哲学和伊壁鸠鲁的自然哲学的差别》中开始自觉独立地运用黑格尔哲学。在论文中，马克思运用黑格尔的辩证法和历史学说对伊壁鸠鲁哲学加以分析，纠正了将德谟克利特和伊壁鸠鲁两位古希腊唯物主义哲学家的自然哲学等同看待，甚至将伊壁鸠鲁原子论看作是对德谟克利特照抄、篡改的拙劣翻版等传统偏见，并阐明了他们

---

① "博士俱乐部是1837年在柏林出现的青年黑格尔派的小组。成员有：神学讲师布·鲍威尔、历史学教员卡·弗·科本、地理学教员阿·鲁滕堡等人。马克思也积极参加了俱乐部的活动，该俱乐部在青年黑格尔派运动中起了重要作用。"（马克思，恩格斯. 马克思恩格斯全集：第47卷. 2版. 北京：人民出版社，2004：623.）

② 莫泽斯·赫斯（1812—1875），德国政论家、哲学家，《莱茵报》创办者之一和撰稿人，正义者同盟盟员，后为共产主义者同盟盟员。（马克思，恩格斯. 马克思恩格斯文集：第10卷. 北京：人民出版社，2009：864.）

③ 中共中央马克思恩格斯列宁斯大林著作编译局《马列主义研究资料》编辑部. 马列主义研究资料：1985年第1辑. 北京：人民出版社，1985：46.

在自然哲学方面的差别。在马克思看来，伊壁鸠鲁用原子脱离直线做偏斜运动的论点纠正了德谟克利特的机械决定论，从自然角度阐明个人的意志自由、个性和独立性。马克思重视伊壁鸠鲁自我意识自由的观点，但并不赞成伊壁鸠鲁把自由理解为脱离现实世界的自我意识的心灵宁静的看法。他强调作为一种意志力量，哲学必然要同外部世界发生关系，变成一种实践力量，提出了世界的哲学化同时也是哲学的世界化。马克思赞赏伊壁鸠鲁站在无神论的立场上反对希腊民族将天体神化的观点，并进一步反对宗教对哲学和个人的压制，要求打破宗教对人的束缚以实现人的解放。因此，马克思不仅驳斥了旧的理性主义神学，并且对黑格尔调和宗教和哲学对立的做法展开批判。正如恩格斯所说："马克思在自己创作的初期已经精通黑格尔的辩证法，不过在自己的研究过程中还没有迫切感到要以唯物主义辩证法来代替黑格尔的辩证法，但就在那时，他在运用黑格尔辩证法方面，而且就在黑格尔学说中最强有力的方面，即思维的历史方面已经是脱离黑格尔而完全独立自主了。"① 考虑到当时柏林紧张的政治氛围以及耶拿大学的学位申请更加容易②，马克思选择将论文提交至耶拿大学。系主任认为"该考生不仅有才智、有洞察力，而且知识广博"③，同

---

① 苏共中央马克思列宁主义研究院. 回忆马克思恩格斯. 胡尧之，等译. 北京：人民出版社，1957：387.
② 麦克莱伦. 马克思传. 4版. 王珍，译. 北京：中国人民大学出版社，2016：32；郝立新. 马克思主义发展史：第1卷. 北京：人民出版社，2018：127-128.
③ 马克思，恩格斯. 马克思恩格斯全集：第1卷. 2版. 北京：人民出版社，1995：942.

意授予其博士学位。23岁的马克思成为普鲁士官方授予博士学位中最年轻的博士,这也意味着他学生生涯的结束。

二、《莱茵报》:投身现实的政治斗争

马克思在获得耶拿大学的博士学位后,本想在波恩大学谋求一份教职,但由于当局对青年黑格尔派的打压排挤,加之马克思自身反对封建专制的激进态度,使得这个计划未能实现。1842年4月,马克思开始为《莱茵报》撰稿,并于10月15日成为该报编辑。他以《莱茵报》为阵地,"犀利抨击普鲁士政府的专制统治,维护人民权利"①。在马克思的影响下,坚持"不要让撰稿人指挥《莱茵报》,而是相反,《莱茵报》要引导撰稿人"②的新原则,这彻底改变了报纸的文风和基调,使"《莱茵报》由一家自由资产阶级反对派的报纸变成具有鲜明革命民主主义倾向的人民喉舌"③。在这一时期,马克思主要围绕新闻出版自由和触及现实的物质利益的问题多次发表辩论文章。

新闻出版自由问题是马克思遇到的第一个现实性的问题。1841年12月,新闻出版的言论自由受到普鲁士政府书报检查制度的制约,马克思坚决捍卫报纸有讨论任何问题的权利,撰

---

① 习近平.在纪念马克思诞辰200周年大会上的讲话.北京:人民出版社,2018:2.
② 马克思,恩格斯.马克思恩格斯全集:第47卷.2版.北京:人民出版社,2004:36.
③ 马克思,恩格斯.马克思恩格斯全集:第1卷.2版.北京:人民出版社,1995:前言5.

写了第一篇政论文章《评普鲁士最近的书报检查令》。他在文中揭露了普鲁士政府颁布书报检查令的本质,认为普鲁士政府将书报检查立法的目的是维护反动势力的利益,将反动统治者的观点和要求上升至法律层面,以压制广大人民群众的言论自由。马克思在文中指出"**整治书报检查制度**的真正而**根本的办法,**就是**废除书报检查制度**"①,并提出要将新闻出版自由作为一项普遍人权。随后,马克思在《莱茵报》公开发表了文章《关于新闻出版自由和公布省等级会议辩论情况的辩论》,将新闻出版自由的问题同社会各个等级对此问题的态度相联系,认为新闻出版自由不是个别人的特权而是人民应当享有的权利。他坚决维护广大劳动群众的利益,在赞赏农民等级代表维护新闻出版自由以捍卫人民普遍利益的同时,"提出自由报刊应具有人民性,代表人民精神的观点"②。与此同时,马克思同《科隆日报》③等反动报纸展开斗争,发表了《〈科隆日报〉第179号的社论》,认为《科隆日报》社论中所声称的政府应禁止在报刊上讨论宗教和哲学问题的观点是一种反动的主张,强调哲学有权利干预现实生活和探讨宗教问题。这一时期,青年马

---

① 马克思,恩格斯. 马克思恩格斯全集:第1卷.2版.北京:人民出版社,1995:134.
② 马克思,恩格斯. 马克思恩格斯全集:第1卷.2版.北京:人民出版社,1995:前言6.
③ 《科隆日报》是德国的一家日报,17世纪创刊,在19世纪40年代初代表温和自由派的观点,对资产阶级民主主义反对派持批判态度,维护莱茵地区资产阶级的利益。《科隆日报》于1842年6月28日发表一篇社论,内容主要是攻击《莱茵报》的政治立场,主张普鲁士书报检查机关应禁止青年黑格尔派在政治报刊中批判国家和宗教。(马克思,恩格斯. 马克思恩格斯全集:第1卷.2版.北京:人民出版社,1995:1013,1137.)

克思站在革命民主主义的立场上,通过对出版自由的讨论第一次触及社会深层的东西,强化了对社会现实的思考。

对现实物质利益问题的探讨使马克思第一次陷入自身的重大理论困境。在初涉社会的现实问题之后,马克思进一步直接探讨有关现实物质利益的问题,现在保留下来的核心文本主要是《关于林木盗窃法的辩论》和《摩泽尔记者的辩护》。面对议会将群众在未经林木占有者许可的森林中捡枯树枝的行为规定为盗窃犯罪的法案,马克思运用法学和哲学的武器为贫苦群众辩护,论证这项习惯性权利的正当性。这时的马克思已经察觉到社会的贫富差距和阶级对立,认识到物质利益差别对社会等级的影响。同时,马克思认为普鲁士的政府和国家不同于黑格尔主张的理性国家,应然状态中的理性国家代表着社会的普遍利益,个人的特殊利益应该服从于理性国家。但在社会现实中,对私人利益的考虑不仅支配着个人的思想和行为,也支配着国家和政府的决策行为。这一认识在后来的社会实践中表现得更为明显,马克思在对摩泽尔地区农民贫困状况展开深入调查后发表了《摩泽尔记者的辩护》。此时的马克思已经看到了隐藏在各种社会关系背后的客观本质,对国家和社会生活的问题有了更加深刻的理解。他反对当局将贫困状况归结为天灾和个别政府官员的失职,并企图揭示摩泽尔地区的贫困状况同国家机构之间的联系。马克思认为,摩泽尔地区的贫困状况正是管理工作的贫困状况,二者同时体现了现实和管理原则之间的矛盾。当客观利益关系同对法和国家的原有理念产生冲突时,黑格尔的理性主义国家观变得难以解释,马克思的思想也陷入到理论与现实的矛盾中,这就促使他不得不开始反思自身的法学和哲学观念。正是这一时期的社会实践,使马克思接触到大量关于劳动群众的物质利益问题,推动了他此后对社会经济关系的研究。恩格斯曾回忆道:"我曾不止一次地听马克思说过,正是他对林木盗窃法和摩泽尔河沿岸地区农民状况的研究,推动他由纯政治转向经济关系,并从而走向社会主义。"①

《莱茵报》鲜明的革命民主主义色彩以及马克思多篇犀利深刻的政论文章的发表,使得政府不断采取各种限制措施,并于1843年1月决定查封《莱茵报》。在政府的压力之下,马克思既不愿妥协,也没有在股东大会上为自己辩护,而是在3月份选择主动退出《莱茵报》编辑部。

三、克罗茨纳赫:思想转变的奠基时期

马克思对现实利益问题的关注并未直接转向对经济学的研究,而是首先导向对普鲁士国家的现实制度的批判,在理论上则表现为对黑格尔法哲学的批判。1843年6月19日,马克思来到克罗茨纳赫同燕妮登记结婚,度过短暂的蜜月期后,就"从社会舞台退回书房"②,一方面是为和卢格共同创办的新杂志《德法年鉴》做理论准备工作,另一方面是对以往积累下来的未解决的问题进行深入思考和研究。为此,马克思广泛地研

---

① 马克思,恩格斯.马克思恩格斯文集:第10卷.北京:人民出版社,2009:701.
② 马克思,恩格斯.马克思恩格斯全集:第3卷.2版.北京:人民出版社,2002:649.

究社会历史材料,针对国家和法等问题做了大量的阅读和摘录,这一时期的研究成果作为《克罗茨纳赫笔记》被保留下来。同一时期,马克思在费尔巴哈①理论的影响下开始批判黑格尔的唯心主义,撰写了《黑格尔法哲学批判》这部手稿,这是马克思在同一时期和《克罗茨纳赫笔记》交叉写作的一部手稿,虽然未能最终完成,但它是批判黑格尔的首部重要著作。马克思在继承黑格尔辩证法"合理内核"的基础之上,开始自觉地向唯物主义转变,指出黑格尔声称的国家和市民社会的关系是一种头足颠倒的观点,是一种唯心主义的神秘思辨的结果。在马克思看来,并非国家决定市民社会,而是市民社会决定国家,市民社会是国家的基础,这表明马克思已经逐步摆脱了黑格尔哲学的影响,为后来全面展开对黑格尔主义的批判打开了理论缺口。马克思在这一时期的思想变化为其不久后从唯心主义转向唯物主义、从革命民主主义转向共产主义奠定了基础。

在克罗茨纳赫期间,影响马克思思想发展进程的因素主要有两个方面。一方面,为解决在《莱茵报》工作期间遇到的"苦恼的疑问"②,马克思试图更加全面地占有材料,深入了解研究内容,他在两个月内阅读了有关英、法、德、瑞士等多个国家的历史、法律的书籍,时间跨度从公元前6世纪至19世

---

① 路德维希·费尔巴哈(1804—1872),德国唯物主义哲学家,德国古典哲学的代表人物。(马克思,恩格斯. 马克思恩格斯文集:第2卷. 北京:人民出版社,2009:799.)

② 马克思,恩格斯. 马克思恩格斯文集:第2卷. 北京:人民出版社,2009:591.

纪30年代，并做了五本摘录笔记（《克罗茨纳赫笔记》）。在笔记中，马克思并非追求历史细节的把握，而是注重对历史经验和发展逻辑的总结。通过对世界历史的研究，马克思先前持有的唯心主义的理性原则进一步发生动摇，认识到黑格尔的理论难以实现真正的理性国家，并意识到财产所有制对于政治国家演进的决定性作用以及人民在资产阶级社会中的真实处境，为马克思在这一时期对黑格尔法哲学的批判提供了直接的理论准备。

另一方面，马克思在这一阶段的历史学习并不能从根本上对黑格尔的宏大体系展开批判，对其产生影响的另一个重要因素是费尔巴哈的人本学唯物主义。早在1841年，费尔巴哈出版的《基督教的本质》一书中对唯物主义的阐述对马克思起到了极大的影响。正如恩格斯所说："这部书的解放作用，只有亲身体验过的人才能想象得到。那时大家都很兴奋：我们一时都成为费尔巴哈派了。马克思曾经怎样热烈地欢迎这种新观点，而这种新观点又是如何强烈地影响了他（尽管还有种种批判性的保留意见），这可以从《神圣家族》中看出来。"[①] 1843年1月，费尔巴哈发表《关于哲学改造的临时纲要》一书，书中以简洁明了的警句形式阐述了对哲学本质的看法，半年后，费尔巴哈将"纲要"发展成《未来哲学原理》。在这两部著作中，费尔巴哈对黑格尔的唯心主义加以批判，阐述了自己对哲学本质的理解，指出只有将黑格尔的哲学颠倒过来才能获得真

[①] 马克思，恩格斯. 马克思恩格斯文集：第4卷. 北京：人民出版社，2009：275.

理。这一观点给苦恼于如何批判黑格尔的马克思提供了一个新思路,使他跳出黑格尔原有理论框架中的理性、自我意识等唯心主义哲学范畴,转而关注费尔巴哈理论中强调和人本主义相吻合的唯物主义。1843年3月13日,马克思用颇具赞赏的语气在给卢格的信中写道:"费尔巴哈的警句只有一点不能使我满意,这就是:他强调自然过多而强调政治太少。"① 尽管在这一阶段费尔巴哈对唯物主义的理解并不完全准确,但是他对黑格尔唯心主义的批判极大地启发了马克思,为马克思走向唯物主义的道路奠定了思想基础。

四、《德法年鉴》:转向唯物主义和共产主义

1843年10月,马克思和燕妮从克罗茨纳赫到达巴黎——马克思眼中的"新世界的新首府"②。作为法国首都的巴黎,经济和文化的发展都远超德国的城市,汇聚了欧洲各地的政治流亡者,言论风气比起普鲁士也更为自由开放。马克思一方面积极地准备《德法年鉴》的创刊,另一方面在新环境下结交不同派别的政治激进主义者,并深入了解工人阶级的生活。马克思最初对《德法年鉴》的设想是联合德法两国的进步力量,摒弃教条主义,对现实的一切进行批判,将理论的批判和现实的政治批判相结合。在经过近一年的波折和努力后,《德法年鉴》

---

① 马克思,恩格斯.马克思恩格斯全集:第47卷.2版.北京:人民出版社,2004:53.
② 马克思,恩格斯.马克思恩格斯文集:第10卷.北京:人民出版社,2009:6.

第一期、第二期合刊于 1844 年 2 月出版。

马克思在《德法年鉴》中发表的两篇文章《论犹太人问题》和《〈黑格尔法哲学批判〉导言》，标志着青年马克思完成了向唯物主义和共产主义的转变。《论犹太人问题》是马克思为批判鲍威尔 1843 年发表的《犹太人问题》和《现代犹太人和基督教徒获得自由的能力》两篇文章所作，并被看作"也许是近两百年来关于政治哲学的最重要和最具影响力的作品之一"①。鲍威尔将犹太人问题看作纯粹的神学问题，认为犹太人获得政治解放必须以宗教解放为前提。马克思站在唯物主义的立场上，揭示了宗教问题的世俗根源，驳斥了鲍威尔的观点，认为宗教是政治压迫的表现而不是其原因。此外，马克思区分了政治解放和普遍的人的解放，并认为政治解放是普遍的人的解放的前提环节，所谓"政治解放"就是指资产阶级革命，"普遍的人的解放"即是将人类从一切社会和政治压迫中解放出来的社会主义革命。最后，马克思阐明了资产阶级革命和共产主义革命的区别，但此时他还未看到推翻现代资本主义社会的力量和途径。

马克思在《〈黑格尔法哲学批判〉导言》中首次将"普遍的人的解放"的历史使命诉诸无产阶级。马克思认为宗教批判是一切批判的前提，"宗教是人民的**鸦片**"②，是用虚幻的幸福

---

① 沃尔夫. 当今为什么还要研读马克思. 段忠桥，译. 北京：高等教育出版社，2006：3.
② 马克思，恩格斯. 马克思恩格斯文集：第 1 卷. 北京：人民出版社，2009：4.

来掩饰现实的苦难,要实现真正的解放必须将宗教的批判变为对社会现实的批判,即对政治、国家和法的批判。但是资产阶级革命的结果只是部分社会成员的解放并取得普遍统治,它不触及旧制度的根基,因而必须在理论同实践的结合中进行彻底的革命。"批判的武器当然不能代替武器的批判,物质力量只能用物质力量来摧毁;但是理论一经掌握群众,也会变成物质力量。"① 这种武器的批判的社会力量就是无产阶级,在现存的私有制社会中,只有依靠无产阶级将"武器的批判"和"批判的武器"相结合,才能实现彻底的解放。列宁指出:"马克思在这个杂志上发表的文章表明他已经是一个革命家。他主张'对现存的一切进行无情的批判',尤其是'武器的批判';他**诉诸群众,诉诸无产阶级**。"② 马克思在《德法年鉴》发表的这两篇文章是青年马克思摆脱唯心史观、走向彻底的唯物主义的第一步,其哲学视野也从对现存社会的批判拓展到对未来社会的探讨,在政治立场上逐步迈向共产主义。

《德法年鉴》最终只出版了第一期、第二期的合刊就被迫停刊。一方面是由于杂志带有的社会主义色彩与当时普鲁士政府的要求相悖,使得杂志在普鲁士被禁,并被德国当局查封。另一方面,卢格和马克思两位创办者的立场分歧也决定了《德法年鉴》的最终命运。在杂志停刊后,马克思并没有收起针砭时弊的笔锋,仍然为巴黎本地的激进报纸《前进报》撰稿,并

---

① 马克思,恩格斯. 马克思恩格斯文集:第 1 卷. 北京:人民出版社,2009:11.
② 列宁. 列宁全集:第 26 卷. 2 版增订版. 北京:人民出版社,2017:49.

参与该报的一些编辑工作。

第三节　从理论探索走向实践斗争

一、青年马克思的伟大发现

马克思完成向唯物主义、共产主义的转变之后，继续为创立无产阶级的世界观进行艰辛的理论探索。在这一过程中，马克思和恩格斯再度聚首，并结成了终生不渝的战友。两人对唯物史观的发现和系统阐述，是青年马克思思想进程中的一次质的飞跃。

（一）政治经济学转向和革命友谊的建立

1844年对于青年马克思来说是重要的。在这一年中，他的研究重心发生转向，尝试从政治经济学的角度对资本主义制度展开批判，并初步论述了共产主义。这一年也是马克思同恩格斯开启长达40年的革命友谊的起点。

1844年5月，马克思的大女儿出生，后被燕妮带回特里尔，留居巴黎的马克思开始转向研究政治经济学，对英法等古典经济学家的著作做了大量摘录。这一时期留下的重要理论成果集中在马克思生前未发表的《1844年经济学哲学手稿》（以下简称"《手稿》"）中。在《手稿》中，马克思对资本主义政治经济学展开批判，提出异化劳动理论，初步论证了共产主义观。异化概念是《手稿》中的主要思想，马克思把劳动看作人的本质，将对劳动的分析同异化相结合，认为异化劳动正是造成社会压迫和阶级斗争的根源，并进一步指出异化劳动的四个基本规定：工人同自己的劳动产品相异化，工人同自己的生产活动相异化，人同自己的类本质相异化，人同人相异化。马克思在分析异化劳动同私有财产的关系中进一步论证了共产主义取代资本主义的历史必然性。在马克思看来，私有财产既是异化劳动产生的根据，又是异化劳动的后果，在这一相互作用的运动中，资产阶级和无产阶级的对立愈加严重。因此，消灭异化劳动的前提是必须依靠现实的共产主义运动消灭资本主义私有制，进而实现共产主义。共产主义正是"**私有财产即人的自我异化的积极的扬弃，因而是通过人并且为了人而对人的本质的真正占有**；因此，它是人向自身、也就是向**社会的**即合乎人性的人的复归，这种复归是完全的复归，是自觉实现并在以往发展的全部财富的范围内实现的复归"①。此时的马克思第一次将哲学同政治经济学的研究相结合，在对异化劳动的研究中揭示了两大阶级对立的根源，迈出了探索社会历史一般规律的关键一步。

1844 年 8 月 28 日，在巴黎的雷让斯咖啡馆，马克思和恩格斯进行了历史性的会面。在此之前，恩格斯曾在《莱茵报》编辑部与马克思有过一次"颇为冷淡"的会面。而这次的情况截然不同。正如恩格斯自己所说："当我 1844 年夏天在巴黎拜访马克思时，我们在一切理论领域中都显出意见完全一致，从

---

① 马克思，恩格斯. 马克思恩格斯文集：第 1 卷. 北京：人民出版社，2009：185.

此就开始了我们共同的工作。"① 在恩格斯逗留巴黎的十天里，他们一同参加聚会和工人集会，决定共同撰写一部对青年黑格尔派展开批判的著作。他们共同拟定了全书的大纲并且合写了序言，最终在 1844 年 11 月底完稿，这就是 1845 年 2 月在法兰克福出版的《神圣家族》，是他们合写的第一部著作。在书中，马克思和恩格斯以唯物主义的立场对黑格尔的唯心主义哲学及其蕴含的辩证法做出了合理公正的评判。此外，许多唯物史观的基本原理都在这部著作中加以预告。马克思已经认识到社会物质生产在历史发展的进程中起着决定性作用，他在批判以往居于统治地位的唯心主义历史观时认识到，"先进的思想本身只能使社会超出旧制度的思想范围"②，因此必须依靠人民群众在历史发展过程中的实践力量。此外，马克思进一步强调无产阶级在资产阶级剥削下的现实生活条件使得无产阶级"能够而且必须自己解放自己"③，并肩负着解放全人类的历史使命。最后，马克思和恩格斯客观评价了 18 世纪法国唯物主义的历史地位和进步意义，并指出了社会主义、共产主义同唯物主义哲学的联系，推动了无产阶级唯物主义世界观的进一步形成。但此时，马克思在巴黎的激进言论已经引起普鲁士政府的仇视，他们向法国政府施压，要求将其驱逐出境。在驱逐令

---

① 马克思，恩格斯. 马克思恩格斯文集：第 4 卷. 北京：人民出版社，2009：232.
② 马克思，恩格斯. 马克思恩格斯全集：第 2 卷. 北京：人民出版社，1957：第二卷说明 vii.
③ 马克思，恩格斯. 马克思恩格斯文集：第 1 卷. 北京：人民出版社，2009：262.

下达后，马克思被迫离开巴黎，迁居布鲁塞尔。

（二）唯物史观的创立

1845年2月3日，马克思带着怀有两个月身孕的燕妮和大女儿抵达比利时首都布鲁塞尔。在马克思签署了一份承诺不会从事任何政治活动的协议后，比利时政府才批准了他的定居请求。但普鲁士政府仍不肯罢休，坚持要求比利时政府驱逐他，马克思也因此放弃了普鲁士国籍，成为了一名"世界公民"。

同年4月，恩格斯来到布鲁塞尔同马克思会合。在生活基本安顿以后，马克思和恩格斯很快就投入到新的理论研究中，力图系统阐述新的科学世界观。"从马克思首次阅读费尔巴哈著作开始，他就不是完全毫无批判地接受它"①，经过长期的经济学研究之后，马克思逐步摆脱费尔巴哈的人本学唯物主义。1845年春，马克思写了批判费尔巴哈以及一切旧唯物主义的十一条提纲——《关于费尔巴哈的提纲》（以下简称"《提纲》"）。马克思首先确立了科学的实践观，批判了以往唯物主义者忽视人的主观能动性和实践作用的根本缺点，阐明了革命的实践活动在认识和改造世界中的决定作用。在新唯物主义哲学中，马克思认为实践是检验真理的标准，并指出，"哲学家们只是用不同的方式**解释**世界，问题在于**改变**世界"②，鲜明

---

① 麦克莱伦. 马克思传. 4版. 王珍，译. 北京：中国人民大学出版社，2016：141.

② 马克思，恩格斯. 马克思恩格斯文集：第1卷. 北京：人民出版社，2009：502.

地阐述了新唯物主义的认识论和实践观，指明哲学的任务在于改变世界。同时，马克思反对费尔巴哈抽象地、非历史地考察人，提出人的本质是一切社会关系的总和，以新唯物主义的观点认识人类社会。《提纲》是继马克思超越黑格尔唯心主义哲学后，开始对费尔巴哈唯物主义展开批判的重要文本，确立了马克思主义新世界观的基础，被恩格斯高度称赞为"包含着新世界观的天才萌芽的第一个文献"①。

随着马克思和恩格斯在哲学和实践上的认识更加深刻，他们开始对"从前的哲学信仰"②进行了彻底清算，逐步走向历史唯物主义。在与青年黑格尔派展开论战中，马克思和恩格斯阐释了自己与德意志意识形态哲学家们在观点上的不同，批判"真正的"社会主义所包含的神秘主义和唯心主义。1845年秋，马克思和恩格斯合作撰写《德意志意识形态》③一书。在书中，他们批判了费尔巴哈从抽象的人出发考察历史的唯心史观，认为应从现实的人的实践活动及其物质生活条件出发考察历史，阐明了物质生产在社会发展中的决定作用、是人类社会存在和发展的基础。马克思和恩格斯认为正是由于分工的存在才形成不同的所有制形式并造成阶级对立，而阶级斗争和革命正是历史发展的推动力。同时，

---

① 马克思，恩格斯．马克思恩格斯文集：第4卷．北京：人民出版社，2009：266.
② 马克思，恩格斯．马克思恩格斯文集：第4卷．北京：人民出版社，2009：265.
③ 《德意志意识形态》的副标题是"对费尔巴哈、布·鲍威尔和施蒂纳所代表的现代德国哲学以及各式各样先知所代表的德国社会主义的批判"。（马克思，恩格斯．马克思恩格斯文集：第1卷．北京：人民出版社，2009：507.）

他们从生产力和交往形式的矛盾运动揭示了人类历史发展的一般规律,认为生产力发展到一定程度后,生产资料私有制必定会束缚生产力的继续发展,进而指出资本主义被共产主义取代的历史必然性。在此基础上,马克思和恩格斯提出,"我们所称为共产主义的是那种消灭现存状况的**现实的**运动"①,明确了无产阶级夺取政权、消灭私有制、建设新社会并不断改造自己的任务,同时指出共产主义事业的实现必须以生产力的普遍发展和与此相联系的世界交往为前提。由于书报检查机关的阻挠,这部包含着许多深刻思想的革命性著作在当时并未出版,只有第二卷第四章在 1847 年《威斯特伐利亚汽船》杂志 8 月号和 9 月号上发表过。直到 1932 年,这部重要著作才在苏联第一次全文发表。

《关于费尔巴哈的提纲》和《德意志意识形态》的完成标志着唯物史观的创立。唯物史观是马克思一生中两个伟大发现之一,恩格斯后来高度赞扬这一伟大发现,并对此评价道:"正像达尔文发现有机界的发展规律一样,马克思发现了人类历史的发展规律。"②

二、参加工人运动的初步尝试

马克思在创立唯物史观之后,就开始将其运用于指导工人

---

① 马克思,恩格斯.马克思恩格斯文集:第 1 卷.北京:人民出版社,2009:539.
② 马克思,恩格斯.马克思恩格斯全集:第 25 卷.2 版.北京:人民出版社,2001:594.

的革命运动。习近平指出,"马克思主义不是书斋里的学问,而是为了改变人民历史命运而创立的,是在人民求解放的实践中形成的,也是在人民求解放的实践中丰富和发展的"①。马克思的哲学不是哲学家们头脑中的思维风暴,而是越出传统哲学的狭隘界限,融入人民群众实践活动的富有现实力量的理论。

1846 年初,马克思和恩格斯建立了共产主义通讯委员会(以下简称"委员会")②,努力动员欧洲各国著名的社会主义者和共产主义者参加,同工人运动中的非无产阶级思潮做斗争,并设想在伦敦、巴黎和德国各地成立委员会。作为委员会的灵魂人物,马克思制定了规章制度,引导革命者用科学的理论武装头脑,希望将这一组织作为国际共产主义运动的思想中心。

为了建立组织与巴黎的联系,1846 年 5 月初,马克思写信给法国最有影响力的社会主义者蒲鲁东,邀请他担任委员会的巴黎通讯员。但蒲鲁东公然拒绝了邀请,并完全否认马克思的革命理论。同年,蒲鲁东出版了《经济矛盾的体系,或贫困的哲学》一书,这本书的出版严重阻碍了科学社会主义在工人运动中的传播。为了消除这种恶劣影响,马克思于 1847 年 7

---

① 习近平. 在纪念马克思诞辰 200 周年大会上的讲话. 北京:人民出版社,2018:9.

② 共产主义通讯委员会于 1846 年在布鲁塞尔创立,目的是"从思想上和组织上团结各个国家的社会主义者和先进工人,同工人运动中的非无产阶级流派作斗争。按照马克思和恩格斯的意图,通讯委员会应为建立一个国际性的无产阶级政党打下基础。"(马克思,恩格斯. 马克思恩格斯全集:第 47 卷. 2 版. 北京:人民出版社,2004:651.)

月发表《哲学的贫困》①,以论战的形式阐述了他在政治经济学方面的研究成果,在论述唯物史观基本观点的同时,提出一系列关于无产阶级阶级斗争的策略。马克思在这部著作中批判了蒲鲁东的小资产阶级思想,反对其为维护资本主义制度的经济基础——生产资料私有制和雇佣劳动而散布取消阶级斗争和社会革命的改良主义观点,强调在资本主义制度的范围内无法根本消除资本主义"坏的方面",深刻剖析和批判了蒲鲁东的唯心史观和形而上学方法论。同时,马克思站在新的真正科学的哲学立场上,考察了资本社会的产生条件,看到了机器工业在生产发展中的重要性,进一步论述了生产力在社会发展中的决定作用以及生产力和生产关系的辩证运动,并在分析资本主义竞争、分工的基础上,指出资本主义社会的内在矛盾必然引发生产力和生产关系之间的对抗性矛盾,从而导致阶级斗争尖锐化成为无法避免的发展趋势,认为资本主义社会必将被一个没有阶级和阶级对抗的新社会所代替。《哲学的贫困》对辩证法、唯物史观和社会主义思想做出了进一步的公开阐述,并初步讨论了剩余价值的形成,为马克思后来的政治经济学研究奠定了基础。

三、共产主义同盟成立和《共产党宣言》问世

随着共产主义通讯委员会的发展,马克思开始接触来自不同国家的共产主义者。为更好地开展工人运动,马克思和恩格

---

① 《哲学的贫困》副标题为《答蒲鲁东先生的〈贫困的哲学〉》。(马克思,恩格斯. 马克思恩格斯文集:第1卷. 北京:人民出版社,2009:811.)

斯参与改组了第一个以科学社会主义为指导的国际无产阶级政党——共产主义者同盟①，并于次年发表了这一组织的纲领性文件——《共产党宣言》。

共产主义通讯委员会的影响不断扩大，引起了正义者同盟伦敦中央委员会的重视。1847年1月20日，伦敦中央委员会派代表约瑟夫·莫尔②去布鲁塞尔请求马克思的帮助，并邀请马克思和恩格斯加入并帮忙改组同盟。3月，共产主义通讯委员会正式并入正义者同盟的中央权力机构，并改名为"布鲁塞尔公社"。1847年6月2日至9日，正义者同盟的第一次代表大会在伦敦召开，马克思因为没有经费而未能前往，由恩格斯代表布鲁塞尔公社巴黎分支参会。在这次会议上，"正义者同盟"正式改名为"共产主义者同盟"，由马克思和恩格斯提出的"全世界无产者，联合起来！"的新口号取代了曾经的"人人皆兄弟"。恩格斯在会议中扮演着重要角色，负责撰写同盟的新章程，起草了《共产主义信条草案》和《共产主义原理》。

1847年11月29日至12月8日，共产主义者同盟的第二

---

① "共产主义者同盟是历史上第一个建立在科学社会主义基础上的无产阶级政党，1847年在伦敦成立。共产主义者同盟的前身是1836年成立的正义者同盟。1847年，马克思和恩格斯应邀参加正义者同盟，并协助同盟改组。1847年6月，正义者同盟在伦敦召开第一次代表大会，按照恩格斯的倡议把同盟的名称改为共产主义者同盟"。（马克思，恩格斯. 马克思恩格斯文集：第10卷. 北京：人民出版社，2009：717.）

② 约瑟夫·莫尔（1813—1849），德国工人运动和国际工人运动的活动家，正义者同盟领导人之一，共产主义者同盟中央委员会委员。（马克思，恩格斯. 马克思恩格斯文集：第2卷. 北京：人民出版社，2009：822.）

次代表大会召开。这次会议讨论通过了共产主义者同盟章程，明确规定同盟的目的是"以一切宣传和政治斗争的手段破坏旧社会——**推翻资产阶级**，在精神上，政治上和经济上解放无产阶级和实现共产主义革命。在无产阶级的斗争必须经过的各个发展阶段上，同盟始终代表整个运动的利益，同样，它始终力求把无产阶级的一切革命力量完全联合起来、组织起来；它是一个秘密的组织，这个组织在无产阶级革命未达到最终目的前不得解散"①。马克思在会议中发挥了核心作用，他用简洁而富有逻辑性的演说阐明了科学社会主义的基本原理和无产阶级政党的纲领原则。受大会委托，马克思和恩格斯答应起草一个工人组织在理论和实践中的纲领，这就是后来的《共产党宣言》。这次会议后，共产主义者同盟的创建工作正式完成，并作为第一个无产阶级政党登上历史舞台。《共产党宣言》最初印刷了 100 多份供同盟会员们使用，1848 年 2 月第一次以单行本形式在伦敦出版，之后被翻译成各种语言在各地出版。正如恩格斯在《共产党宣言》1890 年德文版序言中所说，"它无疑是全部社会主义文献中传播最广和最具有国际性的著作，是从西伯利亚到加利福尼亚的所有国家的千百万工人的共同纲领"②。

《共产党宣言》是科学共产主义的第一个纲领性文件，列

---

① 马克思，恩格斯. 马克思恩格斯全集：第 10 卷. 2 版. 北京：人民出版社，1998：744.
② 马克思，恩格斯. 马克思恩格斯文集：第 2 卷. 北京：人民出版社，2009：21.

宁对其评价道："这部著作以天才的透彻而鲜明的语言描述了新的世界观，即把社会生活领域也包括在内的彻底的唯物主义、作为最全面最深刻的发展学说的辩证法以及关于阶级斗争和共产主义新社会创造者无产阶级肩负的世界历史性的革命使命的理论。"① 在这部著作中，马克思客观评价了资产阶级的历史作用，揭示了资本主义社会的内在矛盾以及无产阶级作为资本主义掘墓人的历史使命，阐述了资本主义必然被共产主义所取代的一般规律。他进而强调，无产阶级必须首先上升为统治阶级，并尽可能快地发展生产力，而未来的共产主义社会则是同所有的传统所有制关系、传统观念的决裂，"在那里，每个人的自由发展是一切人的自由发展的条件"②。同时，《共产党宣言》同当时形形色色的各种社会主义流派划清了界限，坚持科学社会主义的指导思想，提出了"全世界无产者，联合起来！"③ 的战斗口号。《共产党宣言》的问世标志着马克思主义的诞生，开启了国际共产主义运动的新纪元，也是马克思的思想走向成熟的标志之一。尽管此时的马克思只有 30 岁，但是他在《共产党宣言》中传达的深刻思想已经成为无产阶级最锐利的战斗武器，鼓舞和带领着全世界无产阶级争取解放的斗争。

马克思"在青年时代就已经是一个了不起的人：他把自己

---

① 列宁. 列宁全集：第 26 卷 . 2 版增订版 . 北京：人民出版社，2017：50.
② 马克思, 恩格斯 . 马克思恩格斯文集：第 2 卷 . 北京：人民出版社，2009：53.
③ 马克思, 恩格斯 . 马克思恩格斯文集：第 2 卷 . 北京：人民出版社，2009：66.

> 《共产党宣言》的问世标志着马克思主义的诞生,开启了国际共产主义运动的新纪元……

理论探索

的全部身心献给了争取真理的斗争"①。青年时期的马克思,是满腔热情的诗人,是上下求索的学者,是性格坚毅的战士。早在中学时期的他就有为人类而工作的崇高理想,并将其作为一生的不懈追求。19岁的他在博览群书、研精覃思的理论创作中走向黑格尔主义,之后在费尔巴哈的影响下摆脱唯心主义束缚走向唯物主义,并在对各种错误思想的批判中逐步形成了唯物史观,奠定了科学社会主义的哲学基础。29岁的他在参与工人运动、创建无产阶级政党的过程中写下享誉国际的《共

---

① 梅林. 马克思传. 樊集, 译. 北京: 生活·读书·新知三联书店, 1965: 17.

产党宣言》,创立了马克思主义。在纪念马克思诞辰200周年大会上,习近平指出,马克思的一生"是胸怀崇高理想、为人类解放不懈奋斗的一生","是不畏艰难险阻、为追求真理而勇攀思想高峰的一生","是为推翻旧世界、建立新世界而不息战斗的一生"[①]。而这种伟大的品格,早在马克思青年时期的思想、理论和行动中就已充分彰显!

---

① 习近平. 在纪念马克思诞辰200周年大会上的讲话. 北京:人民出版社, 2018:3-5.

第二章

马克思和恩格斯论青年

青年是社会中最富有朝气与活力的群体，是早晨八九点钟的太阳。习近平指出："青年是祖国的未来、民族的希望，也是我们党的未来和希望。"① 马克思和恩格斯在追求人类解放的理论探索和实践斗争中，曾接触和结识了无数青年，并十分重视他们在社会发展中的作用。马克思将青年视为改变社会的新鲜血液和新生力量，在考察资本主义的社会状况，参与和领导国际工人运动中探讨青年的理想追求、现实境遇、劳动教育和学习成长，在其著述中毫不吝惜对青年加以赞许并寄予厚望。

自18世纪工业革命以后，伴随着青年在社会分工和经济社会中地位的凸显，"青年"作为一个社会性群体开始受到关

---

① 习近平. 在庆祝中国共产党成立95周年大会上的讲话. 北京：人民出版社，2016：27.

注。在资本主义私人所有制条件下,青年作为工人的重要组成部分,同样具有鲜明的社会属性,这是由青年在生产力发展、社会进步中的重要作用决定的。马克思和恩格斯结合青年命运对资本主义进行批判,并将启发青年工人的阶级意识、组织动员青年力量与马克思主义紧密结合起来。

在马克思生活的年代,青年的处境是悲惨的,他们承担着超负荷的繁重劳动,饥饿、贫困、疾病等都是摆在青年面前的残酷现实。在资本主义快速发展的时期,随着生产技术的革新以及工业化、城市化的快速推进,资产阶级和无产阶级之间的对立日趋尖锐化,青年被裹挟进大工业的洪流中,成为这艘"工业巨轮"上的一个"零部件",深受资产阶级的压迫剥削。社会历史的发展要求青年承担起改造人类社会的重任,青年需要在科学世界观的教育下,在现实的革命斗争中改变自己的生存境遇。

第一节 论青年的理想追求

"青年志存高远,就能激发奋进潜力"[①]。早在中学时期的马克思,就热情真挚地写下了《青年在选择职业时的考虑》一文,文中所表达的青年的理想追求,是在同龄人中少有的。这

---

① 习近平.在纪念五四运动100周年大会上的讲话.北京:人民出版社,2019:6.

篇文章不仅充满青年人的激情，而且将青年的职业选择同人生目标相联系，彰显了马克思的远大理想和坚定信念。

马克思将青年的职业选择同人类共同目标联系在一起。在马克思看来，"使人类和他自己趋于高尚"① 是人类的共同目标，为实现这一伟大的目标，人们需要在社会上做出一个适合于自己，并能使自己和社会变得更加高尚的职业选择，而这一选择的权衡不仅是人相比于其他创造物的优越之处，更是青年开始走上生活道路后面临的首要责任，是关乎青年一生的重要选择。同时，在权衡选择的过程中，每个人心中都应存在一个目标，如果这一目标能够获得自己内心深处最深刻信念的认可，那这一目标就是伟大的，也是青年可以选择的职业目标。相对于人类的共同目标而言，每个人的职业选择只是实现共同目标的一种手段。

马克思认为青年应当在理性思考的基础上做出正确的职业选择。青年不应因一时激情而去从事某种职业。马克思指出："我们认为是热情的东西可能倏忽而生，同样可能倏忽而逝。也许，我们的幻想蓦然迸发，我们的感情激动起来，我们的眼前浮想联翩，我们狂热地追求我们以为是神本身给我们指出的目标；但是，我们梦寐以求的东西很快就使我们厌恶，于是，我们便感到自己的整个存在遭到了毁灭。"② 处在快速变化时

---

① 马克思，恩格斯. 马克思恩格斯全集：第1卷.2版. 北京：人民出版社，1995：455.
② 马克思，恩格斯. 马克思恩格斯全集：第1卷.2版. 北京：人民出版社，1995：455-456.

期的青年，情绪容易受到鼓舞，这种转瞬即逝的热情可能会将幻想代替实际情况，而未能运用理智认真研究、辨别。因此，青年应该倾听内心深处的声音，对自己的目标形成一种深刻的信念并坚定追求。同时，青年应避免受到虚荣心的影响而去从事某种职业。"虚荣心容易使人产生热情或者一种我们觉得是热情的东西；但是，被名利迷住了心窍的人，理性是无法加以约束的，于是他一头栽进那不可抗拒的欲念召唤他去的地方；他的职业已经不再是由他自己选择，而是由偶然机会和假象去决定了。"① 青年的理性一旦被虚荣心占据，将不再真正由自己做出选择，而是在异己力量的支配下进行选择。此外，青年应从事自己能够持之以恒的事业。青年的使命不是要寻求一个用以炫耀的职业，而是要从事那种自己不会感到厌倦、意志不会松动、始终抱有坚定信念的事业。因此，青年在选择自己的事业时，不能仅凭自己的想象行事，要真正沉下心来深入观察、仔细分析、认真辨别，充分认识这份职业需要我们承担的责任和使命。在"经过冷静的考察，认清了所选择的职业的全部分量，了解它的困难以后，仍然对它充满热情，仍然爱它，觉得自己适合于它"②，才可以选择从事。

马克思告诫青年应客观审视职业选择中的各种制约因素。马克思认为，"我们并不总是能够选择我们自认为适合的职业；

---

① 马克思，恩格斯. 马克思恩格斯全集：第1卷. 2版. 北京：人民出版社，1995：456.
② 马克思，恩格斯. 马克思恩格斯全集：第1卷. 2版. 北京：人民出版社，1995：457.

我们在社会上的关系，还在我们有能力决定它们以前就已经在某种程度上开始确立了"。此时的马克思就已看到外部客观因素对人主观意识的制约，此外，马克思建议青年在选择职业或进行人生规划时，首先要认识自己、充分考虑自身的体质和能力。如果自身不具备职业所需要的身体素质，即使我们为了完成伟大的事业而愿意在理想追求和身体健康之间的斗争中度过一生，也难以"产生出伟大壮丽的事业"，毕竟"安静是唯一能生长出成熟果实的土壤"。同样，如果青年过高估计自己的能力，"选择了力不胜任的职业，那么我们决不能把它做好，我们很快就会自愧无能，就会感到自己是无用的人，是不能完成自己使命的社会成员。由此产生的最自然的结果就是自卑"①。

马克思将"人类的幸福和我们自身的完美"②作为青年选择职业的主要指针。在客观考虑各种制约因素后，经过认真研究和慎重考察，青年应该选择一种使自己拥有尊严的职业。当然，马克思所指的"尊严"绝非功名利禄所包装起来的庸俗"脸面"，而是"最能使人高尚、使他的活动和他的一切努力具有更加崇高品质的东西，是使他无可非议、受到众人钦佩并高出于众人之上的东西"③。那么，什么样的职业才是最能使青

---

① 马克思，恩格斯. 马克思恩格斯全集：第1卷.2版. 北京：人民出版社，1995：457.

② 马克思，恩格斯. 马克思恩格斯全集：第1卷.2版. 北京：人民出版社，1995：459.

③ 马克思，恩格斯. 马克思恩格斯全集：第1卷.2版. 北京：人民出版社，1995：458.

年们获得尊严的呢？马克思认为需要满足以下两个条件：首先，青年在作为这种职业的从业者时，所进行的不是如奴隶般的简单机械式劳动，而是能在职业领域内充分发挥主观能动性的创造性劳动；其次，这种职业应当使青年们能够体面地从事它，并对此从心底焕发出崇高的自豪感。在此基础上，马克思认为：只有为人类工作，才能达到自身的完美，"如果一个人只为自己劳动，他也许能够成为著名的学者、伟大的哲人、卓越的诗人，然而他永远不能成为完美的、真正伟大的人物"[①]。因此，自身的完美和人类的幸福并非一种利益消灭另一种利益的对立状态，而是处在统一之中。马克思将人们为同时代人的完美和幸福工作而使自身趋于完美，看作是人的本性。他指出，为人类的共同目标而工作将使青年变得高尚，为大多数人带来幸福将使青年获得幸福。对此马克思的主张掷地有声："如果我们选择了最能为人类而工作的职业，那么，重担就不能把我们压倒，因为这是为大家作出的牺牲；那时我们所享受的就不是可怜的、有限的、自私的乐趣，我们的幸福将属于千百万人，我们的事业将悄然无声地存在下去，但是它会永远发挥作用，而面对我们的骨灰，高尚的人们将洒下热泪。"[②]

青年时期的马克思，就已经认识到为人类而工作的崇高理想，这是他后期成长为一名无产阶级革命斗士的起点。如今的

[①] 马克思，恩格斯. 马克思恩格斯全集：第1卷.2版. 北京：人民出版社，1995：459.

[②] 马克思，恩格斯. 马克思恩格斯全集：第1卷.2版. 北京：人民出版社，1995：459-460.

我们，仍然能够看到马克思对于青年人最初的期许，仍然能够从他对青年理想追求的谈论中获得力量，仍然能够在他的影响下获得前进的指引和方向。在激情满怀、富有朝气的青年时期就应怀有崇高的理想，正如马克思对青年热情的颂扬："青年人！你要尽情地弹唱，你要主宰这沉默无言的海洋，你一定怀有远大的志向，你那颗跳动的心儿是多么高尚。"①

第二节　论青年的现实境遇

马克思和恩格斯是有着崇高追求的理想主义者，同时他们敏锐地认识到高度发达的资本主义背后激烈的社会矛盾与冲突。在理论和实践探索中，马克思和恩格斯认识到青年所处的悲惨现实境遇，资本主义生产关系主导下的劳动和分工严重阻碍了青年的发展。此时的马克思已经预见到青年无产阶级在未来的革命事业中将发挥重要作用，因此，在他笔下的青年是同无产阶级紧密联系的青年，是肩负着解放全人类历史使命的青年。

马克思认识到资本主义条件下的劳动作为一种异己力量使工人在严重的剥削压迫下日益贫穷。在工业革命以前，生产多以家庭为单位，子女只是帮助父母（并非经常性地）进行一些

---

① 马克思, 恩格斯. 马克思恩格斯全集: 第1卷. 2版. 北京: 人民出版社, 1995: 645.

劳动，他们收入较为稳定，生活平静自由。机器的出现破坏了原有的家庭生产模式，原本兼营农业和手工业的家庭生产，逐渐分解为专营工业生产或农业生产，并出现单纯依靠工资生活的无产者。随着机器革新的加快，工业生产更加集中且规模不断扩大，在工商业城市逐步形成的同时，一个庞大的工人阶级群体形成，并占据着城市中的绝大多数。在这一现实境遇下，工人阶级一方面面临极其繁重的劳动，另一方面这种劳动又难以带来足够的收入以维持生活。"劳动为富人生产了奇迹般的东西，但是为工人生产了赤贫。劳动生产了宫殿，但是给工人生产了棚舍。"① 在资本主义逐利本性的驱使下，越来越多的青年人甚至童工被卷入资本主义生产之中，成为劳动力买卖的对象和劳动工具，由于他们的年纪更小，工资更低，受到更大规模的雇佣和更深程度的压榨②。此时，绝大多数青年都处于被剥削和被压迫的地位，无产阶级的赤贫现象在青年群体中加速蔓延。与此同时，部分青年日益走向堕落，犯罪行为也随着赤贫现象的增长而增长。在比利时，从 1845 年到 1847 年，18 岁以下青年被法庭判处拘禁的人数分别为 2 575 人、5 886 人和 9 352 人，三年间被拘禁的 18 岁以下青年总人数达到 17 813 人③。

马克思认识到分工的存在使青年难以实现自由而全面的发

---

① 马克思，恩格斯. 马克思恩格斯文集：第 1 卷. 北京：人民出版社，2009：158.
② 关于这一点，散见于马克思恩格斯的著作之中。在恩格斯的《英国工人阶级状况》和马克思的《资本论》等著作中有相对较为集中的描述。
③ 马克思，恩格斯. 马克思恩格斯全集：第 5 卷. 北京：人民出版社，1958：368.

展。在资本主义私有制条件下,以往工人的手工技术被机器取代,"工人变成了机器的单纯的附属品,要求他做的只是极其简单、极其单调和极容易学会的操作"①。社会大生产下的分工使得每个人都隶属于一定的生产部门,只熟悉整个生产部门中的某一部分。正如马克思所说:"当分工一出现之后,任何人都有自己一定的特殊的活动范围,这个范围是强加于他的,他不能超出这个范围:他是一个猎人、渔夫或牧人,或者是一个批判的批判者,只要他不想失去生活资料,他就始终应该是这样的人。"② 这种分工必然会带来人的片面性并对青年一代产生潜移默化的影响。"一个人的发展取决于和他直接或间接进行交往的其他一切人的发展;彼此发生关系的个人的世世代代是相互联系的,后代的肉体的存在是由他们的前代决定的,后代继承着前代积累起来的生产力和交往形式,这就决定了他们这一代的相互关系。"③ 青年一代的发展深受现实生活的影响,在此境遇下成长的青年所担负的劳动分工同样是畸形的,这种畸形的劳动罔顾青年的发展,让青年适应甚至附属于生产和劳动,把青年降低为积累资本的工具。无产者的家庭关系由此遭到无情的破坏,那些被贫困压垮的父母变为出卖子女的奴隶主④。马

---

① 马克思,恩格斯.马克思恩格斯文集:第2卷.北京:人民出版社,2009:38.

② 马克思,恩格斯.马克思恩格斯选集:第1卷.3版.北京:人民出版社,2012:165.

③ 马克思,恩格斯.马克思恩格斯全集:第3卷.北京:人民出版社,1960:515.

④ 马克思,恩格斯.马克思恩格斯全集:第21卷.2版.北京:人民出版社,2003:269.

克思和恩格斯对这种现象进行了强烈的批判:"无产者的一切家庭联系越是由于大工业的发展而被破坏,他们的子女越是由于这种发展而被变成单纯的商品和劳动工具,资产阶级关于家庭和教育、关于父母和子女的亲密关系的空话就越是令人作呕。"①

"工人阶级的状况是当代一切社会运动的真正基础和出发点"②。青年所遭遇的困境使他们迫切地需要得到解放,由此,马克思和恩格斯预言了将要发生的革命,并认为"实现这一变革的将是德国的青年"③。恩格斯看到,当时社会主义力量在德国已经得到一定程度的壮大,工人党的队伍在二十多年的时间中扩大三倍,成为德国最强大的党,其中,党的补充人员中大部分是青年。随着青年社会主义者的不断加入,军队将不可阻挡地脱离旧政府的掌控,成为社会主义的力量。因此,恩格斯比较乐观地认为,拥有大量青年的工人党必将成为代表未来的先进队伍④。

当时的德国工人运动活动家威廉·魏特林⑤也看到了无产阶级在社会变革中的重要作用,认为"谁第一个首先站起来,

---

① 马克思,恩格斯. 马克思恩格斯文集:第2卷. 北京:人民出版社,2009:49.
② 马克思,恩格斯. 马克思恩格斯文集:第1卷. 北京:人民出版社,2009:385.
③ 马克思,恩格斯. 马克思恩格斯全集:第2卷. 北京:人民出版社,1957:629.
④ 马克思,恩格斯. 马克思恩格斯文集:第4卷. 北京:人民出版社,2009:429-430.
⑤ 威廉·魏特林(1808—1871),德国工人运动活动家,空想平均主义理论家和鼓动家,工人同盟的创始人。

谁就第一个带头往前冲,谁勇敢地坚持下去,并且在坚持斗争中把他的生活放在和其他一切人平等的地位上,他就是领导者"①,并进一步指出:"你们的青年人将举着这面旗帜奔向世界各地,世界将变成一座花园,而人类将变成一个家庭。"②马克思同样认为资本主义社会解体的实际依附力量在于无产阶级,并认识到青年在革命事业中的重要作用,但马克思反对魏特林所主张的工人群众的自发性暴动,主张在科学理论指导下的革命斗争,即"哲学把无产阶级当做自己的**物质**武器,同样,无产阶级也把哲学当做自己的**精神**武器"③。在马克思看来,"个人力量(关系)由于分工转化为物的力量这一现象,不能靠人们从头脑里抛开关于这一现象的一般观念的办法来消灭,而只能靠个人重新驾驭这些物的力量,靠消灭分工的办法来消灭"④。因此,只能依靠消灭私有制才能摆脱资本主义剥削带来的人的异化,扬弃劳动分工产生的人们能力的局限性,只有在未来共产主义社会中才能实现个人自由而全面的发展。同时,要锻造一支强有力的无产阶级军队作为社会主义革命的强大保障,联合一切可以联合的无产阶级进行广泛的革命斗争。青年作为无产阶级队伍中的重要组成部分,作为时代的新

---

① 魏特林. 和谐与自由的保证. 孙则明,译. 北京:商务印书馆,1960:269.
② 魏特林. 现实的人类和理想的人类 一个贫苦罪人的福音. 胡文建,顾家庆,译. 北京:商务印书馆,2017:52.
③ 马克思,恩格斯. 马克思恩格斯文集:第1卷. 北京:人民出版社,2009:17.
④ 马克思,恩格斯. 马克思恩格斯选集:第1卷.3版. 北京:人民出版社,2012:199.

人，其斗争劲头和觉悟都要远高于一般人。此时的青年已经认识到"劳资双方利益一致"① 这一说辞的虚假性，并且呼唤社会主义者作为自己和革命运动的领导人。马克思和恩格斯对青年寄予厚望，正如保尔·拉法格在对马克思的回忆中写道："马克思那时常常生病，正在下苦功写作'资本论'第一卷（这书两年后——1867年出版）。他担心他也许不能完成这部著作，因此很喜欢接见青年人，时常说：'我应该训练好在我死后继续共产主义宣传的人。'"② 马克思和恩格斯的理论和实践工作就是要唤起青年的热情，并以科学的理论进行宣传和教育，他们坚持青年知识分子与从事劳动的工人阶级站在一起，在变革社会的过程中共同发挥作用。这是当时青年面临的最大的时代课题，也是那个时代赋予青年的最大使命。

第三节 论青年的劳动与教育

要使青年一代的无产阶级真正肩负起解放全人类的历史使命，必须在教育和劳动中将他们培养成为具有共产主义觉悟、掌握真实本领的青年，使其在自觉抵制资本主义制度的错误思

---

① 马克思，恩格斯. 马克思恩格斯文集：第10卷. 北京：人民出版社，2009：576.
② 苏共中央马克思列宁主义研究院. 回忆马克思恩格斯. 北京：人民出版社，1957：68.

想中走向革命的无产阶级。在参与工人运动的实践中，马克思逐步认识到："工人不是能自由行动的人……但是工人阶级中比较先进的那部分人则完全懂得，他们阶级的未来，因而也是人类的未来，完全取决于新一代工人的成长。"① 因此，马克思和恩格斯把在教育中提高青年的思想觉悟，在劳动中将青年一代培养成为通晓整个生产系统的全新的人，看作是无产阶级革命必不可少的准备工作。

随着机器大工业取代工场手工业成为主要的生产方式，"工人群众的贫困在 1848 年到 1864 年间没有减轻……但是这个时期就工业的发展和贸易的扩大来说却是史无前例的"②。同时，无产阶级的队伍也逐渐发展壮大，并意识到联合起来进行斗争的必要性。1866 年 9 月，国际工人协会第一次代表大会在日内瓦举行，英国、法国、德国和瑞士的工人团体参加了这次大会。会前，马克思在中央委员会会议上代表常务委员会就本次工人代表大会的议程提出了建议，后被整理成文字稿，即《给临时中央委员会代表的关于若干问题的指示》。在这份文稿中，马克思专门针对青年的劳动和教育提出了建议。

马克思认为社会应保护青年的利益，使其免受现代制度的破坏。在他看来："在合理的社会制度下，**每个儿童从 9 岁起都应当成为生产劳动者**，就像任何身体健全的成年人一样，必

---

① 马克思，恩格斯. 马克思恩格斯全集：第 21 卷. 2 版. 北京：人民出版社，2003：270.
② 马克思，恩格斯. 马克思恩格斯文集：第 3 卷. 北京：人民出版社，2009：3.

须无例外地服从那普遍的自然规律,即:为了吃饭,必须劳动,不仅要用脑劳动,而且也要用双手劳动。"① 但是,根据青年的生理条件,不同年龄段的青年应承担不同程度的劳动,并在严格限制青年(尤其是儿童)的劳动时间的同时保证他们的休息时间。马克思设想"应该把他们分为**三类**,区别对待:第一类 9—12 岁,第二类 13—15 岁,第三类 16—17 岁。我们建议法律把他们在任何工厂或家庭里的劳动时间限制如下:第一类 **2 小时**,第二类 **4 小时**,第三类 **6 小时**。第三类至少必须有 1 小时吃饭或休息的间歇时间"②。同时,马克思主张在 9 岁之前就开始小学教育,以培养青年自觉抵制资本主义制度下将工人看作简单工具的错误思想。这样做的目的是充分保护青年的权利,抵制由于资本主义制度的逐利性而对青年造成的侵害;青年的权利应该得到保护,在他们没有能力保护自己时,社会有责任对其予以保护,"这只有通过变**社会理性**为社会力**量**才能做到,而在目前条件下,除通过由国家政权施行的**普遍法律**外没有其他办法"③。

在保证青年接受教育的同时,马克思具体设想了青年教育内容的三个方面:分别是智育、体育和技术培训④。智育是对青年头脑的开发,影响的是青年的思想认识和思维方式。智育对青年知识学习、技能掌握、思想形成以及人格健全都起到至

---

①② 马克思,恩格斯. 马克思恩格斯全集:第 21 卷. 2 版. 北京:人民出版社,2003:269.
③④ 马克思,恩格斯. 马克思恩格斯全集:第 21 卷. 2 版. 北京:人民出版社,2003:270.

关重要的作用。体育包括身体锻炼和军事训练,帮助青年拥有健康的体魄和基本军事能力,有助于青年更好地进行劳动和完成推翻资本主义的革命任务。技术培训是要使青年了解生产的整个过程,掌握生产各环节的基本原理,获得使用各种生产工具的技能。同时马克思主张,对青年授以智育、体育和技术培训的课程,应该根据青年的不同年龄特点,循序渐进地进行。在马克思看来,为了培养符合社会发展趋势和生产发展要求的青年劳动者,将三方面的教育相结合对于青年发展和人类社会发展至关重要。既能使青年快速熟悉整个生产系统的重要途径,帮助青年根据社会需要或自身兴趣实现在生产部门间的流动,又可以使青年摆脱分工所带来的片面性,使他们能够全面地提升和发挥各方面的才能,帮助青年免受现代制度破坏作用的危害。因此,马克思说道:"把有报酬的生产劳动、智育、体育和综合技术培训结合起来,就会把工人阶级提高到比贵族和资产阶级高得多的水平。"①

  马克思对青年教育问题的设想有一个突出特征,就是必须将教育和劳动结合起来②,这是儿童和少年从事劳动的必要前提。马克思认为:"从工厂制度中萌发出了未来教育的幼芽,未来教育对所有已满一定年龄的儿童来说,就是生产劳动同智

---

① 马克思,恩格斯. 马克思恩格斯全集:第 21 卷. 2 版. 北京:人民出版社,2003:271.
② 关于这一点,马克思在多处都有所阐述。如在《共产党宣言》、《给临时中央委员会代表的关于若干问题的指示》、《哥达纲领批判》和《资本论》中,都明确表述了要将教育和劳动结合起来。

马克思具体设想了青年教育的三个方面：分别是智育、体育和技术培训。

育和体育相结合"①。青年在接受教育的同时要完成劳动，这样的教育方式优于让青年完全不间断地从事单一的学习活动，而且青年学习到的知识可以在劳动中加以运用并得到检验。同时，劳动产品的出售所得可以用于补偿部分的学校开支。在马克思看来，将教育与劳动相结合有两方面好处：一是提高社会生产，提高社会生产效率；二是可以通过智育、体育和技术培

---

① 马克思．资本论：第1卷．2版．北京：人民出版社，2004：556-557．

训相结合，使教育和生产相互促进，使劳动者掌握不同的技能，从而有助于促进人的全面发展。从中我们可以看出，教育的重要目的是让青年更好地完成劳动，而劳动也是完成青年教育的重要途径，二者相辅相成，相互促进。马克思晚期的思想中进一步指出"生产劳动和教育的早期结合是改造现代社会的最强有力的手段之一"①。青年作为革命的生力军，必须在科学世界观的指导下接受良好的教育，参加劳动，在未来的革命斗争事业中发挥无可替代的作用。

需要强调的是，马克思提倡的教育的现实前提归根结底是废除私有制、消灭阶级。马克思要求消灭资产阶级私有制，这一主张被资产阶级歪曲为要消灭一切生产，同样地，马克思要求消灭资产阶级的教育，这一主张也被资产阶级歪曲为要消灭一切教育。马克思认识到，资产者唯恐其灭亡的那种教育，只不过是把人训练成机器，训练成为资产阶级服务的工具而已。对于这种教育，就是要毫不留情地加以消灭，取而代之的是建立在共产主义所有制基础上的共产主义教育。马克思深刻地认识到，教育问题的背后是所有制问题，是社会关系问题。资产阶级的教育观念是资产阶级的所有制关系和生产关系的产物，取决于资产阶级的物质生活条件。资本主义私有制决定了资本主义社会通过学校对人进行剥削，决定了资产阶级家庭的"亲密关系"以资本为前提。而共产主义的教育建立在社会公有制基础上，这并非等同于资产者所指责的用社会教育代替家庭教

---

① 马克思，恩格斯. 马克思恩格斯文集：第 3 卷. 北京：人民出版社，2009：449.

育,也不是要消灭人们最亲密的关系。共产主义并没有发明社会对教育的影响,而是要通过改变所有制关系而改变社会对教育影响的性质,要使教育摆脱统治阶级的影响。这样一来,资产阶级关于家庭和教育、关于父母和子女的亲密关系(实则是一种剥削关系)的空话就会暴露无遗,教育才能真正回归教育本身①。

第四节 论青年的学习与成长

如果说教育是社会对青年的培养,那么主动学习就是青年的自我提升,只有不断学习才能使青年掌握真正本领,为将来从事的事业打下坚实基础。马克思重视青年的学习问题,正如威廉·李卜克内西②在《纪念卡尔·马克思》中回忆道:"他一有机会就用这句话激励我们这些'年轻小伙子'并督促我们学习……马克思是一位严厉的师长,他不仅强迫我们学习,还要弄清楚我们是否在学习。"③

马克思身体力行地教导青年人注重理论学习方面的积累。

---

① 马克思,恩格斯. 马克思恩格斯文集:第2卷. 北京:人民出版社,2009:48-49.
② 威廉·李卜克内西(1826—1900),德国工人运动和国际工人运动的活动家,德国社会民主党创始人和领袖之一,马克思和恩格斯的朋友和战友。
③ 中共中央马克思恩格斯列宁斯大林著作编译局. 回忆马克思. 北京:人民出版社,2005:60-61.

马克思声称："无知从来也不能帮助任何人"①。他博学多识，一生中阅读并研究了法学、哲学、历史学、政治经济学等多个领域的学术著作。他曾在两个月的时间中阅读了横跨2 500年的多个国家的历史、法律等相关书籍，并做了五本摘录笔记。在他的私人图书馆中，收藏着日常学习和研究所用的1 000多本书。在晚年撰写《资本论》期间，他常常是英国博物馆阅览室的常客，马克思写道："我一直在坟墓的边缘徘徊。因此，我不得不利用我还能工作的每时每刻来完成我的著作，为了它，我已经牺牲了我的健康、幸福和家庭。"② 马克思将学习看作是青年人必须履行的义务，在李卜克内西的回忆中，"马克思每天都坐在那里，他也强迫我们去。学习！学习！这是至高无上的义务，他常常向我们这样大声疾呼"③。社会主义的事业不仅要掌管政治机器，而且要掌管全部社会生产，因此需要大量优秀青年，既需要拥有深厚理论基础的青年知识分子，也需要具有良好技术素养的青年技术专家，他们要做好自己的规划，提升自己的能力，共同为社会主义事业做贡献。恩格斯曾要求：青年要充分重视历史研究，这是未来投身于改造社会的事业的基础。必须认真研究历史，下功夫钻研经济学史、商业史、工业史、农业史等，"必须详细研究各种社会形态的存

---

① 中共中央马克思恩格斯列宁斯大林著作编译局. 回忆马克思. 北京：人民出版社，2005：274.
② 马克思，恩格斯. 马克思恩格斯全集：第31卷. 北京：人民出版社，1972：543.
③ 中共中央马克思恩格斯列宁斯大林著作编译局. 回忆马克思. 北京：人民出版社，2005：60–61.

在条件，然后设法从这些条件中找出相应的政治、私法、美学、哲学、宗教等等的观点"①。这种研究是青年把握社会形态发展规律的基础和前提，能够为青年投身社会主义事业打下牢固基础。在马克思看来，理论的积累就是为将来的战斗准备武器和弹药，正所谓"理论一经掌握群众，也会变成物质力量。理论只要说服人［ad hominem］，就能掌握群众；而理论只要彻底，就能说服人［ad hominem］"②。而"彻底的理论"的获取道路并不平坦，"只有不畏劳苦沿着陡峭山路攀登的人，才有希望达到光辉的顶点"③。

马克思注重引导青年在实践中不断学习。一方面，青年应保持谦虚谨慎的态度，向那些从事实际工作的人学习。早在《神圣家族》中马克思就指出，"历史活动是群众的活动，随着历史活动的深入，必将是群众队伍的扩大"④，充分肯定了人民群众在历史发展中的重要作用，工人阶级作为人民群众的重要组成部分，肩负着社会变革的历史使命。因此，马克思十分看重同工人群体的交谈，"他认为倾听工人们对于运动的意见非常重要。任何时候，他都愿意同工人们讨论重大的政治经济问题"⑤。恩格斯

---

① 马克思，恩格斯．马克思恩格斯文集：第10卷．北京：人民出版社，2009：587．

② 马克思，恩格斯．马克思恩格斯文集：第1卷．北京：人民出版社，2009：11．

③ 马克思．资本论：第1卷．2版．北京：人民出版社，2004：24．

④ 马克思，恩格斯．马克思恩格斯文集：第1卷．北京：人民出版社，2009：287．

⑤ 中共中央马克思恩格斯列宁斯大林著作编译局．回忆马克思．北京：人民出版社，2005：258．

也曾告诫青年，不要炫耀自己的"学识"，因为"他们在工人面前所极力炫耀的'学识'，还是差得很远的，而工人们本能地、'直接地'（用黑格尔的话来说）掌握了的东西，他们这些大学生要费很大力气才能获得"①。另一方面，青年研究社会主义不仅需要大量文献，更要积极投身于社会主义实践。"如果一个有学问的人不愿意自己堕落，就决不应该放弃积极参加社会活动，不应该整年整月地把自己关在书斋或实验室里，像一条藏在乳酪里的蛆虫一样，逃避生活，逃避同时代人的社会斗争和政治斗争。"②

马克思和恩格斯注重培养青年以科学的态度对待学习。马克思认为青年应具有强烈的批判精神。在教导威廉·李卜克内西这些年轻人时，马克思强迫他们进行自我批判，不允许他们满足于一得之功，这种批判的精神正是青年学习中必不可少的正确态度之一。这种对青年的要求也体现在马克思的《自白》中，"您喜爱的箴言：……De omnibus dubitandum〔怀疑一切〕"③。"马克思喜欢批判性地分析其他思想者的思想来展开自己的思想"④，在同青年黑格尔派进行思想斗争时，马克思就指责他们没有真正理解黑格尔哲学，特别是其中批判的方

---

① 马克思，恩格斯．马克思恩格斯全集：第 38 卷．北京：人民出版社，1972：270.

② 中共中央马克思恩格斯列宁斯大林著作编译局．回忆马克思．北京：人民出版社，2005：187.

③ 马克思，恩格斯．马克思恩格斯全集：第 31 卷．北京：人民出版社，1972：589.

④ 麦克莱伦．马克思传．4 版．王珍，译．北京：中国人民大学出版社，2016：68.

法，认为他们"对批判的方法采取完全非批判的态度"①，这种理论研究的精神也影响着他对青年的教育。同时，在学习中应掌握科学的方法，避免对科学理论的歪曲。唯物史观是科学的理论，却曾经遭到了严重的歪曲和误解。恩格斯描述并批判了当时德国青年对唯物史观理解的局限："对德国的许多青年著作家来说，'唯物主义'这个词大体上只是一个套语，他们把这个套语当做标签贴到各种事物上去……就以为问题已经解决了。""许许多多年轻的德国人……只是用历史唯物主义的套语（**一切都可能被变成套语**）来把自己的相当贫乏的历史知识（经济史还处在襁褓之中呢！）尽速构成体系，于是就自以为非常了不起了。"② 由此可见，德国当时的青年学生出现了这样一种思想倾向，就是在没有正确理解唯物史观的情况下滥用唯物史观的术语，用唯物史观简单机械地解释一切现象。这不仅是对唯物史观本身的损害，也无助于青年正确认识历史和认识社会。马克思和恩格斯在著作中多次强调，历史过程中的决定性因素归根到底是现实生活的生产和再生产，经济状况是基础，但是上层建筑的各因素也起到了重要的作用。因此，以科学的态度学习唯物史观是正确解释历史和社会的前提，这在青年的学习中是非常重要的。有着广阔的探索空间，需要青年真正下功夫去研究和拓展。

---

① 马克思，恩格斯．马克思恩格斯文集：第 1 卷．北京：人民出版社，2009：197．
② 马克思，恩格斯．马克思恩格斯文集：第 10 卷．北京：人民出版社，2009：587．

马克思和恩格斯时代下的青年，是以人类的幸福和自身完美为指针做出正确的职业选择，在不同人生道路上为实现人类共同目标而奋进的青年；是在资本主义制度的剥削和压迫下，肩负起解放全人类伟大使命的青年；是在共产主义的劳动和教育下不断成长为新一代革命者的青年；是在自我学习和成长中不断自我提升的青年。尽管时代发生了变化，青年人思维活跃、行动力强的基本特征没有发生改变，青年依然是最有希望的群体。在新时代，加强对青年的研究，立足社会现实，按照符合青年发展规律的方式教育和引导青年是一项重大的理论和实践任务，马克思和恩格斯对青年的研究论述至今仍是我们的典范。

第三章

马克思主义的理论特质和历史使命

第一节 马克思主义的理论特质

"在人类思想史上,就科学性、真理性、影响力、传播面而言,没有一种思想理论能达到马克思主义的高度,也没有一种学说能像马克思主义那样对世界产生了如此巨大的影响。"[①]马克思的一生致力于以理论批判和现实抗争改造旧世界,谋求全人类的福祉,他为世人留下的最有价值、最具影响力的精神财富,就是马克思主义的科学理论。由马克思和恩格斯所开创的马克思主义虽然发源于19世纪的欧洲社会,却在理论和实

---

① 习近平.习近平谈治国理政:第2卷.北京:外文出版社,2017:65.

践发展中不断与各地区、各民族的历史文化传统和社会实际相结合，成为深刻影响世界历史进程的全人类的宝贵财富。马克思主义之所以能够在人类认识和改造世界的过程中发挥出如此重大的作用，源于马克思主义具有区别于其他思想学说的本质特征，即科学性、人民性、实践性、开放性的理论特质。

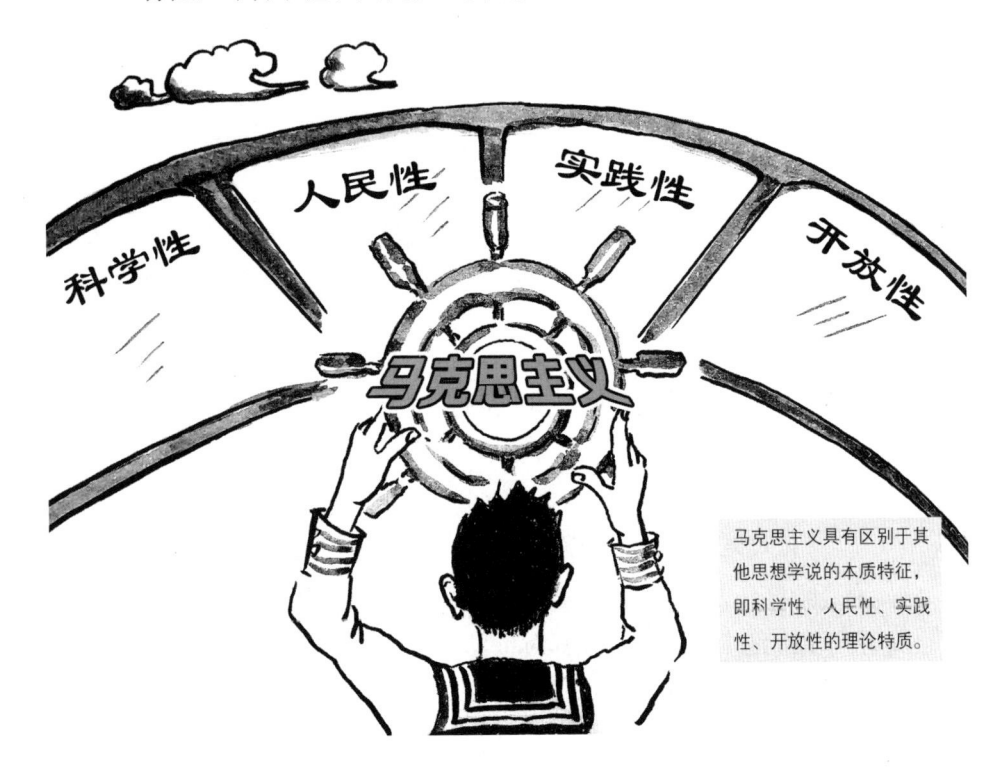

> 马克思主义具有区别于其他思想学说的本质特征，即科学性、人民性、实践性、开放性的理论特质。

一、马克思主义是科学的理论

马克思主义具有科学的世界观和方法论基础，即辩证唯物主义和历史唯物主义，这是马克思主义的突出理论优势，也是马克思主义科学性的根源。习近平指出："马克思主义是关于自然、社会和思维发展规律的科学,是关于工人阶级和人民大众解放与发展的科学,是关于社会主义、共产主义的科学。它为人类社会提供了最科学、最完整、最严谨的世界观和方法论。"① 正是由于马克思主义理论本身的科学性,马克思的名字在今天依然备受人们尊敬,马克思主义在当今世界依然展现出巨大真理威力和强大生命力。

一是批判吸收了自然科学和社会科学的时代发展最新成就。哲学是时代精神的精华。马克思主义凝结着19世纪思想理论成就的精华,主要内容包括哲学、政治经济学和科学社会主义,这三大理论组成部分是在德国古典哲学、英国古典政治经济学和英法空想社会主义的基础上形成的。德国古典哲学代表了马克思以前的哲学发展的最高峰,马克思批判吸收了黑格尔辩证法的合理内核和费尔巴哈唯物主义的基本内核,打破了以往唯心主义在历史观领域长期占据统治地位的局面,创立了历史唯物主义。斯密、李嘉图等英国古典政治经济学家提出了劳动价值理论,马克思在深入开展经济学研究的基础上,立足资本主义社会现实,系统阐述了剩余价值理论,揭开了资本主义生产关系及资本家剥削工人的秘密。从16世纪托马斯·莫尔的《乌托邦》、17世纪康帕内拉的《太阳城》,到18—19世纪的圣西门、傅立叶、欧文,空想社会主义者在数百年间设想着未来社会的图景,却始终未能找到通向理想的现实途径,马

---

① 习近平. 领导干部要树立正确的世界观权力观事业观. 学习时报,2010-09-06(1).

克思通过艰辛探索找到了将理想转化为现实的正确道路和社会力量,实现了社会主义由空想到科学的飞跃。同时,细胞学说、能量守恒与转化定律、生物进化论等自然科学领域的重大发现,为马克思主义的产生提供了自然科学前提。列宁曾这样评价马克思:"凡是人类社会所创造的一切,他都有批判地重新加以探讨,任何一点也没有忽略过去。凡是人类思想所建树的一切,他都放在工人运动中检验过,重新加以探讨,加以批判,从而得出了那些被资产阶级狭隘性所限制或被资产阶级偏见束缚住的人所不能得出的结论。"① 正是对"两千多年来人类思想和文化发展中一切有价值的东西"② 的广泛汲取,为马克思主义的最终创立奠定了深厚的理论根基。

二是正确反映了事物发展的内在本质和客观规律。马克思主义以科学的世界观和方法论揭示了自然、社会和人类思维发展的本质和一般规律,这是在唯物史观和剩余价值学说形成的基础上得以实现的,正如恩格斯所指出的,"这两个伟大的发现——唯物主义历史观和通过剩余价值揭开资本主义生产的秘密,都应当归功于**马克思**。由于这两个发现,社会主义变成了科学"③。马克思将唯物辩证法贯穿了社会历史研究的整个过程,深刻阐明了人类历史的演进及其动力,特别是阐明了生产力与生产关系、经济基础与上层建筑之间矛盾运动的规律,从

---

① 列宁. 列宁选集:第4卷.3版修订版. 北京:人民出版社,2012:284-285.
② 列宁. 列宁选集:第4卷.3版修订版. 北京:人民出版社,2012:299.
③ 马克思,恩格斯. 马克思恩格斯选集:第3卷.3版. 北京:人民出版社,2012:402.

而揭示了人类社会发展的一般规律。列宁对此指出："马克思和恩格斯称之为辩证方法（它与形而上学方法相反）的，不是别的，正是社会学中的科学方法，这个方法把社会看做处在不断发展中的活的机体（而不是机械地结合起来因而可以把各种社会要素随便配搭起来的一种什么东西），要研究这个机体，就必须客观地分析组成该社会形态的生产关系，研究该社会形态的活动规律和发展规律。"① 马克思和恩格斯通过深入研究政治经济学，科学考察了剩余价值的来源，揭露了资本主义剥削的秘密，揭示了资本主义社会的特殊运行规律，指明了资本主义必然灭亡的人类社会发展趋势。

三是形成了博大精深、逻辑严密的科学理论体系。马克思主义是一个完备而严密的理论体系，不仅主要包含哲学、政治经济学、科学社会主义这三大组成部分，还广泛涉及历史学、政治学、法学、军事学、社会学、民族学、人类学、文艺学等各个领域。马克思主义的科学性集中体现于马克思主义的基本原理，即对马克思主义立场、观点、方法的高度概括，这是在马克思主义形成和发展过程中经过历史和实践反复检验的普遍真理，体现了这一理论体系的科学性和整体性。列宁曾经强调："马克思学说具有无限力量，就是因为它正确。它完备而严密，它给人们提供了决不同任何迷信、任何反动势力、任何为资产阶级压迫所作的辩护相妥协的完整的世界观。"② 马克思所提出的新唯物主义把人的实践活动和生产方式作为理解社会历史的基础，在由具体上

---

① 列宁．列宁全集：第 1 卷．2 版增订版．北京：人民出版社，2013：135.
② 列宁．列宁全集：第 23 卷．2 版增订版．北京：人民出版社，2017：41.

升到抽象、又由抽象上升到更丰富的具体的思维进程中，克服了唯心主义和旧唯物主义中存在的历史与现实的人的分离、历史与自然的对立以及历史与唯物主义的分离。马克思和恩格斯将唯物主义和辩证法结合起来，实现了唯物主义自然观和唯物主义历史观的有机统一，进而形成了彻底的唯物主义，即辩证唯物主义和历史唯物主义的科学世界观和方法论。

二、马克思主义是人民的理论

人民性是马克思主义最鲜明的品格。习近平指出："马克思主义博大精深，归根到底就是一句话，为人类求解放。"①作为无产阶级的世界观和方法论，马克思主义有着鲜明的无产阶级立场，代表最广大人民群众的根本利益，为无产阶级和全人类的解放事业服务。

一是始终贯穿着为人类求解放的根本目标。马克思主义致力于实现全人类解放和每个人的自由而全面的发展。在马克思主义之前，历史上占统治地位的理论都是为统治阶级的利益服务的，都是占有社会生产资料的少数人为了掌控和奴役从事社会生产实践的多数人的思想观念而建立的意识形态。马克思和恩格斯在《共产党宣言》中指出："过去的一切运动都是少数人的，或者为少数人谋利益的运动。无产阶级的运动是绝大多数人的，为绝大

---

① 习近平. 在纪念马克思诞辰 200 周年大会上的讲话. 北京：人民出版社，2018：8.

多数人谋利益的独立的运动。"① 马克思主义第一次坚定地站在最广大人民的立场上,为无产阶级和劳动人民探求自由解放的道路,以具有科学性和革命性的社会主义理论为建立一个没有压迫、没有剥削、人人平等、人人自由的理想社会指明了方向——"代替那存在着阶级和阶级对立的资产阶级旧社会的,将是这样一个联合体,在那里,每个人的自由发展是一切人的自由发展的条件"②。无产阶级解放和全人类解放的目标是完全一致的,只有无产阶级这样的先进阶级,才能领导全人类解放的伟大事业;同时,无产阶级只有实现了全人类的解放,才能最终实现自身的解放。推翻资本主义社会的剥削制度,建立社会主义社会,最终实现共产主义,这既是无产阶级解放的事业,也是全人类解放的事业,不仅要求实现物质财富和精神财富的极大丰富,而且旨在真正地实现每个人的自由而全面的发展。

二是高度阐明了人民群众的历史主体地位。马克思主义在人类思想史上第一次真正破除了笼罩在历史观认识之上的唯心主义迷雾,摆脱了英雄史观的长期统治,创立了历史唯物主义的群众史观,将人民群众视为历史的创造者和推动历史前进的根本动力。历史唯物主义立足于现实的人及其本质,将处于具体的历史的社会关系之中的人作为考察历史活动的前提。在《关于费尔巴哈的提纲》中,马克思深刻地指出,"人的本质不是单个人所固有的抽

---

① 马克思,恩格斯. 马克思恩格斯文集:第 2 卷. 北京:人民出版社,2009:42.
② 马克思,恩格斯. 马克思恩格斯文集:第 2 卷. 北京:人民出版社,2009:53.

象物，在其现实性上，它是一切社会关系的总和"①，阐明了人的本质并在此基础上提出人民群众是社会历史活动的真正主体。在《神圣家族》中，马克思和恩格斯批判鲍威尔把精神作为历史的推动力的观点，指出"历史活动是群众的活动"②。人民群众在社会历史发展过程中具有决定性作用，发挥这一作用的过程同社会基本矛盾运动推动社会前进的过程是一致的。社会生产力的持续进步要求社会生产关系发生相应的调整和转变，而以劳动人民为主体的广大人民群众正是顺应生产力发展要求、呼唤旧的生产关系变革以及旧的社会制度和思想观念革新的社会力量。人民群众既是社会物质财富的创造者，也是社会精神财富的创造者，还是社会变革的决定力量，人民群众的根本意愿和实践活动代表了历史前进的方向，正如毛泽东所说："人民，只有人民，才是创造世界历史的动力。"③

三是深刻彰显了马克思主义政党的根本属性。是否站在最广大人民的立场上，是判断马克思主义政党的试金石。人民性是马克思主义政党区别于其他一切政党的根本标志。中国共产党自成立以来，始终把人民立场作为根本立场，把为人民谋幸福、为民族谋复兴作为根本使命，坚持全心全意为人民服务的根本宗旨，维护和实现最广大人民群众的根本利益。在新时代的历史条件下，随着社会主要矛盾的变化，满足人民日益增长

---

① 马克思，恩格斯．马克思恩格斯选集：第1卷．3版．北京：人民出版社，2012：135．
② 马克思，恩格斯．马克思恩格斯文集：第1卷．北京：人民出版社，2009：287．
③ 毛泽东．毛泽东选集：第3卷．2版．北京：人民出版社，1991：1031．

的美好生活需要已经成为中国共产党人不懈奋斗的重要目标。党的十九大上,习近平鲜明概述了以人民为中心的重要理念,强调"人民是历史的创造者,是决定党和国家前途命运的根本力量。必须坚持人民主体地位,坚持立党为公、执政为民,践行全心全意为人民服务的根本宗旨,把党的群众路线贯彻到治国理政全部活动之中,把人民对美好生活的向往作为奋斗目标,依靠人民创造历史伟业"①。

三、马克思主义是实践的理论

实践性是马克思主义理论区别于其他理论的显著特征。习近平在纪念马克思诞辰 200 周年大会上的讲话中强调:"马克思主义是实践的理论,指引着人民改造世界的行动。"② 马克思曾指出:"全部社会生活在本质上是**实践的**。凡是把理论引向神秘主义的神秘东西,都能在人的实践中以及对这种实践的理解中得到合理的解决。"③ 实践的观点是马克思主义哲学首要的、基本的观点。从实践的观点看自然,自然界就不是外在于人的纯粹的物质性存在,而是在人的历史实践活动中不断生成的结果,即人化自然;从实践的观点看历史,历史就不是黑格尔所说的绝对精神运动的活动,而是"追求着自己目的的人

---

① 习近平. 决胜全面建成小康社会 夺取新时代中国特色社会主义伟大胜利:在中国共产党第十九次全国代表大会上的报告. 北京:人民出版社,2017:21.
② 习近平. 在纪念马克思诞辰 200 周年大会上的讲话. 北京:人民出版社,2018:9.
③ 马克思,恩格斯. 马克思恩格斯选集:第 1 卷. 3 版. 北京:人民出版社,2012:135-136.

的活动"①；从实践的观点看人自身，人的本质就是人的现实生活过程，实践作为自由自觉的生命活动体现了人的本质，是人的自然性与社会性的统一。

一是从科学实践观出发，实现了哲学史上的伟大革命。西方近代哲学传统中，本体论的思维方式长期占据统治地位，到了德国古典哲学这里则发展到了顶点。马克思在《德意志意识形态》中指出："德国哲学从天国降到人间；和它完全相反，这里我们是从人间升到天国。"②马克思主义终结了一切形而上学，让哲学从以往的思辨哲学中解脱出来，从"彼岸"世界进入了"此岸"世界，让哲学成了思想的先导，变成"改造世界"的"武器"，而不只是反映现实的"镜子"。在马克思主义之前的一切旧唯物主义只是从客体方面去理解对象，虽然肯定了事物的客观性，却只停留于对事物静止的、纯粹的直观把握；而唯心主义从主体、意识的能动方面去理解对象，虽然高扬了人的主体性，却不懂得感性的现实活动才是意识能动性的根本原因。马克思主义从实践活动中理解主体和客体，认为主体和客体都是实践的对象化的结果，只有从实践出发去理解现实的人及其历史发展，才能彻底变革传统哲学主客体二分的思维范式。在马克思的设想中，哲学不再是一套关于"世界本原"的抽象范畴体系，而是一种对于现实的个人的实践活动的

---

① 马克思，恩格斯．马克思恩格斯文集：第1卷．北京：人民出版社，2009：295.
② 马克思，恩格斯．马克思恩格斯选集：第1卷．3版．北京：人民出版社，2012：152.

理论把握。正是在这个意义上，马克思将自己的新哲学称为"真正的实证科学"①。

二是为检验认识的真理性提供了唯一标准。实践的观点在马克思主义认识论中具有决定性意义，在实践中形成对事物的基本认识并在对实践经验的总结提炼中推动认识的飞跃是人类认识发展的基本规律，坚持在实践中检验和发展真理是马克思主义的基本原则和方法。毛泽东在《实践论》中阐明了实践与认识辩证运动的发展过程："实践、认识、再实践、再认识，这种形式，循环往复以至无穷，而实践和认识之每一循环的内容，都比较地进到了高一级的程度。"② 马克思主义的实践性意味着它所追求的不是永恒的、绝对确定性的真理，而是要在实践中去确定和证明自己的现实性力量，人只有在实践中才能确证认识的真理性，即思想观念的"此岸性"，只有实践才是检验真理的唯一标准。马克思主义所具有的批判性不在于使客观的现实去符合自身理论的体系，而在于在指导实践的过程中使现存世界革命化。习近平指出："马克思主义不是书斋里的学问，而是为了改变人民历史命运而创立的，是在人民求解放的实践中形成的，也是在人民求解放的实践中丰富和发展的，为人民认识世界、改造世界提供了强大精神力量。"③ 实践的思维方式体现的正是马克思主义为无产阶级提供精神武器进而实现全

---

① 马克思，恩格斯.马克思恩格斯选集：第1卷.3版.北京：人民出版社，2012：153.
② 毛泽东.毛泽东选集：第1卷.2版.北京：人民出版社，1991：296-297.
③ 习近平.在纪念马克思诞辰200周年大会上的讲话.北京：人民出版社，2018：9.

人类解放的理论目标。马克思和恩格斯从未设想为他们去世以后的几百年间所产生的社会问题提供现成的答案，只有在实践中坚持和发展马克思主义，才能使马克思主义永葆生机活力。

三是为人们认识世界、改造世界提供了强大动力。马克思主义一经诞生，就成为无产阶级革命运动的行动指南，为人民群众争取自身解放提供了强有力的思想武器。马克思主义的理论只有在同无产阶级运动的结合中才能实现其历史使命和全部价值。马克思在《〈黑格尔法哲学批判〉导言》中指出："批判的武器当然不能代替武器的批判，物质力量只能用物质力量来摧毁；但是理论一经掌握群众，也会变成物质力量。理论只要说服人［ad hominem］，就能掌握群众；而理论只要彻底，就能说服人［ad hominem］。所谓彻底，就是抓住事物的根本。而人的根本就是人本身。"[①] 同时，马克思和恩格斯从来不以"超历史"的态度对待自己的学说，从来不认为马克思主义基本原理是可以脱离具体的历史的社会实践而随意套用的公式。在马克思主义的创立和发展过程中，马克思和恩格斯始终注重将马克思主义理论同社会发展的实际情况相结合。马克思和恩格斯在关注西欧资本主义社会及其生产方式发展时较为重视经济因素对社会的决定作用，在先后研究了英国、法国、德国等发达资本主义国家的历史之后，做出了无产阶级革命要同时在几个发达资本主义国家爆发并取得胜利的研判。然而，在巴黎公社运动之后，西方发达资本主义国家并没有按照他们原先的

---

① 马克思，恩格斯.马克思恩格斯文集：第1卷.北京：人民出版社，2009：11.

设想走上社会主义道路，资本主义仍在以新的形式不断发展。因此，马克思和恩格斯在晚年将注意力转移到俄国等经济文化相对落后的国家，关注东方国家社会形态发展的特殊性，提出了关于东方社会的理论。无论是在马克思和恩格斯还是在他们的后继者的时代，马克思主义始终在随实践发展而不断发展中为自己开辟道路，正如毛泽东所指出的："马克思列宁主义并没有结束真理，而是在实践中不断地开辟认识真理的道路。"①

四、马克思主义是不断发展的开放的理论

开放性是马克思主义始终站在时代前沿的内在要求。习近平指出："马克思主义是不断发展的开放的理论，始终站在时代前沿。"② 马克思主义是发展着的学说，它并不局限于特定的时代，而是始终在新的时代条件下不断丰富和发展自己。这种发展既是理论自身逻辑的不断展开和深化，也是基于实践、认识的新发展之上的不断重释与建构。正是这种与时俱进的理论品质，使马克思主义在 170 多年来依然对当今世界发展产生深刻影响。

首先，马克思主义是一个开放的理论体系。马克思和恩格斯的学说从来不是封闭僵死的教条，它强调一切必须以时间、地点和条件的转移为转移，随着现实条件的变化而不断修正、丰富与发展。马克思主义也是以这种开放的科学精神对待自身的。在《共产党宣言》在各国的传播过程中，马克思和恩格斯

---

① 毛泽东．毛泽东选集：第 1 卷．2 版．北京：人民出版社，1991：296.
② 习近平．在纪念马克思诞辰 200 周年大会上的讲话．北京：人民出版社，2018：9.

通过再版和出版外文版的机会，先后创作了七篇序言，不断根据历史发展过程中积累的革命经验对《共产党宣言》的原文中阐述的思想进行修正和完善，并根据新出现的情况进一步阐明马克思主义基本原理。此外，马克思反对无条件地将《资本论》中关于西欧资本主义生产方式起源的理论运用于俄国，认为历史哲学理论的最大长处就在于坚持具体问题具体分析。为了反对机械地理解乃至歪曲马克思本人思想的情形，马克思甚至声明自己不是一个"马克思主义者"。恩格斯也着重强调马克思主义是一种方法而不是教条。马克思和恩格斯对待自身理论的态度表明，只有坚持理论因时因地的发展，才能让马克思主义始终成为时代精神的精华。这种发展不同于传统哲学的理论创新，它不是基本范畴和基本命题的演变，不是哲学自身逻辑形式的演化，也不是原理自身的体系化，而是在随历史条件变化的具体实践的不断检验中的自我更新。

其次，马克思主义发展史就是随时代演变而开放发展的历史。"一部马克思主义发展史就是马克思、恩格斯以及他们的后继者们不断根据时代、实践、认识发展而发展的历史，是不断吸收人类历史上一切优秀思想文化成果丰富自己的历史。"① 马克思主义的理论本质决定了它与一切教条主义划清界限。教条主义有两种表现形式：一种是本本主义，即只研究马克思主义的一般结论，不顾现实中遇到的特殊问题；一种是经验主义，即只照搬或满足于现有的成功经验，不能根据本民族的具

---

① 习近平. 在纪念马克思诞辰 200 周年大会上的讲话. 北京：人民出版社，2018：9.

体情况而加以创造性地运用。自 19 世纪末以来，马克思主义逐渐超出它的发源地西欧，在世界各国广泛传播。当马克思主义被运用于指导各国的革命运动时，就必须要与各国的历史传统和社会实际相适应，发展出具有民族特色的理论形态，这是不同国家的马克思主义者们普遍面临的结合本国实际运用和发展马克思主义的理论任务。列宁在考察资本主义发展形势时揭示了帝国主义发展的不平衡规律，从中看到了落后国家崛起的机遇，提出了东方无产阶级革命和社会主义在一国胜利的可能性，并领导俄国在帝国主义时代率先实现了无产阶级革命的胜利，其后继者则在开拓实践中逐步形成了苏联社会主义模式。近代中国的先进分子在十月革命后接受了马克思列宁主义，经过艰苦探索，成功走出了一条马克思主义中国化的道路。中国共产党坚持以马克思主义为指导，将马克思主义基本原理同中国革命、建设、改革的具体实际相结合，形成了中国化的马克思主义，推动中国特色社会主义进入新时代，彰显出马克思主义和社会主义的强大生命力。

最后，马克思主义理论的生命力在于与时俱进、不断创新。马克思主义是一个动态的、开放的、始终面向现实的理论体系，其对现代资本主义生产方式内在规律的深刻揭示对于当今世界仍然具有十分重要的意义。美国著名的马克思主义理论家弗雷德里克·詹姆逊曾说，"今日的资本主义并没有发生根本性的变化"，资本主义的"这种危机是体系性的"[①]，这就说

---

① 詹姆逊. 论现实存在的马克思主义. 王刚, 译. 马克思主义与现实, 1997（1）.

明只要资本主义基本特征没有发生根本性改变，马克思主义作为"关于资本主义内在矛盾的科学"就没有过时。为此，必须密切关注和研究世界马克思主义思潮及其最新理论成果，既不一概排斥，也不全盘照搬；同时，要坚持把自己的事情办好，不断壮大社会主义国家的综合国力，充分展示社会主义制度的优越性。总结当代中国马克思主义、21世纪马克思主义发展的最新成果，回应理论和现实的重大问题，继续推进马克思主义中国化时代化大众化，既是时代和社会发展的需要，也是马克思主义继续发挥真理价值的必经之路。习近平强调："我们要以更加宽阔的眼界审视马克思主义在当代发展的现实基础和实践需要，坚持问题导向，坚持以我们正在做的事情为中心，聆听时代声音，更加深入地推动马克思主义同当代中国发展的具体实际相结合，不断开辟21世纪马克思主义发展新境界，让当代中国马克思主义放射出更加灿烂的真理光芒。"①

第二节　马克思主义的历史使命

恩格斯曾这样评价马克思："很少有人像他那样满腔热情、坚韧不拔和卓有成效地进行斗争。最早的《莱茵报》（1842年），巴黎的《前进报》（1844年），《德意志—布鲁塞尔报》（1847年），

---

① 习近平.在庆祝中国共产党成立95周年大会上的讲话.北京：人民出版社，2016：9-10.

《新莱茵报》（1848—1849年），《纽约每日论坛报》（1852—1861年），以及许多富有战斗性的小册子，在巴黎、布鲁塞尔和伦敦各组织中的工作，最后，作为全部活动的顶峰，创立伟大的国际工人协会，——老实说，协会的这位创始人即使没有别的什么建树，单凭这一成果也可以自豪。"① 的确，马克思在毕生的理论探索和实践斗争中，为推翻旧世界、建立新世界，解放全人类而不懈奋斗，留下了丰厚而宝贵的思想遗产。

在马克思生活的时代，西方社会剧烈变革。从科学成果井喷到工业浪潮席卷，从制度不断革新到生产方式剧变，资本主义工业文明的发展推动了现代化的进程。与工业化发展相伴随的是新兴产业工人队伍的不断壮大。但吊诡的是，工人阶级为社会变革付出艰辛劳动并创造出巨大社会财富，但现代化成果却将他们拒之门外，工人阶级自身陷入了绝对的贫困境遇中。贫穷、饥饿、窘迫、犯罪等充斥在工人阶级生活的社会之中，马克思观察到了这种令人困惑的现象。带着强烈的疑惑、高度的敏感性和高尚的情怀，马克思开始了对整个社会的追问和思索，踏上了寻求全人类解放的光辉旅程。

马克思既是一位具有高度洞察力的思想家，也是一位具有强烈革命情怀的革命家。作为一位思想家，马克思的理论使命是让以往作为空中楼阁的思想真正落到实处，走向现实；作为一位极具革命情怀的革命家，马克思的实践使命是让无产阶级认识到自己的阶级地位，承担起历史使命，在正确认识世界的

---

① 马克思，恩格斯．马克思恩格斯文集：第3卷．北京：人民出版社，2009：602．

基础上改变世界。

一、让思想面向现实

在马克思之前，西方涌现出了无数思想大师。从古希腊开始，西方思想家就开始追问世界从何而来、世界的本源是什么。到了近代，随着自然科学的发展，人们认识世界的方式发生了转变，这一转变体现在思想方面就是人们从追问世界本源逐渐转向追问人们如何认识世界。不同年代的哲学家对哲学的理解各不相同，但在马克思以前的哲学更多地基于一种理性审视，在思辨层面展开对世界的解释。在黑格尔哲学解体后，青年黑格尔派的激进思想家逐渐认识到想要推翻封建制度，就要将矛头对准作为封建社会意识形态的宗教，指出上帝的本质不过是人的本质，而哲学要从天国降到人间，就要消除人的异化，复归人的本质。但是他们只关注到人的"自我意识"和抽象的"人的本质"便止步不前，无法进一步关注处于社会生产关系之中的现实的人，因而无法真正提出实现人类自由和解放的现实途径。

马克思在青年时期曾经深受黑格尔哲学和青年黑格尔派的影响，但他在观察和思考现实问题时，逐渐发现以往的理论不仅存在内在矛盾，而且无法解决现实问题。在研究德国哲学时，马克思发现，德国哲学经历了一次又一次的变革，这种变革是如此迅速和激烈，但是"这一切都是在纯粹的思想领域中发生的"[1]。哲

---

[1] 马克思，恩格斯. 马克思恩格斯文集：第1卷. 北京：人民出版社，2009：513.

学的变革成为纯粹思想的变革，哲学的领域成为纯粹思辨的领域。哲学家们在思辨领域进行交锋，致力于在精神领域构筑一个完美世界，却"没有一个想到要提出关于德国哲学和德国现实之间的联系问题，关于他们所作的批判和他们自身的物质环境之间的联系问题"①。这样的哲学很少关注活生生的现实世界，缺少关注现实的维度，马克思非常形象地将其称为"哲学叫卖"，直指哲学家们在思想中的自娱自乐，这样的哲学是缺少生命力的②。在此背景下，马克思主张让思想落地生根，面向现实。

青年马克思很早就深刻地认识到以往哲学的弊端，并多次提出哲学应该关照现实的观点。在《关于费尔巴哈的提纲》中，马克思写道："旧唯物主义的立脚点是市民社会，新唯物主义的立脚点则是人类社会或社会的人类。"③ 在《德意志意识形态》中，马克思则更明确地表示"现实的个人"是哲学的出发点和落脚点："这是一些现实的个人，是他们的活动和他们的物质生活条件，包括他们已有的和由他们自己的活动创造出来的物质生活条件。"④ 由此可见，马克思主义的哲学使命已经呼之欲出，年轻的马克思将要掀起一场哲学变革。这场变

---

① 马克思，恩格斯. 马克思恩格斯文集：第1卷. 北京：人民出版社，2009：516.
② 马克思，恩格斯. 马克思恩格斯文集：第1卷. 北京：人民出版社，2009：513.
③ 马克思，恩格斯. 马克思恩格斯文集：第1卷. 北京：人民出版社，2009：502.
④ 马克思，恩格斯. 马克思恩格斯文集：第1卷. 北京：人民出版社，2009：519.

革将哲学的基调奠基在人类社会上,奠基在人类的现实世界上。马克思一改以往哲学家们局限于在思想领域打转的弊端,转而开始在现实社会的土壤上耕作。马克思的哲学使命就是要取消作为单纯思想物的"哲学",在现实领域完成哲学的实现。马克思要让人们认识到,只有面向现实哲学才能有所作为。由此,马克思逐渐走向实践领域,架起了哲学与现实世界的桥梁。恩格斯晚年在总结德国哲学发生的转向时也曾欣慰地说:"随着1848年革命而来的是,'有教养的'德国抛弃了理论,转入了实践的领域。"①

二、用实践改变世界

青年马克思在哲学上悄然进行着一场深刻的变革,他的理论是对德国古典哲学特别是黑格尔哲学的超越。马克思关注的是活生生的人和现实世界,这样哲学就从思辨领域走向现实。马克思面对的最直接的社会现实是,机器化大工业使生产力获得了空前的解放,但与之伴随的却是无产者愈加恶劣的生存状况。

1848年,被列宁描述为以"天才的透彻而鲜明的语言描述了新的世界观"②的无产阶级革命纲领《共产党宣言》问世,这一年马克思只有30岁,恩格斯只有28岁。在这篇宣言中,马克思和恩格斯考察了资产阶级和无产阶级的历史,揭示

---

① 马克思,恩格斯. 马克思恩格斯文集:第4卷. 北京:人民出版社,2009:312.
② 列宁. 列宁专题文集·论马克思主义. 北京:人民出版社,2009:5.

了人类社会进步的规律,他们庄严而又自信地宣告:"资产阶级的灭亡和无产阶级的胜利是同样不可避免的。"① 此后,马克思更加细致深入地研究了资本主义的运行过程和运行规律,更加科学系统地论证了资本主义必将会走向灭亡、共产主义最终必然取得胜利的历史趋势。马克思的这一论断是他孜孜不倦地研究资本主义生产方式和运行规律得出的科学结论。他认为,资本主义必将走向毁灭是由其自身不可调和的矛盾所导致的。马克思通过回顾资本主义萌生和发展的历史,分析了经济范畴的二重性及其矛盾运动,从商品二重性到劳动二重性,再逐渐完成对资本主义及其大工业生产方式的整体批判,科学地揭示出资本主义生产资料的私人占有和生产的社会化这一基本矛盾。马克思基于对现实社会生产关系的分析,认为社会生产的历史发展是一个不断自我否定和扬弃的过程,资本主义在运行过程中自身会产生出否定私有制的决定性因素,资本主义生产方式的存在和发展本身会导致生产关系的变革和新的更高的生产关系的出现。当生产资料的不断集中和生产社会化程度不断加大的矛盾发展到资本主义生产关系不能容纳的时候,资本主义的灭亡就来临了。

对于共产主义,一方面由于资本主义的内在矛盾必然会使其走向灭亡,共产主义的胜利具有历史的必然性;另一方面,共产主义不能通过消极等待而实现,必须通过现实的革命运动推翻资本主义并建立共产主义。马克思主张真正推翻资本主义

---

① 马克思,恩格斯. 马克思恩格斯文集:第 2 卷. 北京:人民出版社,2009:43.

的武器必须是物质的,"批判的武器当然不能代替武器的批判,物质力量只能用物质力量来摧毁"①。马克思从物质生产关系入手分析资本主义并进行批判,最终也要通过改变物质生产关系推翻资本主义。

既然只有通过革命实践才能推翻当时的社会,那么革命实践的主体是谁呢?马克思认为,只有无产阶级能够承担这一使命。在《〈黑格尔法哲学批判〉导言》中,马克思第一次将德国解放的可能性寄托于无产阶级身上。因为无产阶级是一个被戴上彻底的锁链的阶级,无产阶级由于遭受着普遍的苦难而使自身获得普遍性质。组成无产阶级的不是自然形成的而是人为造成的贫民,"无产阶级宣告**迄今为止的世界制度的解体**,只不过是揭示**自己本身的存在的秘密**,因为它就是这个世界制度的**实际解体**"②。无产阶级将哲学当作自己的精神武器,而它自身则是推翻旧社会的物质武器。马克思宣称,"**德国人的解放就是人的解放。这个解放的头脑是哲学,它的心脏是无产阶级**"③。

在《共产党宣言》中,马克思和恩格斯通过分析资产阶级和无产阶级的历史,再一次确认和强调了无产阶级承担的解放使命。在资本主义生产条件下,由于机器的推广和分工的细

---

① 马克思,恩格斯.马克思恩格斯文集:第 1 卷.北京:人民出版社,2009:11.
② 马克思,恩格斯.马克思恩格斯文集:第 1 卷.北京:人民出版社,2009:17.
③ 马克思,恩格斯.马克思恩格斯文集:第 1 卷.北京:人民出版社,2009:18.

化，工人变成了机器的单纯的附属物。工人们挤在工厂里受到层层监视、重重剥削，受到资本家甚至是机器本身的奴役和压榨。无产者必须进行反对资产阶级的斗争，这种斗争会经历漫长的发展阶段，从单个的工人到某一工厂的工人，再到某一地方某一劳动部门的工人。随着工业的继续发展和交通工具的发展，无产者获得了结合成更大集体的条件，各地的工人能够彼此联系起来，使地方性的斗争汇合成全国性的斗争。无产者反对资产者的斗争由此发展成为无产阶级反对资产阶级的阶级斗争，无产者组织成为独立的成熟的阶级，进而组织起自己的政党，经过革命的锤炼，无产阶级必将一次比一次更强大、更坚固、更有力。

在同资产阶级对立的一切阶级中，只有无产阶级是真正革命的阶级，是彻底革命的阶级。因为中间等级与资产阶级做斗争是为了维护他们自己的生存，维护他们作为中间等级已经获得的利益。因此他们不是革命的，而是保守的。而无产阶级只能依靠出卖自己的劳动力为生，除此之外，他们"没有别的商品可以出卖，自由得一无所有"①。纵观历史，过去的一切阶级在取得统治地位之后，总是会保留社会中符合他们利益的那部分条件，以此来巩固他们已经获得的特殊地位。而无产阶级要打碎和废除的是一切旧的生产方式和财产占有方式，因为他们没有什么自己的东西必须加以保护，他们必须摧毁保护私有财产的一切条件。此外，过去的一切运动都是少数人的，或者

---

① 马克思，恩格斯. 马克思恩格斯文集：第5卷. 北京：人民出版社，2009：197.

为少数人谋利益的运动。只有无产阶级组织的运动"是绝大多数人的,为绝大多数人谋利益的独立的运动。无产阶级,现今社会的最下层,如果不炸毁构成官方社会的整个上层,就不能抬起头来,挺起胸来"①。因此,改变世界、解放人类的使命历史地交由无产阶级承担。

我们可以看到,马克思主义的历史使命就是指导无产阶级和共产党人正确地认识和改造世界,逐步实现全人类的解放。对于资本主义生产条件下的工人阶级,只有真正通过革命行动来消灭资本主义的私有制,实现生产资料归社会所有,才能使自己彻底摆脱资本家的剥削,才能使自己获得解放并最终实现全人类的解放。马克思终生都在为这一理想而奋斗。青年时期的马克思就明确表达了要为同时代人的完美和幸福而工作,要为人类而工作。马克思没有选择安逸富足的生活,而是将这一崇高理想贯穿一生,成为终生为之奋斗的事业。他在看到资本主义社会下无产阶级的被剥削被压迫的生活状况后,开始对封建制度和资本主义制度展开无情批判,因此,马克思遭到了当时欧洲资产阶级统治集团的敌视,不断迁移辗转,又不断被各国政府驱逐,度过了颠沛流离、不断迁居、贫病交加的一生。但马克思初心不改,矢志不渝,他始终坚持为无产阶级发声、为人民发声,坚持投身社会实践,深入理论研究,孜孜不倦地寻求真理。他将理论奠基在现实条件的基础上,把实践作为改变世界的现实途径,冲破思辨领域的藩篱,创立了科学的唯物

---

① 马克思,恩格斯. 马克思恩格斯文集:第2卷. 北京:人民出版社,2009:42.

史观，指导革命实践活动的开展。

马克思主义在长期的理论探索和实践斗争中逐步形成，并在一个多世纪的实践发展中不断彰显其独有的理论特质。马克思主义理论的诞生，"照亮了人类探索历史规律和寻求自身解放的道路"[①]，成为19世纪以来人类思想史上最光辉灿烂的篇章。马克思主义在世界范围内的传播，极大推进了人类文明的发展进程，深刻改变了世界各国和各地区的发展面貌，对人类社会产生了广泛而深刻的影响。

---

① 习近平．在纪念马克思诞辰200周年大会上的讲话．北京：人民出版社，2018：6.

中 篇
马克思主义星火燎原

第四章

马克思主义与世界青年

19世纪上半叶，资本主义生产方式在西欧主要国家已经确立了统治地位，在促进社会化大生产迅猛发展的同时，也造成了严重的社会矛盾。在资本主义生产方式下，资本家为了追逐高额利润，便通过采取延长劳动时间、增加劳动强度、廉价雇用女工和童工等手段，拼命压榨工人血汗，导致工人的生活境遇每况愈下，无产阶级与资产阶级的矛盾不断加剧。在此背景下，欧洲相继爆发了法国里昂工人起义、英国宪章运动和德国西里西亚纺织工人起义三大工人革命运动。一方面表明无产阶级反对资产阶级的阶级斗争已达到了一个新阶段，工业无产阶级已成为历史发展的伟大动力。另一方面表明无产阶级在实践上仍带有一定的自发性，在理论上仍未达到科学的水平。无产阶级革命实践提出了创立无产阶级科学理论体系的时代性要求。19世纪40年代，马克思和恩格斯回应时代的需求，在积极参与无产阶级革命斗争实践的基础上，系统地总结无产阶级革命斗争的经验，批判地继承德国古典哲学、英国古典政治经济学和英法空想社会主义的合理成分，最终创立了无产阶级的科学理论体系——马克思主义[①]。

　　马克思主义在创立初期只是当时存在的众多社会主义派别和思潮之一，随着时间的推移，在许多进步人士，尤其是先进青年的积极宣传下，马克思主义逐渐成为世界上最具影响力的社会思潮，并引领了世界社会主义运动的发展。马克思主义的传播和发展与世界青年紧密相连，马克思主义鼓舞着广大青年树立共产主义信念，不断开创马克思主义发展新境界。艾瑞克·霍布斯鲍姆[②]曾在回忆录中深情回顾自己在青年时代第一次接触马克思主义时所产生的巨大的、无与伦比的震撼，激励着他终生从事马克思主义史学的研究。历史已经证明并将继续证明：马克思主义的真理光芒折服了无数的进步青年，推动他们投身理论研究和现实运动，促进了马克思主义理论在世界范围内的传播，促进了世界社会主义运动的发展。

---

　　① 庄福龄.简明马克思主义史.北京：人民出版社，2004：20.
　　② 艾瑞克·霍布斯鲍姆（1917—2012），英国当代著名马克思主义史学家之一，文化马克思主义第一代的主要代表人物。

第一节 青年与马克思主义在世界的传播

马克思和恩格斯在创立和发展马克思主义的过程中,"决不想把新的科学成就写成厚厚的书,只向'学术'界吐露"①。他们深入政治运动之中,同先进的知识分子以及有组织的无产阶级建立广泛而密切的联系,以此宣传自己的理论成果,用革命的理论武装无产阶级的头脑。"在马克思恩格斯的指导和培养下,在无产阶级革命斗争洪流的陶冶中,不少国家出现了杰出的马克思主义者,他们从本国本民族无产阶级革命斗争所面临的重大社会问题出发,进行马克思主义的宣传教育工作"②。其中,来自世界各地的进步青年成了这一伟大事业的重要力量,许多杰出的青年马克思主义者,积极参与了宣传教育过程,通过建立通讯组织、翻译原著文本、出版通俗读物等形式,极大地促进了马克思主义在国际范围内的广泛传播。

一、马克思主义在中欧和西欧的传播

马克思主义自诞生伊始,就面临极其严酷的环境。在《共产党宣言》开篇,马克思和恩格斯指出,"一个幽灵,共产主义的幽

---

① 马克思,恩格斯.马克思恩格斯文集:第 4 卷.北京:人民出版社,2009:233.
② 许征帆,李鹏程,马绍孟,等.马克思主义学说史:第 3 卷.长春:吉林人民出版社,1987:489.

灵，在欧洲游荡"。然而此时，"共产主义的幽灵"却遭受着欧洲的一切旧势力，如"教皇和沙皇、梅特涅和基佐、法国的激进派和德国的警察"等"神圣的围剿"①。在马克思揭示了资本主义的秘密——剩余价值的生产后，资产阶级或保持沉默，或展开资产阶级辩护，企图阻止马克思主义在世界的传播。

  面对这样的局面，来自英国、法国、德国、意大利等国的先进青年，自觉承担起了宣传马克思主义的任务，为马克思主义与工人运动的结合做出了重要贡献。早在1846年，为了建立起同欧洲各国社会主义者们联系的渠道，方便各国社会主义者们互相联络和交换意见，马克思和恩格斯于布鲁塞尔建立了第一个共产主义通讯委员会。"这里有一个共产主义小组团结在他们的周围。小组的成员中有：在当时有丰富的革命斗争经验并同西里西亚的许多社会主义者和工人有密切联系的威廉·沃尔弗②，许多社会主义杂志的撰稿人约瑟夫·魏德迈③，卓越的文学家斐迪南·沃尔弗④，社会主义者塞巴斯提安·载勒尔⑤，比利时社会主义者日果⑥，空想社会主义者威廉·魏特

---

  ① 马克思，恩格斯. 马克思恩格斯文集：第 2 卷. 北京：人民出版社，2009：30.

  ② 威廉·沃尔弗（1809—1864），马克思和恩格斯的重要战友之一，为马克思主义在工农群众间的传播做出了卓越的贡献。

  ③ 约瑟夫·魏德迈（1818—1866），马克思和恩格斯的重要战友之一，为马克思主义在德国和北美的传播做出了巨大的努力。

  ④ 斐迪南·沃尔弗（1812—1895），共产主义者同盟盟员，曾任《新莱茵报》的编辑。

  ⑤ 塞巴斯提安·载勒尔，德国政论家，共产主义者同盟盟员，德国 1848—1849 年革命的参加者。

  ⑥ 菲力浦·沙尔·日果，后与马克思、恩格斯共同成为共产主义通讯委员会的领导核心。

林"①。在马克思和恩格斯等人的号召下，欧洲许多国家的社会主义者和共产主义者们也在各自地区组建了类似的通讯组织。青年知识分子在其成员构成中占了很大比例，马克思和恩格斯的战友魏德迈当时年仅 28 岁。经过一番努力，布鲁塞尔的"委员会同科伦、基尔、爱北斐尔特、西里西亚、巴黎、伦敦的德国社会主义者，同比利时和法国的一些社会主义者，同英国的宪章派特别是宪章运动左翼领袖哈尼，建立了接触"②。各国通讯组织间交流的畅通意味着各国社会主义和共产主义者之间信息能够更为有效地传递，为马克思和恩格斯进一步了解各地无产阶级生活状况和运动情况提供了可能，更为马克思主义的传播创造了良好的条件。

在马克思和恩格斯以及其他马克思主义先进知识分子的宣传教育下，各国有许多进步青年认可和接纳了马克思主义的理论观点，并积极参与了这一重要的宣传教育过程，促进了马克思主义在中欧和西欧的传播。在马克思和恩格斯的故乡德国，就有许多青年在马克思主义理论的影响下树立起了科学社会主义的信念，他们中既有马克思和恩格斯的助手和朋友威廉·沃尔弗、约瑟夫·魏德迈，又有他们的战友威廉·李卜克内西和奥古斯特·倍倍尔③，还有他们的继承者弗兰茨·梅林④、卡

---

①② 米哈伊洛夫．共产主义者同盟．杨润千，译．北京：生活·读书·新知三联书店，1976：22.
③ 奥古斯特·倍倍尔（1840—1913），马克思和恩格斯的朋友和战友，德国社会民主党的创始人之一。
④ 弗兰茨·梅林（1846—1919），马克思和恩格斯的学生和战友，著有《马克思传》等著作，为马克思主义的继承和传播提供了重要的帮助。

尔·考茨基①、罗莎·卢森堡②等人,他们成了马克思主义忠实的践行者和传播者,为共产主义事业付出了不懈的努力。

马克思和恩格斯的亲密助手威廉·沃尔弗,是向工农宣传马克思主义的能手。沃尔弗出身普鲁士贫寒之家,在青年时期由于参加一些进步革命活动招致了资产阶级反动政府的迫害,导致他于1846年流亡至布鲁塞尔,在那里,他结识了志同道合的马克思和恩格斯,并很快成了他们的亲密助手。沃尔弗加入了共产主义小组,成了布鲁塞尔共产主义通讯委员会的一员,并在后来成了共产主义者同盟中央委员会的委员。除此之外,他还一度成了《共产主义者》杂志、《新莱茵报》的编辑,在刊物上刊登了如《普鲁士的十亿》《西里西亚的十亿》等许多关于无产阶级解放斗争和工农联盟革命作用的文章。他的出身和经历与广大无产阶级群众保持着极为密切的联系,因而他的文字往往能够把握住群众的心理,让群众更好地接受马克思主义的理论观点③。马克思对此评价道,"我们之中谁也不能像他那样写得十分通俗"④。其通俗化的风格促进了马克思主义在工农群众中的广泛传播。1864年,沃尔弗病逝,在其一生中,自他接触到马克思主义起,便从未停卜对马克思主义的

---

① 卡尔·考茨基(1854—1938),马克思和恩格斯的学生和战友,第二国际的重要理论家之一,为马克思主义的传播起到了重要的作用。

② 罗莎·卢森堡(1871—1919),马克思主义的重要继承者、发展者、传播者之一,被列宁誉为"革命之鹰"。

③ 许征帆,李鹏程,马绍孟,等. 马克思主义学说史:第3卷. 长春:吉林人民出版社,1987:384-392.

④ 马克思,恩格斯. 马克思恩格斯全集:第49卷.2版. 北京:人民出版社,2016:17.

研究、发展和传播。为了纪念沃尔弗对马克思主义的研究、发展和传播所做的巨大贡献,马克思在《资本论》的题记中写道:"献给我的难以忘怀的朋友勇敢的忠实的高尚的无产阶级先锋战士威廉·沃尔弗"[1]。

除威廉·沃尔弗之外,在德国还有许多进步青年为马克思主义的传播做了大量的努力。1863年,37岁的威廉·李卜克内西和23岁的奥古斯特·倍倍尔在马克思主义的指导下,创立了德国社会民主党,包括弗兰茨·梅林、卡尔·考茨基、罗莎·卢森堡等先进青年都曾在其中为马克思主义的发展和传播做出贡献。为了向更多的无产阶级群众宣传马克思主义,他们对马克思主义通俗读物的出版和传播尤为关注。据统计,"在德国,在1905年以前,《共产党宣言》每一个版本的印刷量只有2 000册,最多也只有3 000册,尽管此后的印刷规模有所增加(数据来自德国社会民主党代表大会)。相比之下,1903年,考茨基的《社会革命》(第一部分)的印刷量是7 000册,1905年是2.15万册;从1892年到1902年,倍倍尔的《基督教与社会主义》销售了3.7万册,1903年的印刷量是2万册;德国社会民主党的《爱尔福特纲领》(1891)发行量达到12万册"[2]。马克思主义通俗读物的大量流传促使更多的无产阶级群众有了认识和学习马克思主义的机会,促进了马克思主义在无产阶级群众中的广泛传播。

---

[1] 马克思. 资本论:第1卷.2版. 北京:人民出版社,2004:5.
[2] 霍布斯鲍姆. 如何改变世界:马克思和马克思主义的传奇. 吕增奎,译. 北京:中央编译出版社,2017:184.

在马克思长期侨居之地英国，许多进步青年积极投身于马克思主义经典著作的翻译工作。1867 年，马克思主义经典著作《资本论》和《共产党宣言》的英文版译者赛米尔·穆尔[①]接受了恩格斯的建议，接下了翻译《资本论》的任务。为此，他苦学德语，积极地为《资本论》的翻译工作进行准备。在爱德华·艾威林、爱琳娜·马克思-艾威林[②]的协助下，他经过了漫长的准备和翻译工作，最终使《资本论》第 1 卷英译版于 1887 年得以面世。接下来他又马不停蹄地进行了《共产党宣言》的翻译工作，并于次年在恩格斯的帮助下使《共产党宣言》的英译版顺利面世。在此后的一段时间里，翻译《资本论》第 2 卷的计划被提到了重要日程，尽管这项拟定的任务没有完成，但穆尔仍然为整理第 3 卷的工作做出了重要的努力。此时的英国，经济危机的爆发导致国内的阶级斗争再度处于激化状态，无产阶级政党组织相继出现，1881 年至 1893 年间相继成立了民主联盟、社会民主联盟、社会主义者同盟以及独立工人党。穆尔等人的翻译工作促进了马克思主义在英国无产阶级政党中的广泛传播，促使英国无产阶级政党组织的领袖们获得了马克思主义的瑰宝。

除了上述提及的德国和英国外，其他国家的进步青年们也为马克思主义的传播做出了许多努力。如法国的保尔·拉法

[①] 赛米尔·穆尔（1838—1911），马克思和恩格斯的朋友，曾翻译出版了英文版的《共产党宣言》，并和爱德华·艾威林一同翻译了《资本论》第 1 卷。

[②] 爱德华·艾威林（1851—1898）、爱琳娜·马克思-艾威林（1855—1898），马克思的女婿和女儿，二者皆为马克思主义传播过程中的重要人物，翻译并出版了诸多马克思主义经典著作。

格①在《左岸》报上发表了系统介绍马克思及其学说的文章《社会斗争》；意大利的安东尼奥·葛兰西②先后参与创办了《新秩序》周刊和《团结报》，向大众宣传马克思主义；西班牙的霍赛·梅萨③翻译并出版了包括《共产党宣言》《法兰西内战》《路易·波拿巴的雾月十八日》在内的诸多马克思主义经典著作的西班牙语版本……在广大社会主义者和诸多进步青年的共同努力下，马克思主义逐渐自欧洲发达资本主义国家向周边国家和地区传播开来。

二、马克思主义在俄国和亚洲的传播

除了作为马克思主义著作主要诞生地的英国、德国和法国之外，俄国也是马克思主义向世界传播的重要一站。一方面，维萨里昂·格里戈里耶维奇·别林斯基④、米哈伊尔·亚历山大罗维奇·巴枯宁⑤等一些俄国进步青年很早便对马克思主义有所了解和接触。别林斯基在33岁时便拜读过马克思和恩格

---

① 保尔·拉法格（1842—1911），杰出的马克思主义理论家，他一生中为马克思主义的理论研究和传播以及革命实践活动做出了不懈的努力，被恩格斯称赞为"巴黎这个光明之城的一盏明灯"。
② 安东尼奥·葛兰西（1891—1937），西方马克思主义创始人之一，为马克思主义在意大利的传播做出了巨大的努力。
③ 霍赛·梅萨（1840—1904），西班牙马克思主义者之一，翻译并出版了许多马克思主义经典著作的西班牙文版本，为马克思主义在西班牙的传播做出了很大的贡献。
④ 维萨里昂·格里戈里耶维奇·别林斯基（1811—1848），俄国革命民主主义者、哲学家、文学评论家，"十一号文学社"的主要成员。
⑤ 米哈伊尔·亚历山大罗维奇·巴枯宁（1814—1876），俄国早期的无产阶级革命者，著名的无政府主义者。

斯发表于1844年《德法年鉴》上的文章，受到马克思主义思想的影响。巴枯宁在1848年欧洲革命前夕在英国与马克思和恩格斯结识，初步接触了马克思主义理论，并参加了1848年革命中的一些地区性斗争活动。在马克思和恩格斯的影响下，他还参加了1864年第一国际的活动和1871年法国里昂工人起义。尽管后来他在工人运动中因破坏团结而遭到马克思和恩格斯的批评，并被第一国际开除，但他前期参与的一些活动在一定程度上促进了马克思主义的传播。

另一方面，俄国作为马克思东方社会发展道路研究的主要对象，其革命运动受到了马克思的极大关注。为了更好地了解俄国的社会情况，马克思晚年特意学习了俄语，并与俄国的诸多进步人士保持着密切的联系。在这批同马克思有着密切联系的俄国革命家、知识分子和新闻人士中，便有格奥尔基·瓦连廷诺维奇·普列汉诺夫[1]、维拉·伊万诺夫娜·查苏利奇[2]、马克西姆·马克西莫维奇·科瓦列夫斯基[3]、尼古拉·弗兰采维奇·丹尼尔逊[4]等俄国先进青年的身影。从他们与马克思和恩格斯往来的信件中可以发现，他们对马克思和恩格斯十分尊重，"经常在一些重大问题上征询他们的看法，听取他们的意

---

[1] 格奥尔基·瓦连廷诺维奇·普列汉诺夫（1856—1918），俄国马克思主义者，也是该国马克思主义政党的创始人和领导人之一，是马克思主义在俄国的重要传播者之一。
[2] 维拉·伊万诺夫娜·查苏利奇（1849—1919），俄国革命者，曾参与创建"劳动解放社"。
[3] 马克西姆·马克西莫维奇·科瓦列夫斯基（1851—1916），俄国政治活动家，曾参与出版自由主义杂志《批判评论》。
[4] 尼古拉·弗兰采维奇·丹尼尔逊，俄国民粹派思想家。

见。马克思和恩格斯也不时给予指点帮助,有时甚至直截了当指出他们的错误"①。这使得他们中的许多人都成了坚定的马克思主义者,积极致力于马克思主义的传播工作,如1872年,丹尼尔逊经马克思同意出版了俄文版《资本论》第1卷,将《资本论》这一"工人阶级的圣经"带入了俄国,在马克思主义者们的积极宣传下,《资本论》很快便在俄国流行起来。马克思在致弗里德里希·阿道夫·左尔格②的信中曾写道,"在俄国——《资本论》在那里比在其他任何地方都有更多的读者,受到更大的重视——我们得到了更大的成功"③。1883年,年仅27岁的普列汉诺夫与一些志同道合者在日内瓦创立了"劳动解放社"。该社把马克思和恩格斯的许多著作如《雇佣劳动与资本》《哲学的贫困》《路德维希·费尔巴哈和德国古典哲学的终结》《关于自由贸易的演变》《恩格斯论俄国》等译成俄文出版。他们领导的"劳动解放社"的活动对俄国马克思主义的传播起了重要作用④。在此背景下,俄国很快涌现出了许多马克思主义者,十月革命的领导者——列宁⑤,便是其中最为著名的一位。在

---

① 马克思,等. 马克思恩格斯与俄国政治活动家通信集. 北京:人民出版社,1987:出版说明3.

② 弗里德里希·阿道夫·左尔格(1828—1906),第一国际时期马克思和恩格斯的朋友和战友,国际工人协会美国各支部的组织者。

③ 人民出版社马列著作编辑室. 马克思恩格斯给美国人的信. 北京:人民出版社,1986:352.

④ 弗兰尼茨基. 马克思主义史:第1卷. 李嘉恩,韩宗翃,等译. 北京:人民出版社,1986:445.

⑤ 列宁(1870—1924),俄国著名马克思主义理论家、革命家,俄国布尔什维克党的创始人,苏联人民委员会主席,为马克思主义的传播、实践和发展都做出了巨大的贡献,被广大共产主义者评价为"国际无产阶级革命的伟大导师和精神领袖"。

马克思主义的指导下，列宁领导无产阶级和广大劳动人民成功地实现了社会主义革命，将社会主义从理论变为了现实。

十月革命胜利，俄国建立了世界上第一个无产阶级专政的社会主义国家，这极大地鼓舞了世界其他国家的无产阶级革命。此后几年内，世界各国无产阶级纷纷建立起本国的共产党，指导本国无产阶级革命活动。1919 年，在列宁的组织下建立起了世界共产党和共产主义组织的国际组织——共产国际（即第三国际）。1922 年，苏维埃社会主义共和国联盟（苏联）成立，并在第二次世界大战后一度成为世界超级大国之一。马克思主义也随着苏联社会主义实践的发展在世界范围内广泛传播。这一方面在于苏联的成功促使更多人主动了解和认同马克思主义，另一方面也在于苏联对马克思主义的主动传播。例如，出于对世界无产阶级革命和半殖民地半封建国家革命的关心和重视，苏联创办了培养无产阶级革命干部的大学，仅其中的东方劳动者共产主义大学就为中国、日本、朝鲜、伊朗、土耳其等多国培养了许多青年无产阶级革命人才，也将马克思主义输往了这些国家。

就亚洲国家而言，日本是马克思主义传入较早的国家之一。19 世纪，随着明治维新的成功进行，日本开启了发展资本主义的道路。在向西方国家学习的过程中，日本与欧美国家的联系较为密切，思想文化上的交流也比较频繁，马克思主义便在这样的思想文化交流中传入了日本。随着马克思主义的传入，许多日本青年知识分子对其产生了浓厚的兴趣，并投入到研究和传播马克思主义的相关工作中。1904 年，33 岁的幸德秋水①和 34 岁的堺利彦②共同翻译并发表了日文版《共产党宣言》。1919 年，河上肇③创办了研究和传播马克思主义的杂志《社会问题研究》，发表了《社会主义之进化》《马克思底唯物史观》《马克思剩余价值论》等论著④。在日本马克思主义者们的努力下，马克思主义研究和传播得到了很大的发展，并随同中日文化交流传入中国。

　　19 世纪末 20 世纪初，中国赴日留学生的人数不断增多，他们中的许多成员，如李大钊⑤、陈独秀⑥、李达⑦、李汉俊⑧等人都在日本受到马克思主义的影响，走上了追求共产主义的革命道路。这些最早传播马克思主义的青年学生年龄大多在 30 岁左右。为了使马克思主义为更多中国人所知，这些赴日青年留学生将许多日文版马克思主义著作和研究成果译成中文并在国内出版传播。如李达翻译了《社会问题总览》《马克思

---

　　① 幸德秋水（1871—1911），日本社会主义运动活动家，促进了马克思主义在日本的传播。
　　② 堺利彦（1870—1933），日本社会主义运动活动家，促进了马克思主义在日本的传播。
　　③ 河上肇（1879—1946），日本马克思主义研究的先驱者，京都帝国大学教授，著有《经济学大纲》《〈资本论〉入门》等，促进了马克思主义在日本的传播。
　　④ 胡为雄. 赴日留学生与"日本马克思主义"在中国的早期传播. 马克思主义与现实，2015（3）：26.
　　⑤ 李大钊（1889—1927），中国早期的马克思主义者，中国共产党的主要创始人之一。
　　⑥ 陈独秀（1879—1942），中国早期的马克思主义者，中国共产党的主要创始人之一。
　　⑦ 李达（1890—1966），中国早期的马克思主义者，中国共产党的主要创始人之一。
　　⑧ 李汉俊（1890—1927），中国早期的马克思主义者，中国共产党的主要创始人之一。

经济学说》《唯物史观解说》等著作，李汉俊根据日本社会主义者远藤无水的日译本《通俗马克思资本论》译成了《马格斯资本论入门》，陈启修①翻译了《资本论》第1卷第1分册等②。这些有关马克思主义的翻译成果对探索救国之路的中国进步人士特别是进步青年产生了极大的影响，为日后中国共产党的建立和中国无产阶级革命事业的发展提供了有力的理论支持。

  马克思主义在亚洲其他国家的传播进程较不平衡。印度在历史上作为英国的殖民地，较早受到了马克思的关注。随着印度反殖民主义运动的发展，马克思在写作《资本论》的同时，仍然抽出时间与恩格斯一起研究印度问题，并撰写了《不列颠在印度的统治》《不列颠在印度统治的未来结果》等多篇论述印度和殖民问题的相关文章。1912年，印度国内的《现代评论》刊物发表了一篇最早介绍马克思的文章，此后相继有关于马克思的简短传记和文章出版，马克思主义在印度逐渐得到了一定程度的传播。相较于印度，马克思主义在越南和朝鲜的传播稍晚一些，且其侧重点不在理论研究和理论宣传等方面，而在实际革命行动方面。在中国共产党和中国革命运动的影响下，越南于20世纪20年代初出现了马克思主义的革命组织，并在广州出版《青春》革命刊物，在其领导人胡志明③的推动

---

  ① 陈启修（1886—1960），中国学者，社会活动家，为中文《资本论》的最早译者。

  ② 胡为雄. 赴日留学生与"日本马克思主义"在中国的早期传播. 马克思主义与现实，2015（3）：25-29.

  ③ 胡志明（1890—1969），越南民主共和国缔造者，第一任越南社会主义共和国主席、总理，越南劳动党（今越南共产党）中央委员会第一任主席。

下，马克思主义在越南得到了较为迅速的传播。与之类似，在朝鲜，马克思主义的传播也是在马克思主义与该国的实际革命运动相结合的过程中实现的。1925 年，在共产国际的领导下，朝鲜共产主义小组和马克思主义小组联合组成了朝鲜共产党，促进了马克思主义在朝鲜的传播①。除此之外，在广大社会主义者和诸多进步青年的共同努力下，马克思主义逐渐在菲律宾、马来西亚等亚洲其他国家传播开来。

三、马克思主义在其他地区的传播

在欧亚大陆之外，马克思主义在美国也得到了较为广泛的传播。这主要是因为"在 1848 年革命失败后，大陆上工人阶级所有的党组织和党的机关报刊都被暴力的铁腕所摧毁，工人阶级最先进的子弟在绝望中逃亡到大西洋彼岸的共和国去"②。这些工人阶级的先进分子多半较为年轻，在经历了革命失败和被迫的逃亡之后，他们并未放弃对共产主义事业的追求和对马克思主义的支持。因此，在逃亡美国期间，他们中的许多人，如约瑟夫·魏德迈、弗里德里希·阿道夫·左尔格、丹尼尔·德莱昂③仍坚持着对马克思主义的研究和传播。1851 年，马克思和恩格斯亲密的战友约瑟夫·魏德迈抵达美国后，便筹备起

---

① 曾枝盛.20 世纪末国外马克思主义纲要.北京：中国人民大学出版社，1998：338，349，381-382.

② 马克思，恩格斯.马克思恩格斯文集：第 3 卷.北京：人民出版社，2009：10-11.

③ 丹尼尔·德莱昂（1852—1914），美国社会主义政治家，马克思主义理论家和工会的组织者。

了对马克思主义的传播。次年，他创办了北美第一份马克思主义周刊《革命》，其后他又创办了《改革报》继续开展对马克思主义的宣传。此外，为了使马克思主义在美国得到更好的传播，在魏德迈和左尔格的发起下，纽约市内17名马克思主义者共同创建了"美国第一个真正的马克思主义团体"①——无产者联盟。该联盟在先进的德籍工人中宣传马克思主义，并进行大规模的鼓动活动，努力使工人运动摆脱小资产阶级民主派流亡者的影响，争取在全美建立统一的工人政党。此后，在马克思主义者们的积极宣传与组织下，美国工人同盟、纽约共产主义俱乐部等工人组织相继成立，带动美国工人运动进入了更加活跃的时期，马克思主义也随之更加广泛地传播开来。

在世界的其他国家和地区，伴随着资本主义国家的入侵或当地资本主义经济的发展，无产阶级力量逐渐发展起来，为马克思主义在当地的传播提供了大量的受众。在拉丁美洲，早在1873年，雷蒙德·魏玛②就曾希望马克思注意拉美的社会运动。此后，马克思的思想通过一代代移民或欧洲知识分子、社会思想家和活动家在拉美发芽，如阿根廷的胡安·B. 胡斯托③、古巴的卡诺斯·巴林诺④。1895年，年仅30岁的胡斯托

---

① 福斯特. 美国共产党史. 梅豪士, 译. 北京: 世界知识出版社, 1957: 19.

② 雷蒙德·魏玛，阿根廷第一国际领导人。

③ 胡安·B. 胡斯托（1865—1928），阿根廷社会党主席，阿根廷历史编纂学中产生的改良主义学派的代表人物。

④ 卡诺斯·巴林诺（1848—1926），古巴著名革命家，马克思主义的积极宣传者。

不仅完成了第一次对马克思《资本论》的西班牙文翻译，而且帮忙成立了阿根廷社会主义党。巴林诺于19世纪末组织成立了宣传马克思主义思想的小组，促进了马克思主义在古巴的传播。进入20世纪以后，马克思主义在拉美的传播更加迅速，不仅出现了拉美化的马克思主义学派，而且深入影响了社会革命运动的发展和走向。

总体而言，自从马克思主义诞生以来，在各国无产阶级理论家和无产阶级政党的努力下，马克思主义在世界范围内得到了广泛的传播。马克思和恩格斯所著的经典文本被翻译为各种不同的语言，各国学者们在此基础上对马克思主义理论进行了深入的研究和讨论，并用其指导当地的无产阶级革命运动。由于各国自身社会制度、经济发展水平、文化特色和国民受教育程度等诸多因素的不同，以及周边国家、地区的具体情况存在差别，马克思主义在世界各地的传播和发展情况各有差异。既有以马克思主义指导革命实践，成功建立起无产阶级政权的国家，有始终坚持以马克思主义为指导思想，独立自主地成功探索社会主义道路的国家，也有一路经历曲折的发展道路，探索建立社会主义制度遭遇坎坷的国家。总体而言，马克思主义在世界的传播时间上有所差异，产生的结果也各不相同，呈现出多样性的特点。在马克思主义传播的过程中，无数先进青年成为马克思主义著作的翻译者、马克思主义理论的研究者和宣传者、马克思主义指导下无产阶级革命的组织者和参与者，世界各国的青年理论家和实践者在这一过程中均发挥了重要作用。

自从马克思主义诞生以来,在各国无产阶级理论家和无产阶级政党的努力下,马克思主义在世界范围内得到了广泛的传播。

马克思主义

中欧

俄国

西欧

亚洲

其他地区

第二节　青年与马克思主义在世界的发展

1883年3月14日，马克思这位"当代最伟大的思想家停止思想了"[①]。然而，他的理论并未因他的离世而尘封，正如奎纳尔·希尔贝克[②]在《西方哲学史：从古希腊到二十世纪》中所评价的那般，"作为一位政治理论家，马克思并没有死"[③]。自马克思主义诞生以来，马克思主义理论在世界各国广泛传播，呈现出多元化的发展格局。20世纪初涌现的马克思主义理论家推动了马克思主义在欧洲各国和其他国家的蓬勃发展。他们中的许多人在青年时期就接触到了马克思主义，进而在马克思主义指导下追求科学真理、批判社会现实、践行革命理想。许多人从青年马克思主义者成长而来，一生坚定地站在马克思主义的立场上，继承、捍卫和发展着马克思主义理论，为促进马克思主义理论的发展做出巨大贡献。正是在一代代青年马克思主义者前赴后继的努力下，马克思主义才得以在时代浪潮的更迭中历久弥新，焕发出强大的理论生命力。

[①] 马克思，恩格斯.马克思恩格斯文集：第3卷.北京：人民出版社，2009：601.
[②] 奎纳尔·希尔贝克，挪威著名哲学家。
[③] 希尔贝克，伊耶.西方哲学史：从古希腊到二十世纪.童世骏，等译.上海：上海译文出版社，2004：445.

一、俄国马克思主义的发展

普列汉诺夫作为俄国马克思主义的先驱，在青年时期便开始致力于与各种错误思潮进行论战。在与伯恩施坦①修正主义理论的论战中，他从哲学、政治经济学、社会主义理论等方面对其做了较为全面的批判，同时对马克思主义的历史命运做了较为冷静的思考。在批判伯恩施坦修正主义对马克思主义辩证唯物主义和历史唯物主义的攻击时，对马克思主义哲学做了深刻的思考，有力地捍卫了马克思主义理论的科学性和纯洁性。在批判伯恩施坦修正主义的经济学理论时，普列汉诺夫对马克思主义政治经济学做了进一步研究，由于他缺乏对马克思主义政治经济学系统而深入的研究，在一些基本经济理论问题上的看法未必正确，有时甚至存在着背离马克思主义的倾向，但是他仍不失为马克思主义政治经济学说的宣传者和捍卫者，他的理论探索在当时的历史环境下对思考马克思主义历史命运问题具有重要意义。在批判伯恩施坦修正主义攻击马克思主义关于社会主义革命的学说时，普列汉诺夫对马克思主义的科学社会主义理论做了进一步思考②。在批判错误思潮的过程中，普列汉诺夫撰写了大量阐述马克思主义基本理论的优秀著作，如《社会主义和政治斗争》《我们的意见分歧》《论一元论历史观的发展》等，这些著作被

---

① 爱德华·伯恩施坦（1850—1932），德国社会民主主义理论家和政治家，修正主义的主要代表人物，曾发表一系列标题为"社会主义问题"的文章，引发了德国社会民主党中关于修正主义的争论。

② 庄福龄．简明马克思主义史．北京：人民出版社，2004：186-188．

列宁评价为"整个国际马克思主义文献中的优秀作品"①。

列宁是俄国最伟大的马克思主义者。1899年,时年29岁的列宁在《工人报》发表了《我们的纲领》一文,尖锐地批判了以伯恩施坦为代表的修正主义者所宣扬的马克思主义"已经过时"的谬论。他指出,这种所谓的"修正",其实"并没有把马克思和恩格斯嘱咐我们加以发展的科学推进一步;他们并没有教给无产阶级任何新的斗争方法;他们只是向后退,借用一些落后理论的片言只语,不是向无产阶级宣传斗争的理论,而是宣传让步的理论,宣传对无产阶级的死敌、对无休止地寻找新花招来迫害社会党人的政府和资产阶级政党实行让步的理论"②。为了全面对修正主义进行批判,列宁随后发表了《进一步,退两步》《社会民主党在民主革命中的两种策略》《图快出丑》等一系列文章,为马克思主义做出了有力的辩护。除对伯恩施坦修正主义进行理论批判之外,列宁还先后对自由主义民粹派、"合法马克思主义"、经济主义、孟什维主义和经验批判主义等错误思潮进行了批判。在批判错误思潮的过程中,列宁对马克思主义的理论发展不仅有效指导俄国人民正确认识了基本国情,捍卫了马克思主义理论,而且以新的实践经验丰富和发展了马克思主义,把马克思主义推进到列宁主义的新阶段③。

马克思主义理论不仅在俄国青年马克思主义者反对错误思

---

① 列宁. 列宁全集:第40卷.2版增订版. 北京:人民出版社,2017:295.
② 列宁. 列宁全集:第4卷.2版增订版. 北京:人民出版社,2013:161.
③ 庄福龄. 简明马克思主义史. 北京:人民出版社,2004:190.

潮的斗争中得到发展，而且也在俄国青年马克思主义者的政治实践中得到发展。马克思对资本主义进行了系统而全面的批判，揭示了资本主义生产关系掩藏的剩余劳动剥削的秘密和资本主义必将被社会主义所代替的历史命运。然而由于所处时代和历史条件的限制，马克思并未对无产阶级政党如何推翻资产阶级政权，以及革命成功后如何建立无产阶级专政的社会主义国家等问题进行具体和系统的论述。伴随着无产阶级力量的不断壮大和工人阶级政党的大量建立，无产阶级反对资产阶级统治的革命运动越发频繁。尤其在十月革命胜利后，苏维埃俄国的建立更是对如何运用马克思主义指导关于社会主义国家建设和政党建设等方面提出了迫切的现实要求。在此背景下，一大批俄国青年马克思主义者在社会主义的政治实践中积极开展理论和实践探索，极大地丰富和发展了马克思主义的政治理论。例如，27岁的列夫·达维多维奇·托洛茨基①运用马克思主义基本原理，结合俄国在党组织领导下的无产阶级群众斗争实践，撰写了《总结与展望》一书，被佩里·安德森②评价为"在马克思主义历史上造就了第一次科学的战略性的政治分析"③。托洛茨基在书中详细分析了世界资本主义国家的制度结

---

① 列夫·达维多维奇·托洛茨基（1879—1940），俄国马克思主义者，布尔什维克主要领导人。
② 佩里·安德森（1938— ），当代著名马克思主义理论家和活动家，加利福尼亚大学洛杉矶分校的历史学和社会学教授，代表作品有《西方马克思主义探讨》《当代西方马克思主义》等。
③ 安德森.西方马克思主义探讨.高铦，等译.北京：人民出版社，1981：19.

构，极有远见地对俄国社会主义革命的前景和特点进行了精确的估计。与此同时，列宁依据马克思主义理论对俄国的具体革命实践进行了细致的分析，发表了《无产阶级和农民的革命民主专政》《社会民主党在 1905—1907 年俄国第一次革命中的土地纲领》《谈谈对俄国革命的估计》等一系列文章。在这些文章中，列宁讨论了"无产阶级和农民的革命民主专政"等问题，主张无产阶级和农民阶级联合起来，形成工农联盟，在无产阶级政党的领导下通过武装起义彻底推翻沙皇的封建统治，并找准时机进行社会主义革命，建立无产阶级政权。他创造性地把马克思主义应用于新的历史条件，大大发展了马克思主义关于民主革命的理论和策略[1]，也给其后包括中国在内的各国无产阶级参与推翻封建统治的资产阶级革命提供了理论和实践经验的支持。不仅如此，列宁还在俄国的社会主义建设实践中灵活运用马克思主义，对一系列社会主义建设的具体问题进行了回答，"开创了马克思主义的政治科学"[2]。安德森评价他在这方面的建树"永远改变了历史唯物主义的整个结构"[3]。

当然，除了普列汉诺夫、列宁、托洛茨基等人外，还有许多俄国青年马克思主义者运用马克思主义的立场、观点和方法对现实问题进行研究，他们从青年时期起运用马克思主义理论，结合本国政治实践的具体情况，因地制宜地对社会主义的

---

[1] 马健行. 马克思主义史：第 2 卷. 北京：人民出版社，1995：171.
[2] 安德森. 西方马克思主义探讨. 高铦，等译. 北京：人民出版社，1981：20.
[3] 安德森. 西方马克思主义探讨. 高铦，等译. 北京：人民出版社，1981：19.

革命、建设和改革等问题进行讨论，并在包括青年在内的广大社会主义建设者的实践中检验了马克思主义理论，促进了马克思主义理论在俄国的发展，为俄国的革命、建设和改革提供了有力的理论保障。

二、西方马克思主义的发展

第一次世界大战后，西方无产阶级革命运动在不同国家和地区经历了不同的命运，这促使部分西方国家的马克思主义者开始反思传统的马克思主义革命观，并把注意力逐渐转向上层建筑的变革和总体战略，由此形成了早期西方马克思主义，代表人物主要有卢卡奇、柯尔施、葛兰西等。他们大多在青年时期便致力于马克思主义的实践探索与理论研究，如青年时期的卢卡奇、柯尔施和葛兰西都以极大的热情投入到各自国家的共产主义运动中，在此过程中及时总结共产主义运动中的经验教训，并把其上升到理论，从而对马克思主义的学说做了独创性的解释和发展①。卢卡奇是著名的哲学家、文学批评家和匈牙利共产主义运动的领导人之一，被誉为西方马克思主义的创始人和奠基人，曾被评价为"本世纪最重要的马克思主义评论家和哲学家之一"②。1923年，38岁的卢卡奇出版了《历史与阶级意识》，被称作西方马克思主义的开山之作。同年，37岁的德国马克思主义者柯尔施发表《马克思主义和哲学》，总结了

---

① 俞吾金，陈学明. 国外马克思主义哲学流派新编：西方马克思主义卷：上册. 上海：复旦大学出版社，2002：10.
② 帕金森. 格奥尔格·卢卡奇. 翁绍军，译. 上海：上海人民出版社，1999：1.

马克思主义哲学史的经验，进而围绕哲学与现实、理论与现实这一根本问题来说明马克思主义和哲学的关系，并在此基础上提出了一个在理论和实践方面均具有决定性意义的问题，即革命问题。他对马克思主义和哲学的关系问题的新的考察是革命马克思主义中理论和实践内在联系的有意识的重建，促进了马克思主义革命理论的发展①。1926 年，35 岁的意大利共产党的主要创建者与领导者葛兰西被捕入狱，他在狱中写下 32 本《狱中札记》，成为意大利现代思想史上的重要著作。葛兰西在这部著作中以实践哲学代指马克思主义，提出坚持理论的和实践的批判性，批判的主要目的是建立一种以"文化领导权"思想为核心的西方社会革命发展道路理论。在"文化领导权"的设想下，葛兰西进而提出了"阵地战"的具体战略，即一种立足于意识形态或文化领域的长期作战战略，要求先夺取市民社会的文化、意识形态领导权，最后再夺取国家权力。葛兰西的西方社会革命发展战略构想在马克思主义史和国际共产主义运动史上具有特殊的地位②。以上三位早期西方马克思主义代表人物均在青年时期就致力于对马克思主义的继承与创新和对资本主义社会的大力批判，促进了马克思主义理论在欧洲的发展。

  承接卢卡奇、柯尔施、葛兰西等人对马克思主义实质和方法的重释以及对资本主义进行批判的理论主旨，一批西方理论家开始从人本主义出发重新解读马克思，他们极力推崇青年马

---

① 庄福龄. 简明马克思主义史. 北京：人民出版社，2004：321-323.
② 庄福龄. 简明马克思主义史. 北京：人民出版社，2004：325-328.

克思的异化理论和人本主义思想，强调马克思主义中的黑格尔因素，反对第二国际理论家将马克思主义教条化的倾向，这种理论趋势构成了西方马克思主义中的一个主要思潮——人本主义的马克思主义。人本主义思潮以人本学的异化史观为主导逻辑，强调人的主观能动性和人道主义精神，试图超越经济决定论的实证化和机械化倾向。人本主义思潮是一个广义的概念，包括众多理论流派。其中，弗洛伊德主义的马克思主义将弗洛伊德的精神分析学与马克思主义相结合，主要代表人物有艾瑞克·弗洛姆①、赫伯特·马尔库塞②等。1932年，马克思的《1844年经济学哲学手稿》公开问世，青年哲学家马尔库塞当即认识到了这篇手稿的重要性，发表了题为《论历史唯物主义的基础》的长篇论文，对手稿中的相关论述做出阐释。存在主义的马克思主义则是马克思主义传入法国后与存在主义思潮相结合的理论流派，主要代表人物有让-保罗·萨特③、列斐伏尔④等。第二次世界大战结束后，冷战的开启和法国共产党的政治行动使一批法国左派理论家开始重新反思马克思主义，试图运用存在主义思潮对马克思主义进行补充完善，促进了存在

---

① 艾瑞克·弗洛姆（1900—1980），人本主义哲学家和精神分析心理学家，弗洛伊德主义的马克思主义的主要代表人物。
② 赫伯特·马尔库塞（1898—1979），德裔美籍哲学家和社会理论家，弗洛伊德主义的马克思主义的代表人物，法兰克福学派的重要成员，代表作品主要有《理性与革命》《爱欲与文明》等。
③ 让-保罗·萨特（1905—1980），法国著名存在主义哲学家、文学家，其著作被称为"存在主义与马克思主义相结合的最佳典范"，代表作品有《存在与虚无》《辩证理性批判》等。
④ 亨利·列斐伏尔（1901—1991），存在主义的马克思主义的代表人物，开创了深刻影响西方学界的日常生活批判理论，代表作品有《日常生活批判》三部曲。

主义的马克思主义的发展。法兰克福学派无疑是人本主义思潮中研究力量最强、影响力最大的理论流派，该流派以德国法兰克福大学的"社会研究所"为研究阵地，将马克思主义视为一种社会批判理论，主要代表人物有马克斯·霍克海默①、西奥多·阿多诺②、尤尔根·哈贝马斯③等，该学派中的许多知识分子于青年时期便投身马克思主义理论研究，如哈贝马斯就曾于青年时期发表《理论与实践》，探讨了理论与实践的关系，继承并发展了法兰克福学派老一代理论家重视理论批判、反对实证主义的理论特质④。

20世纪五六十年代，西方学界盛行的人本主义思潮遭遇了来自西方马克思主义内部另一思潮的抗衡，即科学主义的马克思主义。科学主义思潮同样反对教条化的马克思主义，强调采取实证的方法论，以科学的精神重新阐释马克思主义的经典文献。这一思潮主要包括新实证主义的马克思主义与结构主义的马克思主义，表现出了完全异质于人本主义思潮的理论逻辑。新实证主义的马克思主义的主要代表人物是德拉·沃尔

---

① 马克斯·霍克海默（1895—1973），法兰克福学派创始人，曾提出马克思主义就是批判理论，致力于恢复马克思主义的批判性，代表作品主要有《启蒙辩证法》《工具理性批判》等。
② 西奥多·阿多诺（1903—1969），法兰克福学派第一代的主要代表人物，社会批判理论的奠基者，代表作品主要有《否定的辩证法》《美学理论》等。
③ 尤尔根·哈贝马斯（1929— ），法兰克福学派第二代的主要代表人物，被公认为"当代最有影响力的思想家"，代表作品主要有《合法性危机》《交往行为理论》等。
④ 俞吾金，陈学明. 国外马克思主义哲学流派新编：西方马克思主义卷：上册. 上海：复旦大学出版社，2002：217.

佩①，他反对过度联结马克思辩证法与黑格尔辩证法的内在关系，主张将马克思主义视为一种实证主义的经验科学。结构主义的马克思主义的主要代表人物是路易·皮埃尔·阿尔都塞②，他同时也是整个科学主义思潮中最具影响力的理论家。阿尔都塞在30岁时便加入法国共产党，旨在将结构主义的方法论运用于对马克思主义的重新阐释，对马克思思想发展史做出了重新考证，并在认识论层面对后世阅读马克思的文本产生重要影响，促进了马克思主义科学形态的恢复与发展。阿尔都塞不仅在青年时期就接触了马克思主义，而且在此后的教学和研究生涯中影响了众多左翼青年走上理论研究与现实运动的道路。1965年，阿尔都塞与巴里巴尔③、朗西埃④等青年学者组成了《资本论》研究会，在重新研读《资本论》时提出了"症候阅读法"这一重要的阅读方法，培养出了许多优秀的左翼思想家。

1968年，法国爆发了席卷欧洲的红色"五月风暴"，尽管阿尔都塞本人并不支持这场运动，但受到阿尔都塞思想影响的青年学生纷纷走上街头，在西方马克思主义无产阶级革命理论

---

① 德拉·沃尔佩（1895—1968），意大利哲学家，新实证主义的马克思主义的主要代表人物，代表作品主要有《卢梭与马克思》《作为一门实证科学的逻辑学》等。

② 路易·皮埃尔·阿尔都塞（1918—1990），马克思主义哲学家，结构主义的马克思主义的主要代表人物，代表作品主要有《保卫马克思》《读〈资本论〉》《来日方长》等。

③ 艾蒂安·巴里巴尔（1942—　），当代法国哲学家，阿尔都塞学派的忠实成员，代表作品主要有《马克思的哲学》《斯宾诺莎与政治》等。

④ 雅克·朗西埃（1940—　），当代法国哲学家，欧洲后马克思思潮代表人物，曾师从阿尔都塞，代表作品主要有《阿尔都塞的教训》《歧义：政治与哲学》等。

的感召下控诉和反抗现代资产阶级的文化统治，掀起了欧洲左翼运动的高潮。"五月风暴"期间，青年们在墙壁上写满了"敢于思考！敢于言说！敢于行动！"① 等各式各样离经叛道的、充满反抗意味的口号，这场青年反叛运动使法国一度处于混乱状态，给法国的政治、经济发展带来了损失，同时也给思想文化层面带来了不可估量的影响，极大地促进了人们的思想解放，并将自由的目标具体化，否定一切方面的限制，提倡无节制的言论自由，并且拒绝任何形式的妥协。作为一场基于革命理想与反叛精神而发起的青年运动，"五月风暴"展现出不同于以往政治革命的文化特性，挑战了传统马克思主义阐释分析社会革命运动的有效性，促使西方马克思主义学者开始重新反思时代提出的新政治议题，使马克思主义的研究在此背景下逐渐发生了转向，许多参与运动的学生和青年知识分子后期成长为西方马克思主义的代表人物。随着这场轰轰烈烈的反抗当代资本主义的青年运动在高潮之后不可避免地走向消退，西方马克思主义指导现实运动的革命实践也在到达顶点之后走向低谷，作为左翼精神领袖的西方马克思主义理论家们的社会号召力日渐式微，"五月风暴"的最终失败宣告了西方马克思主义②实践运动的衰落。同一时期，西方马克思主义对启蒙运动以来的整个理性传统的内在拒绝，在理论上颠覆了历史唯物主

---

① 于奇智. 五月风暴与哲学沉思. 世界哲学，2009（1）：153.
② "西方马克思主义"在广义上泛指西方地域的各种马克思主义思潮和流派，在狭义上主要指 20 世纪 20 年代至 20 世纪 70 年代由卢卡奇等人开创的西方马克思主义哲学，与"当代国外马克思主义"概念相区分，本书根据国内学界的共识采用后一释义。

义包含的物质生产作为人类历史发展前提的观点，使西方马克思主义走向了理论逻辑的终结。此后，马克思主义的发展转向新的理论形态和逻辑，后马克思思潮、后现代马克思主义、晚期马克思主义等具有后马克思倾向的当代思潮纷纷涌现①，马克思主义理论发展逐步迈入新的阶段，马克思主义的批判传统仍然在这些纷繁复杂的当代思潮中得以深层次地显现。

三、当代国外马克思主义的发展

20世纪70年代以后的西方马克思主义研究的地域重心从西欧国家转向了英美国家②，理论逻辑也发生了较大转变。在与当地哲学传统和社会现实相结合的过程中，马克思主义的发展日益多样化，出现了如分析马克思主义、文化马克思主义等流派。分析马克思主义的突出特点是将西方分析哲学的方法与马克思主义研究相结合，并试图通过现代数学、数理逻辑和模式结构等方法来对马克思主义理论进行新的阐释③，主要代表人物有G. A. 科恩④、乔恩·埃尔斯特⑤、约翰·罗默⑥等。他们当中的许多学者自青年时期便开始了对马克思主义的研究。

---

① 张一兵. 西方马克思主义之后：理论逻辑和现实嬗变：西方马克思主义、后（现代）马克思思潮和晚期马克思主义. 福建论坛（人文社会科学版），2000（4）.
② 安德森. 当代西方马克思主义. 余文烈，译. 北京：东方出版社，1989：24.
③ 庄福龄. 简明马克思主义史. 北京：人民出版社，2004：364.
④ G. A. 科恩（1941—2009），分析马克思主义思潮的创始人。
⑤ 乔恩·埃尔斯特（1940—　），分析马克思主义的代表人物，侧重研究马克思主义的经济思想和政治思想。
⑥ 约翰·罗默（1945—　），分析马克思主义阵营中最活跃的成员之一。

通过运用英美地区的主流研究方法，试图为马克思主义建立起清晰的、严密的"微观基础"，以实现"既科学又革命"的马克思主义。到了20世纪80年代中后期，分析马克思主义的重要代表人物陆续转向以平等、正义、道德为研究重心的政治哲学领域，运用分析的方法为马克思主义奠定规范哲学基础。

文化马克思主义源自战后著名的马克思主义史学小组，主要代表人物有第一代的代表人物雷蒙德·威廉斯①、爱德华·帕尔默·汤普森②、艾瑞克·霍布斯鲍姆③等和第二代的代表人物特里·伊格尔顿④等，他们将历史唯物主义运用于英国文化问题的研究中。这些学者登上学术舞台的年龄都在30岁左右，著名的马克思主义学者佩里·安德森担任马克思主义刊物《新左派评论》主编时，年仅24岁。他大量译介了马克思主义者的著作，推动了新左派的发展。马克思主义随时代的发展逐渐多元化，但是不同派别之间具有一个突出的共性，即对传统的批判，并在此基础上主张对马克思主义进行革新。随着西方社会中生态运动的兴起，生态学马克思主义也不断发展，已成为当今西方马克思主义中具有影响的思潮之一。生态学马克思主义者运用马克思主义的观点和方法审视生态问题，在分析

---

① 雷蒙德·威廉斯（1921—1988），文化马克思主义第一代的主要代表人物，文化研究的主要奠基人之一。
② 爱德华·帕尔默·汤普森（1924—1993），文化马克思主义第一代的主要代表人物，提出"道德经济学"这一重要概念。
③ 艾瑞克·霍布斯鲍姆（1917—2012），文化马克思主义第一代的主要代表人物，备受推崇的左翼近代史大师。
④ 特里·伊格尔顿（1943—　），文化马克思主义第二代的主要代表人物，英国杰出的马克思主义理论家。

当代资本主义的环境退化和生态危机的过程中探讨解决危机的途径，代表人物主要有约翰·贝拉米·福斯特①、大卫·佩珀②、安德烈·高兹③等。他们运用的虽然不是传统意义上的马克思主义的观点和方法，但是他们公开自称"马克思主义者"。20世纪六七十年代，在妇女运动第二次浪潮中出现了女性主义与马克思主义的融合，学者们试图把女性主义与马克思主义结合起来，逐渐形成了女性主义马克思主义。

此外，还有一方面强烈批判整个现代性文明，另一方面又与马克思主义刻意保持距离的后马克思主义思潮，以及相较而言更接近传统西方马克思主义、对后工业社会和全球化浪潮中的资本主义进行批判的晚期马克思主义等诸多思潮。

当代青年面临着包括性别平等、生态危机、人口相对过剩等在内的纷繁复杂的社会现象和问题。当代国外马克思主义理论的创新发展为青年们提供了科学的方法和道路，指导青年们要正确认识和解决以上问题。例如，生态学马克思主义与女性主义马克思主义指引青年必须从经济层面入手，对包括性别平等、生态危机、人口相对过剩等在内的各种问题分别进行细致入微的分析，发现其深层次的经济根源。在生态危机问题上，生态学马克思主义者福斯特指出："资本主义经济把追求利润

---

① 约翰·贝拉米·福斯特（1953— ），生态学马克思主义的主要代表人物，在《生态危机与资本主义》一书中鲜明地表达了生态社会主义的基本立场。
② 大卫·佩珀（1940— ），生态学马克思主义的主要代表人物，布鲁克斯大学地理系教授。
③ 安德烈·高兹（1924— ），既是存在主义的马克思主义的重要代表人物，又是生态学马克思主义的主要代表人物。

增长作为首要目的，所以要不惜任何代价追求经济增长，包括剥削和牺牲世界上绝大多数人的利益。这种迅猛的增长通常意味着迅速消耗能源和材料，同时向环境倾倒越来越多的废物，导致环境急剧恶化。"① 在他看来，资本主义制度及由其产生的生产方式、价值观念等是生态危机的根源所在。与之相似，包括性别平等、社会正义、食品安全、青少年犯罪等在内的诸多社会问题，其根本上皆与资本主义生产方式及与其相适应的政治、文化、法律等上层建筑有着千丝万缕的联系。生态危机问题的解决并不是如某些资产阶级理论家所认为的那般与人类社会的发展相背离，"人类完全有望在克服最严重的环境问题的同时，继续保持着人类的进步。但条件是，只有我们愿意进行根本性的社会变革，才有可能与环境保持一种更持续性的关系"②。在性别平等问题上，著名的女性主义马克思主义学者克拉拉·蔡特金③认为，"妇女的解放同全人类的解放一样，最终必将是**劳动从资本中解放出来**"④，因此同样主张推翻资本主义制度，向共产主义社会前进。总体而言，当代国外马克思主义的发展帮助青年透过现象的迷雾，追寻社会现实背后所隐藏的真相，有助于指导青年建立对当代社会发展现状和未来

---

① 福斯特．生态危机与资本主义．耿建新，宋兴无，译．上海：上海译文出版社，2006：2-3.
② 福斯特．生态危机与资本主义．耿建新，宋兴无，译．上海：上海译文出版社，2006：前言1.
③ 克拉拉·蔡特金（1857—1933），德国社会民主党和第二国际左派领袖之一，国际社会主义妇女运动的重要领导人物。
④ 马健行．马克思主义史：第2卷．北京：人民出版社，1995：446.

趋势的理性审视。同时，当代马克思主义也在对现实问题的回应中不断获得理论自身的完善与发展。

第三节　青年与马克思主义在世界的实践

俄国十月革命的胜利，使科学社会主义从理论变为现实。在此基础上，列宁、斯大林开始探索社会主义建设的道路，逐渐形成了苏联模式，并将此模式推广到欧亚新建立的十几个社会主义国家，促进了马克思主义在世界各地的实践，丰富了人们对马克思主义的认识。但是苏联模式也存在一定的弊端，尤其是后来发生的苏东剧变，不仅给苏联和东欧各国造成了重大的冲击，而且在一定程度上影响了其他国家的社会主义实践，各国在此基础上吸取苏东剧变的教训，不断进行理论创新和政策调整，逐渐走出困境，促进马克思主义在世界范围内的实践发展。在这一过程中，不同类型的国家有不同的表现形式，就社会主义国家而言，主要表现为各国的革新开放等政策的实施，促进了社会主义国家经济的发展。就资本主义国家而言，主要表现为各国共产党的政策调整与力量发展，促进了资本主义国家社会运动的广泛开展。马克思主义在世界的实践与各国青年密切相关，一方面，马克思主义在世界实践所取得的成果鼓舞青年的共产主义信念。另一方面，广大青年积极投身实践，促进社会主义运动在当今世界的发展。

一、马克思主义在俄国和东欧的实践

1917 年,由于第一次世界大战所造成的革命形势以及布尔什维克党的正确领导和艰苦工作,俄国人民革命斗争的浪潮急剧高涨,列宁根据此种革命形势以及二月革命奠定的前期基础,领导包括广大青年在内的无产阶级于俄历 10 月 24 日在彼得格勒发动了武装起义。起义胜利后,立即召开第二次苏维埃代表大会,大会通过了列宁起草的《告工人、士兵和农民书》,宣告了临时政府被推翻和第一届苏维埃政府成立,第一届苏维埃政府即人民委员会,列宁当选为人民委员会主席[①]。"列宁领导的十月革命取得胜利,社会主义从理论变为现实,打破了资本主义一统天下的世界格局。"[②] 在这场革命中,青年布尔什维克、青年工人、青年农民和青年士兵起到了重要的作用。

十月革命后,经济文化落后的俄国面临着怎样建设社会主义这一全新的历史性课题。列宁对这一历史性课题进行了艰难而勇敢的实践探索,先后实行了战时共产主义政策和新经济政策,在此过程中不断深化对社会主义的认识,并在此基础上提出了一系列关于社会主义建设问题的崭新论断,留下了丰富的理论遗产;与此同时,他在实践探索过程中所展现的科学态度和科学精神,也为包括青年在内的马克思主义者们树立了光辉

---

① 庄福龄.简明马克思主义史.北京:人民出版社,2004:243-246.
② 习近平.在纪念马克思诞辰 200 周年大会上的讲话.北京:人民出版社,2018:10.

的榜样①。此后,一批青年马克思主义者投身于俄国的社会主义建设。以经济方面为例,由于俄国新经济政策对商品经济的重新启用与"战时共产主义"消灭商品经济的主张相矛盾,以叶甫盖尼·阿列克谢耶维奇·普列奥布拉任斯基②和尼古拉·伊万诺维奇·布哈林③为代表的一批青年马克思主义学者就如何发展社会主义经济展开了激烈的讨论。普列奥布拉任斯基提出了"社会主义原始积累规律"的观点,主张以牺牲农民阶级和小资产阶级的部分利益、发行半强制性公债等手段,快速积累推进社会主义工业化的进程。布哈林则主张各产业的平衡发展。他指出,普列奥布拉任斯基所主张的做法可能会破坏国家经济中各部门的平衡,因此,布哈林认为,"为了使社会再生产和社会主义不断增长尽可能有利地(尽可能没有危机地)进行,从而达到对无产阶级尽可能有利的国内阶级的力量对比,必须力求把国民经济各种基本成分尽可能正确地结合起来(它们必须'保持平衡',安排得恰到好处,积极影响经济生活和阶级斗争的进程)"④。在俄国经济建设的实践中,他们的观点陆续得到了实践的检验,虽然都存在着一定的不足,但其中的合理部分仍为马克思主义理论在经济建设方面的发展做

---

① 庄福龄. 简明马克思主义史. 北京:人民出版社,2004:250.
② 叶甫盖尼·阿列克谢耶维奇·普列奥布拉任斯基(1886—1937),苏联著名经济学家之一,著有《新经济学》《资本主义的衰落》等著作。
③ 尼古拉·伊万诺维奇·布哈林(1888—1938),苏联布尔什维克党领导人之一,著名马克思主义理论家,著有《食利者的经济学》《帝国主义和世界经济》《过渡时期的经济》《共产主义 ABC》等著作。
④ 中共中央马克思恩格斯列宁斯大林著作编译局,国际共运史研究所. 布哈林文选:中册. 北京:东方出版社,1988:277.

出了一定的贡献。在包括青年在内的马克思主义者的积极探索下，马克思主义在俄国的实践取得了较为显著的成果，但是由于缺乏经验，以及领导人的决策失误等原因，俄国在社会主义建设过程中经历了较多曲折，在戈尔巴乔夫时期，一系列改革失败之后出现了苏联解体的悲剧。总体而言，马克思主义在俄国的实践与青年紧密相关。在俄国十月革命的过程中，青年作为革命的重要力量，帮助布尔什维克党取得了革命的胜利，建立了世界上第一个社会主义国家，将科学社会主义从理论变为现实。俄国十月革命的胜利极大鼓舞了青年们的共产主义信念，一大批俄国青年马克思主义者投身于社会主义的政治实践，促进了俄国社会主义的发展。俄国社会主义建设过程中的曲折经历以及苏联解体的惨痛经历，警醒青年要基于本国国情和时代潮流不断探索具有本国特色的社会主义建设道路。

东欧社会主义国家在建立之初，基本上都按照苏联模式建立了本国的社会主义制度，其在发展的过程中逐渐发现了苏联模式的弊端，并于20世纪50年代中期开始进行改革。改革主要分为经济与政治两方面，在经济方面，主张实现计划与市场二者的结合、实行企业自治、加强民主管理等。在政治方面，主张转变国家职能、限制国家机关的行政手段、加强政治民主和法制建设等。东欧各社会主义国家的改革重点不一、措施不同，但都是局部的改革，没有从根本上改变原有经济与政治的实践。各国的改革具有缺乏自主性、缺乏协调性以及缺乏理论指导等弊端。这些弊端在某种程度上阻碍了社会主义改革的进程。虽然大多数东欧国家的改革还没有真正探索出适合本国国情的社会主义建设的发展道路[1],但是其改革促进了青年的思想解放,使青年的思想逐渐摆脱教条主义的束缚。一方面,青年逐渐认识到传统社会主义模式的弊端,并积极致力于相应的改革和创新;另一方面,青年逐渐认识到各国建设社会主义的道路存在着多样性,应该探索适合本国国情的社会主义建设道路,推动了马克思主义在不同地区的具体实践。

20世纪80年代末90年代初,东欧社会主义国家面临着国内外的双重压力,东欧剧变、苏联解体之后,东欧各国纷纷走上了资本主义的道路。东欧剧变之初,右翼势力上台执政之后,大多实行了一系列限制和镇压左翼力量的政策。然而社会主义作为一种思潮和运动并没有消失,原东欧地区的主要共产党出现了分化与重组,一些新兴共产主义和社会主义的政党仍然致力于对社会主义进行新的探索,对本国社会政治生活均产生着一定的影响。经过几年的剧烈社会动荡之后,目前不少国家呈现出了右翼势力逐渐失势,左翼势力逐步恢复和发展的现象,左翼势力在一些国家东山再起,甚至重新上台执政[2]。从这一趋势来看,社会主义的复兴是大有希望的。我们深信,既有苏联模式社会主义在历史上的成功经验及失败教训,又有资本主义在现实中的对比参照,包括广大青年在内的东欧原社会主义国家的共产党人一定会科学探索、积极实践,促进科学社

---

[1] 庄福龄.简明马克思主义史.北京:人民出版社,2004:343-346.
[2] 高放,李景治,蒲国良.科学社会主义的理论与实践.北京:中国人民大学出版社,2014:264-265.

会主义的发展与创新①。

二、马克思主义在其他社会主义国家的实践

自 20 世纪八九十年代以来，受苏东形势影响，朝鲜、越南、老挝、古巴四国也都开始独立自主地探索适合本国国情的社会主义道路。各国认真总结历史上的经验教训，积极应对现实中的风险挑战，在此基础上逐步推进改革，到目前为止均取得了不同程度的新进展。

20 世纪 90 年代初，朝鲜劳动党开始领导人民进行"朝鲜式的社会主义"的建设和改革，其内容主要包括政治上的自主精神是发展独立自主国家的第一生命，经济上的自立是政治独立和自主精神的基础，国防上的自卫是建设自主独立国家的基本原则。在此基础上，提倡自力更生、艰苦奋斗的优良风气。发展至今，朝鲜在保持自身特色的同时取得了一系列的发展成就，其工农业已经具备了一定的建设规模，人民文化水平和精神文明程度均得到较大的提升②。越南自 20 世纪 80 年代初开始实行改革，大致可分为三个阶段：1981 年至 1985 年的试验性阶段，1986 年至 1989 年的探索阶段与 1989 年以来全面实行革新开放的阶段③。其经济革新的内容主要包括：推广和完

---

① 高放，李景治，蒲国良. 科学社会主义的理论与实践. 北京：中国人民大学出版社，2014：273.
② 曾枝盛. 20 世纪末国外马克思主义纲要. 北京：中国人民大学出版社，1998：338-339，348.
③ 曾枝盛. 20 世纪末国外马克思主义纲要. 北京：中国人民大学出版社，1998：350.

善农村承包制，鼓励农村庄园经济的发展；推进国有企业改革，扶持非公有制经济；调整产业结构，推进重点经济区的发展等①。除此之外，还在政治领域进行了相应的革新，并取得了一系列的理论成果。在革新的过程中，越南共产党强调要坚持马克思列宁主义的指导，坚持社会主义的发展方向，并在此基础上根据越南的实际情况，提出对社会主义过渡时期的新认识。时至今日，越南的革新开放取得了卓越成绩，促进了越南社会主义经济与政治的发展。老挝人民革命党于1986年11月召开了具有历史转折意义的四大，提出革新开放政策，老挝由此进入了全面革新时期。在2006年3月召开的八大上，老挝人民革命党更进一步认识到："为了最终实现社会主义目标，根据老挝的国情特点，老挝需要用很长的时间，经历很多的发展过程。在目前，老挝的革命建设仍然处于向社会主义过渡的初期。"② 以经济革新为例，老挝人民革命党于1993年颁布《土地法》，指出国家保护农民长期享有土地使用权，极大调动了农民的生产积极性。老挝人民革命党还采取允许多种经济成分长期共存、进行国营企业改革等经济革新措施③。除此之外，还在政治、外交等方面采取了相应的革新措施。在此过程中，老挝人民革命党始终立足本国国情，随着形势的变化，不断完善革新的方针和政策，促进老挝社会主义的发展。古巴自

---

① 高放，李景治，蒲国良.科学社会主义的理论与实践.北京：中国人民大学出版社，2014：175.
② 冯国芳.科学社会主义理论与实践.上海：上海交通大学出版社，2009：158.
③ 高放，李景治，蒲国良.科学社会主义的理论与实践.北京：中国人民大学出版社，2014：191-192.

20世纪90年代开始借鉴中国和越南的经验,逐步实行了以经济为基点的改革开放政策,经济改革的内容主要包括:实行财税改革,整顿金融秩序;进行工业管理体制改革,完善经济成分;优化调整农村经济结构等①。除此之外,还针对社会生活、外交政策等方面进行了相应的改革。改革开放政策使古巴的经济逐步走出了困境,在广大人民的共同努力下,古巴的社会矛盾得以缓解,人民生活不断改善。目前,古巴正在逐步克服各方面的困难,努力开拓具有本国特色的社会主义道路。总体而言,朝鲜、越南、老挝、古巴四国相继推行改革与革新的相关政策,坚持将马克思主义理论与本国实际相结合,努力探索和建设具有本国特色的社会主义,近年来取得了一系列的发展成果。马克思主义实践所取得的成功极大鼓舞了各国青年,坚定了青年的共产主义信念,指引青年积极投身社会主义实践,促进马克思主义在社会主义国家的实践发展。

除以上四个社会主义国家外,马克思主义在中国实践过程中所取得的成果尤为瞩目。习近平曾指出:"实践证明,马克思主义的命运早已同中国共产党的命运、中国人民的命运、中华民族的命运紧紧连在一起,它的科学性和真理性在中国得到了充分检验,它的人民性和实践性在中国得到了充分贯彻,它的开放性和时代性在中国得到了充分彰显!"② 在马克思主义

---

① 高放,李景治,蒲国良. 科学社会主义的理论与实践. 北京:中国人民大学出版社,2014:218.
② 习近平. 在纪念马克思诞辰200周年大会上的讲话. 北京:人民出版社,2018:14.

的指导下，经过长期努力，中国特色社会主义进入了新时代，这一新的历史方位"意味着科学社会主义在二十一世纪的中国焕发出强大生机活力，在世界上高高举起了中国特色社会主义伟大旗帜"①。马克思主义在中国取得的优秀成果，极大地鼓舞了中国青年的社会主义信念，青年们作为祖国的未来、民族的希望，正积极投身于中国特色社会主义伟大实践，正如习近平所指出的："前进道路上，我们要继续高扬马克思主义伟大旗帜，让马克思、恩格斯所设想的人类社会美好前景不断在中国大地上生动展现出来！"②

三、马克思主义在资本主义国家的实践

马克思主义在资本主义国家的实践有着较为悠久的历史，早在19世纪40年代末至70年代初，马克思和恩格斯便着眼于波兰、爱尔兰以及亚非拉美民族解放运动的实践，以历史唯物主义为理论基础，坚持科学社会主义的理论原则，在总结实践经验的过程中不断进行新的理论探索，用以指导民族解放运动的深入开展③，以上国家和地区的民族解放运动一方面沉重打击和瓦解了帝国主义的殖民体系，促进了被压迫民族的解放；

---

① 习近平.决胜全面建成小康社会　夺取新时代中国特色社会主义伟大胜利：在中国共产党第十九次全国代表大会上的报告.北京：人民出版社，2017：10.
② 习近平.在纪念马克思诞辰200周年大会上的讲话.北京：人民出版社，2018：28.
③ 张胥.马克思恩格斯民族理论及其当代价值.北京：人民出版社，2014：154.

另一方面也促进了马克思主义与当地实践相结合,促进了马克思主义在当地的发展。几乎同一时期,欧洲新社会运动兴起,其主要指向资本主义工业化社会的后果,如人性异化、性别歧视、环境污染等,伴随着各种主题的抗议高潮产生,欧洲新社会运动逐渐发展为欧洲范围内规模最大、动员面最广的社会运动①。

伴随着解放运动、社会运动的不断开展,马克思主义在资本主义国家的实践也不断发展,许多资本主义国家相继建立了共产党、民主党等左翼政党。苏东剧变之后,奉行马克思主义的共产党遭受了巨大冲击。剧变初期,有些党更换名称,有些党内部发生分裂,有些党甚至从此销声匿迹。然而低谷期也正是反省和完善自身的时期,继续存留下来的共产党在总结历史经验教训的基础上进行理论创新和政策调整,不断加强自身建设。这些共产党虽然人数仍然不多,但是都在重新探索本国的共产主义之路。其中西欧共产党均坚持共产主义远大理想,同时强调自由、民主、公正等价值的重要意义。部分共产党在本国选民中仍有一定的政治影响,在一些国家甚至占有重要地位。如法国共产党在法共三十四大上决定与左翼党结成左翼阵线,左翼阵线是一个选举联盟性质的组织,其建立有效助推法国激进左翼取得了苏东剧变后最大的选举进步。西班牙共产党与其他左翼党派组成以西共为主的联合左翼,在众议院中占有一定的席位。除此之外,还有德国共产党、葡萄牙共产党等也

---

① 沈杰. 志愿行动:中国社会的探索与践行. 北京:人民出版社,2009:36-37.

都在国内从事合法活动,致力于推动马克思主义在本国的实践发展。美国共产党也有较大的发展,在二十八大上提出确定坚持和深化权利法案社会主义,指出权利法案社会主义的核心是民主,并主张建立最广泛的全民阵线。巴西共产党在拉美地区影响较大,在巴西参众两院分别占有一定席位。西亚北非的共产党也得到了较大程度的发展,在国内政治舞台上有一定的影响。如叙利亚共产党的两派以及摩洛哥进步与社会民主党都是本国的参政党①。除了以上提及的三个主要地区之外,马克思主义在南非、日本等其他资本主义国家的实践也有较大程度的发展。

马克思主义在资本主义国家的实践发展与青年密切相关。一方面,青年作为社会的进步力量,部分直接加入共产党,部分作为社会人士支持共产党的相关实践活动,他们以直接或间接的方式为马克思主义在资本主义国家的实践发展注入源源不断的活力。另一方面,马克思主义在以上资本主义国家的实践发展鼓舞了各国青年参与社会运动的热情,近年来,在进步人士尤其是进步青年的号召和参与下,欧洲资本主义国家相继兴起了包括和平运动、反核能运动、环境运动、妇女运动、青年运动等在内的各种形式的社会运动,被统称为新世纪以来的欧洲新社会运动,促进了以马克思主义作为思想渊源的社会左翼思潮在理论和实践层面的进一步发展。

---

① 高放,李景治,蒲国良.科学社会主义的理论与实践.北京:中国人民大学出版社,2014:242-245.

第五章

马克思主义与中国青年

马克思主义以其科学性、人民性、实践性以及不断发展的开放性,指引着中国共产党带领全国各族人民在团结奋斗中实现了由站起来、富起来到强起来的伟大飞跃,深刻改变了近代中国的面貌。回顾历史,"我们党取得的所有成就都凝聚着青年的热情和奉献"[①]。在中国共产党的领导下,青年作为"整个社会力量中的一部分最积极最有生气的力量"[②],是推进中华民族复兴伟业的先锋力量。近代以来,中国青年的理想追求始终与振兴中华的历史进程紧密相连。在革命战争年代,广大青年满怀革命理想,为争取民族独立、人民解放而冲锋陷阵、抛洒热血。在社会主义革命和建设时期,广大青年响应党的号

---

① 习近平. 在庆祝中国共产党成立 95 周年大会上的讲话. 北京:人民出版社,2016:27.
② 毛泽东. 毛泽东文集:第 6 卷. 北京:人民出版社,1999:466.

召，建设祖国、保卫祖国，在新中国的广阔天地自力更生、艰苦创业。在改革开放新时期，广大青年发出团结起来、振兴中华的时代强音，为祖国繁荣富强开拓奋进、锐意创新①。

第一节 追寻救国真理的中国青年

1840年鸦片战争，中国的大门被西方的坚船利炮打开，中华民族陷入内忧外患的悲惨境地，深受帝国主义和封建主义的双重压迫。在无数仁人志士探索救国救民方案纷纷破产的情况下，马克思主义的传入为中国人民提供了全新选择，并被中国的知识分子和青年学生最先传播、接受②。他们在新文化运动、五四运动的历史进程中不断前行，一步步探寻救国真理，成长为坚定的马克思主义者。正如李大钊在《〈晨钟〉之使命——青春中华之创造》中所说："青年之字典，无'困难'之字，青年之口头，无'障碍'之语；惟知跃进，惟知雄飞，惟知本其自由之精神，奇僻之思想，锐敏之直觉，活泼之生命，以创造环境，征服历史。"③

一、在救亡探索中接受马克思主义

19世纪初，"由于西方列强的入侵，由于封建统治的腐

---

① 中共中央文献研究室．十八大以来重要文献选编：上．北京：中央文献出版社，2014：277．
② 毛泽东．毛泽东选集：第2卷．2版．北京：人民出版社，1991：641．
③ 李大钊．李大钊文集：第1卷．北京：人民出版社，1999：169-170．

败，中国逐渐成为半殖民地半封建社会，山河破碎，生灵涂炭，中华民族遭受了前所未有的苦难"①。在帝国主义和封建主义的联合统治下，中国的社会发展和政治进步受到严重阻碍。因此，改变中国现有的社会制度，是争得民族独立和人民解放必须面临的历史任务，也是实现国家富强和人民富裕的必要前提。面对严重的民族危机和深刻的社会危机，中国社会各阶级都开始寻求救亡图存之路：农民阶级领导的太平天国运动和义和团运动相继失败；晚清地主阶级洋务派企图在不触动封建根基下发起的洋务运动，民族资产阶级依靠封建统治者发起的戊戌维新运动屡屡碰壁；资产阶级革命派孙中山率先举起近代民族民主革命的旗帜，领导辛亥革命推翻了清王朝统治、建立了中华民国，但革命果实最终落入以袁世凯为首的北洋军阀手中，使中国处于封建军阀的专制统治之下，中国半殖民地半封建的社会性质并未得到根本改变。

面对救国救民之路失败的残酷现实，中国先进分子未言放弃。其中，一批从事大学教育等自由职业的知识分子不甘于辛亥革命的失败，在总结辛亥革命失败的经验教训中坚持继续斗争。"他们当时认为，'欲图根本之救亡'，必须改造中国的国民性。"② 于是，为反对袁世凯的复辟活动、在国民中普及真正的民主思想，陈独秀、李大钊带领一群优秀的爱国青年"以

---

① 习近平. 在庆祝中国共产党成立95周年大会上的讲话. 北京：人民出版社，2016：2.
② 中共中央党史研究室. 中国共产党的九十年：新民主主义革命时期. 北京：中共党史出版社，2016：13.

青春之我，创建青春之家庭，青春之国家"①，展开了一场声势浩大的新文化运动。这场运动本质上是一次反对封建复辟和思想专制的思想解放运动，它的主要内容是提倡民主，反对封建专制和旧道德；提倡科学，反对封建迷信和盲从；提倡新文学，反对旧文学。这一运动以 1915 年陈独秀在上海创办《青年杂志》（后改名为《新青年》）为开端，并将这一杂志作为运动的主要阵地。1917 年 1 月，蔡元培就任北京大学校长，"他聘请陈独秀为文科学长，延揽许多有新思想的学者来校任教"②，使新文化运动的知识分子同北京大学的进步青年相结合，进一步扩大了运动的主要活动阵地及影响力。新文化运动无论在政治上还是思想上都给了封建主义一次前所未有的沉重打击，而且也为五四运动奠定了思想基础，为马克思列宁主义在中国的传播创造了有利条件。

中国青年在俄国十月革命的胜利中看到了马克思主义的真理力量。"十月革命一声炮响，给我们送来了马克思列宁主义。"③ 1917 年，列宁领导的俄国十月革命的胜利，将社会主义从理论变为现实，打破了资本主义一统天下的世界格局。由于俄国革命同样是在封建压迫和经济文化落后的情况下取得胜利，因而对中国的先进分子有着独特的吸引力。正如青年毛泽东所说："我看俄国式的革命，是无可如何的山穷水尽诸路皆

---

① 李大钊．李大钊全集：第 1 卷．北京：人民出版社，2013：318．
② 中共中央党史研究室．中国共产党的九十年：新民主主义革命时期．北京：中共党史出版社，2016：13．
③ 毛泽东．毛泽东选集：第 4 卷．2 版．北京：人民出版社，1991：1471．

走不通了的一个变计"①。一个不同于西方的社会主义国家在俄国的诞生,为正在苦苦探寻救亡图存出路的中国人民和青年中的先进分子带来了新的希望,指明了前进方向,提供了全新选择。这一社会主义革命的胜利推动着中国的先进分子从向西方学习转而向俄国学习,由学习资产阶级民主转向了解社会主义、了解指导俄国十月革命胜利的马克思主义学说。在受俄国社会主义革命影响的这批先进分子中,李大钊成为中国的第一个马克思主义者,他在认真学习和研究俄国革命和马克思主义之后,于1918年7月发表《法俄革命之比较观》一文,指出俄国革命和法国资产阶级革命的区别,指出十月革命是"立于社会主义上之革命"②;接着在《新青年》上发表《庶民的胜利》和《Bolshevism 的胜利》两篇文章,进一步表达了对十月革命胜利的喜悦,并预言"试看将来的环球,必是赤旗的世界"③! 此时,除李大钊外,以陈独秀、毛泽东、周恩来、邓中夏、谭平山等为代表的一批中国青年知识分子已经成为俄国十月社会主义革命的拥护者并开始接受马克思主义。

二、率先在青年运动中传播马克思主义

在俄国十月社会主义革命的影响下,五四运动的爆发成为中国新民主主义革命时期青年运动的开端,推动了马克思主义

---

① 中共中央文献研究室. 毛泽东书信选集. 北京:中央文献出版社,2003:4.
② 李大钊. 李大钊全集:第2卷. 北京:人民出版社,2013:330.
③ 李大钊. 李大钊全集:第2卷. 北京:人民出版社,2013:367.

五四运动的爆发成为中国新民主主义革命时期青年运动的开端，推动了马克思主义在中国的传播。

在中国的传播。第一次世界大战结束后，协约国在巴黎举行"和平会议"（巴黎和会）①。中国作为战胜国一方参会，但大会却无视中国代表提出的收回山东主权的合理要求，并提出将战败国德国在我国山东享有的一切特权转交给日本。北洋军阀

---

① 1919年1月，协约国在巴黎的凡尔赛宫举行和平会议，这实际上是帝国主义国家在"和平"的名义下召开的一次分赃会议，参加和会的战胜国共27个，但美、英、法三国是本次会议的实际操纵者。中国由于在第一次世界大战中参加了协约国方面对德作战，因而也派中国代表参加会议。（中共中央党校党史教研室. 中国共产党史稿：第1分册. 北京：人民出版社，1981：24-25.）

政府在帝国主义列强的强压下意欲在协议上签字，这一消息传入国内后，深受俄国十月革命影响的青年学生在北京进行了一场轰轰烈烈的爱国民主运动。1919年5月4日，北京3 000余名学生在天安门广场进行示威游行活动，并喊出"外争主权，内除国贼"等口号。学生的游行运动遭到北洋政府的强烈镇压，但青年学生的斗争之火点燃了全国民众的革命热情，在随后的一个多月中，从北京到上海，从学生罢课发展到工人罢工、商人罢市。此时的五四运动已经"突破青年知识分子的狭小范围，发展成为有工人阶级、小资产阶级和民族资产阶级参加的全国规模的群众性革命运动"[1]，中国的工人阶级就此开始以独立姿态登上政治舞台。最终，中国政府代表未出席巴黎和会的签约仪式，五四运动的直接斗争目标得以实现。

五四运动后，新文化运动发生了转变，马克思主义开始逐步在思想文化领域发挥指导作用。中国先进知识分子在经过反复比较后，最终选择科学社会主义，选择信仰马克思主义；一批批爱国进步青年在积极宣传马克思主义中，推动了马克思主义在中国的广泛传播，其中，李大钊发挥了重要作用。1919年，李大钊在《新青年》发表《我的马克思主义观》一文，对马克思主义做了系统详细的论述，此后，他将《新青年》第六卷第五号编为"马克思研究专号"并在《晨报》副刊创办"马克思研究"专栏。在李大钊的影响下，北京的一些进步青年以《新青年》《少年中国》《新生活》等刊物为载体，面向人民大

---

[1] 中共中央党史研究室. 中国共产党简史. 北京：中共党史出版社，2001：8.

众宣传马克思主义,并介绍劳动人民的生活和斗争情况。除此之外,留日归来的杨匏安于 1919 年 11 月至 12 月发表了长篇连载文章《马克思主义》,留日学生李达翻译了《唯物史观解说》《社会问题总览》《马克思经济学说》等书,并撰写了《什么叫社会主义?》《社会主义的目的》等文章在国内发表,留美学生张闻天也发表了《社会问题》一文①。这一系列的理论宣传都对当时人们了解、接受并信仰马克思主义产生了重要影响。此时,"经过五四运动洗礼,越来越多中国先进分子集合在马克思主义旗帜下"②,陈独秀、毛泽东、邓中夏、蔡和森、恽代英、瞿秋白等青年知识分子都先后成为马克思主义信仰者。

"五四运动,爆发于民族危难之际,是一场以先进青年知识分子为先锋、广大人民群众参加的彻底反帝反封建的伟大爱国革命运动,是一场中国人民为拯救民族危亡、捍卫民族尊严、凝聚民族力量而掀起的伟大社会革命运动,是一场传播新思想新文化新知识的伟大思想启蒙运动和新文化运动,以磅礴之力鼓动了中国人民和中华民族实现民族复兴的志向和信心。"③ 在这场运动中,中国青年以彻底反帝反封建的革命性成为运动先锋,在面对国家和民族生死存亡之际,爱国青年挺身而出,誓言"国土不可断送、人民不可低头";以追求救国

---

① 中共中央党史研究室. 中国共产党的九十年: 新民主主义革命时期. 北京: 中共党史出版社, 2016: 21-22.
② 习近平. 在纪念五四运动 100 周年大会上的讲话. 北京: 人民出版社, 2019: 4.
③ 习近平. 在纪念五四运动 100 周年大会上的讲话. 北京: 人民出版社, 2019: 2.

强国真理的进步性成为推动社会进步的动力,并在运动中促进各族各界无产阶级群众的广泛参与。"通过五四运动,中国青年发现了自己的力量,中国人民和中华民族发现了自己的力量。"[①] 经过五四运动的洗礼,中国历史掀开了崭新的一页,中国青年也在马克思主义的旗帜下,成长为具有新思想、新文化的新青年。

第二节　以民族解放为己任的中国青年

从 1921 年 7 月中国共产党成立到 1949 年 10 月中华人民共和国成立,我们党和人民历经千辛万苦、付出巨大牺牲,在战胜日本军国主义侵略者后,经过人民解放战争,以摧枯拉朽之势推翻了帝国主义、封建主义、官僚资本主义的统治,夺取了新民主主义革命胜利,实现了几代中国人民梦寐以求的民族独立和人民解放[②]。在这场恢宏的革命中,中国青年不怕牺牲,坚定马克思主义理想信念,勇做革命先锋力量,将马克思主义应用到中国革命实践中,在民族解放的征程中贡献属于青年人的力量。

---

① 习近平. 在纪念五四运动 100 周年大会上的讲话. 北京:人民出版社,2019:4.
② 习近平. 在纪念毛泽东同志诞辰 120 周年座谈会上的讲话. 北京:人民出版社,2013:6.

一、在筹建新政党中改变革命面貌

五四运动后的中国青年知识分子将马克思主义作为观察国家命运的工具,以陈独秀和李大钊为代表的青年马克思主义者毅然肩负起筹建新政党的历史使命。在共产国际的帮助下,全国各地开始建立中国共产党早期组织,为中国共产党的最终建立提供了组织上和思想上的准备。各地共产党早期组织一方面注重马克思主义理论的研究和宣传工作,引导进步青年学习马克思主义,以《新青年》[①]《共产党》《觉悟》《武汉星期评论》等刊物为载体公开宣传马克思主义,并相继出版《共产党宣言》《科学的社会主义》等马克思主义著作的中译本;另一方面有组织、有计划地推动马克思主义与中国工人运动的结合,在工人比较集中的地方举办工人夜校和劳动补习学校,并建立工会组织以维护工人权益,通过这些教育和宣传,有效地把科学社会主义思想灌输到工人群众中去,使马克思主义成为改造社会的物质力量。

在全国各地共产党早期组织的积极筹备下,建立统一的共产党的条件基本具备。1921年7月,中国共产党第一次全国代表大会在上海召开,共有13名共产党员参会,此时,他们的平均年龄仅有28岁。中共一大标志着中国马克思列宁主义政党的诞生,使中国人民在前进的道路上有了主心骨。"自从有了中国共产党,中国革命的面目就焕然一新了。"[②] 中国共

---

① 此时的《新青年》已成为上海共产党早期组织的机关刊物。
② 毛泽东. 毛泽东选集:第4卷. 2版. 北京:人民出版社,1991:1357.

产党的成立是一件开天辟地的大事变,它深刻改变了近代以后中华民族发展的方向和进程,深刻改变了中国人民和中华民族的前途和命运,深刻改变了世界发展的趋势和格局①。1922年,中国共产党第二次全国代表大会明确提出了中国革命的对象、动力及前途,为中国革命指明了前进方向。虽然中国共产党在成立之初只有50多名党员,但青年在其中发挥了重要作用:全国各地的青年共产党人深入群众,大力开展工人运动;毛泽东、周恩来等多名青年党员在之后成长为党和国家的领导人;在这批青年党员的带领和号召下,更多的中国青年在中国革命、建设、改革的征程中能够坚定理想信念,甚至为了这一理想信念献出自己宝贵的生命。中国青年作为无产阶级的新鲜血液、作为中国共产党的新生力量,在同工农运动相结合的过程中推动着中国革命的发展进程。同时,青年在中国共产党的指导下以科学的理论基础武装头脑、指导实践,为党和国家的事业提供源源不断的创造力与活力。

二、在科学理论指导下坚定理想信念

用先进的理论引导青年,用光辉的事业凝聚青年,用良好的作风吸引青年,才能使我们党赢得青年。在革命战争时期,广大青年在党创办的一系列的大学、党校、讲习所、培训班等组织中学习马克思主义理论,坚定理想信念,并将所学理论应用到实践中去,为中国革命输送源源不断的力量。马克思主义

---

① 习近平. 在庆祝中国共产党成立95周年大会上的讲话. 北京: 人民出版社, 2016: 2.

是中国共产党的指导思想，党领导下的青年必须沿着马克思主义的正确方向在理论学习中走向革命实践。

在中国共产党建立之初，由青年毛泽东领导创建的湖南自修大学就开始在学生培养方面为革新社会做准备。湖南自修大学"取古代书院的形式，纳入现代学校的内容"①，创立平民主义大学，学校的"基本任务是提高党团干部的马克思列宁主义水平和团结社会上的进步青年"②，创办主旨是传播马克思列宁主义，要求学生把学习马克思主义理论和探讨革命道路理论结合起来，注重培养学生的实践能力，鼓励支持学生积极参与到工人运动中去，并聘请李大钊、陈独秀、邓中夏、恽代英等优秀的马克思主义者与青年学员进行面对面交流，为党团组织提供优秀的马克思主义理论工作者。这所学校的创立为马克思主义的传播和革命干部的培养做了积极贡献。

大革命时期，中国共产党为国民革命培养和输送了马克思主义理论人才和军事人才。1924年7月，彭湃首先在广州成立农民运动讲习所，培养当地的先进干部，这对当时的农民运动具有极大的促进作用。在农民运动讲习所中，大多数是共产党员、青年团员以及进步青年，他们在其中学习理论、参与军事训练及各省农民实际问题研究。这些优秀青年在后来的农民运动、北伐战争以及建立工农武装中都起到了先锋骨干作用。土地革命战争时期，我党探索出农村包围城市、武装夺取政权的革命道路，在全国各地建立苏维埃革命根据地，并在赣南、

---

① 毛泽东. 湖南自修大学创立宣言. 党的文献，2011（1）：3-4.
② 熊明安. 中国高等教育史. 重庆：重庆出版社，1988：543.

闽西地区成立了中华苏维埃共和国临时中央政府。为了培养更多具有共产主义理想的青年干部，我党在中央苏区设立了红军大学、苏维埃大学、马克思共产主义大学、高级师范学校等。这些学校的设立使得苏区青年不仅能够学习文化知识，还能够系统地学习马克思列宁主义。这一时期所培养的专业型人才大大促进了根据地的革命与建设事业的发展。

在日本帝国主义加紧侵略中国华北地区这一民族危亡的紧急关头，中国共产党积极推动国共两党合作抗日、建立抗日民族统一战线。为培养夺取中华民族的独立解放革命中的主导力量，中国共产党在陕北瓦窑堡建立了中国抗日红军大学，后迁至延安，改名为中国人民抗日军事政治大学（简称"抗大"）。此时，作为中国革命圣地的延安吸引着大批爱国青年怀揣革命理想来寻求救国真理，参加抗日斗争，抗大也成为广大青年向往的学校。青年在学习马克思列宁主义理论和中国革命的基本问题中坚定正确的政治方向，在实际生活中培养起艰苦奋斗的工作作风，在军事上学习灵活机动的战略战术。广大知识青年、学生青年、工人青年、农民青年团结一心，在学习革命理论、研究抗日救亡道理和方法的同时投身开荒、种地、挖窑洞等各项生产运动，实现理论与实践相结合，教育与生产劳动相结合，知识分子与工农群众相结合的教学任务。抗大在抗日期间被称为"革命熔炉"，经抗大培养的学生都是既懂得革命理论，又能解决实际问题的青年人才，他们作为先锋力量在抗日战场上为争取革命胜利而英勇斗争。

当时与抗大齐名的还有陕北公学。"中国不会亡，因为有陕公"①。陕北公学是中国共产党为适应全面抗战需要,实施国防教育,用于培养抗战干部而创办的学校。在陕北公学毕业的万名学子,他们学到了马列主义的初步知识,明确了抗日民族统一战线的政治方针,学到了从事抗日救亡运动的知识,具备了艰苦奋斗的工作作风。陕北公学就是"要造就一大批人,这些人是革命的先锋队。这些人具有政治远见。这些人充满着斗争精神和牺牲精神。这些人是胸怀坦白的,忠诚的,积极的,与正直的。这些人不谋私利,惟一的为着民族与社会的解放。这些人不怕困难,在困难面前总是坚定的,勇敢向前的。这些人不是狂妄分子,也不是风头主义者,而是脚踏实地富于实际精神的人们。中国要有一大群这样的先锋分子,中国革命的任务就能够顺利的解决"②。在造就"革命的先锋队"这一目标的指导下,陕北公学将众多青年培养为革命战场上的先锋骨干,为抗日救国贡献了重要的力量。

三、在革命实践中成长为先锋力量

广大青年在中国共产党的教育和领导下,成为中国革命进程中的先锋力量。毛泽东曾强调:五四运动以来,中国青年始终站在革命队伍前列,起着先锋队的作用③。青年是革命力量中的一个重要组成部分,在中国革命中的作用是不可或缺的。

---

① 中共中央文献研究室.毛泽东传:第2册.北京:中央文献出版社,2011:532.
② 中共中央文献研究室.毛泽东思想年编:1921—1975.北京:中央文献出版社,2011:172.
③ 毛泽东.毛泽东选集:第2卷.2版.北京:人民出版社,1991:565.

"带着新鲜血液与朝气加入革命队伍的青年们,无论他们是共产党员或非党员,都是可宝贵的,没有他们,革命队伍就不能发展,革命就不能胜利。"[1] 他们有的在革命运动中抛洒热血,英勇牺牲;有的弃笔从戎,奔赴战场;有的在战场后方,开展文化运动。他们在为人民斗争、为祖国献身、为幸福生活奋斗中所表现出来的革命传统,是中华儿女优秀品质的缩影。

广大青年积极投入争取民族独立、人民解放的革命战争。在中国的反帝反封建的人民队伍中,中国知识青年们和学生青年们组成的这支几百万人的军队是反帝反封建的一个重要的方面军[2]。在1925年中国共产党领导的纱厂罢工运动中,青年工人、共产党员顾正红被日本资本家枪杀。随后,青年学生在中国共产党的领导下通过街头宣传和游行示威来援助纱厂工人,却遭到英帝国主义的血腥镇压,多名中国青年被残忍杀害。在党中央的发动和号召下,这一惨案随即引起了全国范围内的工人罢工、学生罢课、商人罢市的抗议运动(史称"五卅运动")。这一运动为大革命高潮的到来及北伐战争的胜利提供了有利的革命形势,中国共产党的领导也在此次运动中得到较大发展,党员由最初不足1 000人发展至1万人。

抗日战争期间,中国青年学生在革命运动中配合着红军的北上抗日行动,"促进了国内和平和对日抗战,使抗日运动成

---

[1] 中共中央文献研究室. 毛泽东著作专题摘编:下. 北京:中央文献出版社,2003:2053.

[2] 毛泽东. 毛泽东选集:第2卷. 2版. 北京:人民出版社,1991:565.

为全国的运动"①。1931年9月18日，日本帝国主义偷袭北大营，沈阳沦陷。"九一八"事变爆发之后，在党团组织的号召下，青年人组织罢工、罢课、罢市等示威活动来抗议日本帝国主义的侵略行为。1935年日本蓄意侵略华北五省，南京国民政府不断妥协，中国共产党发表了《为抗日救国告全体同胞书》（史称"《八一宣言》"），号召全国人民团结起来，停止内战，这一宣言的发表给了青年学生一个明确的政治方针。同年10月，毛泽东率领的工农红军结束长征，到达陕北，给予青年学生极大鼓舞。因此，北平学生在中国共产党的直接领导下于12月9日举行大规模的示威游行活动。尽管这场运动遭到了国民党当局的镇压，但青年人的爱国热情却大大促进了中国人民的觉醒。正所谓"学生运动是整个人民运动的一部分。学生运动的高涨，不可避免地要促进整个人民运动的高涨"，"一二·九"运动也迅速扩大成为全国各界群众的抗日救亡运动，标志着中国人民抗日救亡运动新高潮的到来。这一运动"是动员全民族抗战的运动，它准备了抗战的思想，准备了抗战的人心，准备了抗战的干部"②，在一定程度上推动了抗日战争的发展。

在抗日战争胜利后，实现和平、民主成为中国人民的共同愿望，但作为大地主、大资产阶级代表的国民党统治集团企图通过内战争夺中国抗战的胜利果实，使中国社会退回战前状态，坚持蒋介石的独裁统治。此时，中国人民面临的"新的情况和任务是国内斗争"③，中国共产党始终代表全国广大人民

---

①② 毛泽东. 毛泽东文集：第2卷. 北京：人民出版社，1993：253.
③ 毛泽东. 毛泽东选集：第4卷. 2版. 北京：人民出版社，1991：1130.

的根本利益，力图通过和平的途径来建设一个独立、民主、富强的新民主主义中国。为此，中国共产党接受国民党政府邀请，赴重庆展开和平谈判，然而，在1946年6月，国民党军挑起了全国性的内战。在反对国民党的解放战争中，许多青年在"保田保家打老蒋"的革命口号下，纷纷参加人民解放军，奔赴前线同敌人展开英勇搏斗，使得几百万人民解放军得到源源不断的补充，其中青年战士约占全体解放军的百分之七十到八十①；广大青年农民积极参加反霸和土地改革等斗争，并在实际斗争中提高了政治觉悟；还有战场后方不计其数的广大青年，为支援前线贡献出了自己的力量②。

第三节　新中国建设征程中的中国青年

"中国的革命是伟大的，但革命以后的路程更长，工作更伟大，更艰苦。"③新中国成立之初，在党的领导下，中国青年对外勇担保卫祖国重任，对内积极投身社会主义建设，扎根各行各业；改革开放后，积极参与社会主义现代化建设，同时加强精神文明建设，增强自身能力。他们在新中国建设的征程

---

① 中共中央文献研究室，中央档案馆．建党以来重要文献选编（1921—1949）：第26册．北京：中央文献出版社，2011：375.
② 共青团中央青运史研究室．中国青年运动史．北京：中国青年出版社，1984：238-239.
③ 毛泽东．毛泽东选集：第4卷．2版．北京：人民出版社，1991：1438.

中是朝气蓬勃的，是奋发向上的，是不断前进的；他们在马克思主义的指引下，树立起正确的世界观、人生观、价值观，成长为新一代的社会主义建设者和接班人。

一、投身社会主义现代化建设事业

1949 年 10 月 1 日，开国大典在北京天安门广场隆重举行，中国人民向全世界宣告了中华人民共和国的成立。中国人民成为国家、社会和自己命运的主人，实现了全国各阶层、各民族的空前团结。此时的青年作为社会中的一支积极力量，大多是在党的教育下成长起来的，有着崇高理想，热爱社会主义祖国，积极响应党和政府的号召，踊跃参加革命工作，投身社会主义建设。

新中国成立伊始，面临着严峻的执政考验：对内国民党残余力量危及社会秩序，国内发展萎缩、民生困苦、经济状况亟须改善；对外以美国为首的帝国主义国家拒绝承认新中国，否认新中国在联合国的合法地位，对中国采取一系列孤立政策。面对复杂形势，广大青年在中国共产党的带领下为巩固新生政权做出了卓有成效的贡献，"部队在执行消灭残匪、镇压反革命、进军西藏、开发边疆、执行民族政策、参加国家生产建设等任务中，青年都发挥了先锋作用和带头作用"[①]。土地改革期间，为保证土改工作的顺利推进，党和政府十分注重发挥青年的作用，从中央到地方吸收了相当一批新解放城市的青年和

---

① 青年·开明联合组织. 团结全国青年在建设祖国的伟大行列中奋勇前进. 北京：中国青年出版社，1953：11.

学生，在集中培训后组成土改工作队，分期分批下到农村开展土地改革，有效推动了这场运动的顺利进行。国民经济恢复期间，青年在农业生产中推行新农作法、积极兴修水利，推动农业生产的增收；主动革新工业生产技术，开展全国性的生产竞赛挑战，极大地提高了劳动生产率。抗美援朝期间，"保和平，卫祖国，就是保家乡"的宣传教育，激起了社会各阶层的爱国热情①。成千上万的中国青年加入中国人民志愿军，满怀爱国热忱奔赴朝鲜战场，在战争中涌现出了诸如杨根思、黄继光、邱少云、罗盛教等英勇善战、不畏牺牲的青年英雄和光辉事迹；此外，广大的后方青年也积极响应党和国家的号召，负责支援工作，极大地鼓舞了中国人民为保卫祖国而共同奋斗的团结精神。

1953年，中共中央提出"要在一个相当长的时期内，逐步实现国家的社会主义工业化，并逐步实现国家对农业、手工业和资本主义工商业的社会主义改造"②这一过渡时期的总路线，此时，国内的工作重点正逐步转移至社会主义改造和社会主义建设上。面对社会主义事业推进过程中的各种复杂、深刻的斗争，青年必须成为是非分明和意志坚强的人，在掌握马克思列宁主义和毛泽东思想这一理论武器中发扬共产主义精神，在社会主义改造事业中团结奋斗，为社会主义革命事业贡献力量。对此，毛泽东指出，"青年团要学会领导青年，和成年人

---

① 中共中央党史研究室. 中国共产党的九十年：社会主义革命和建设时期. 北京：中共党史出版社，2016：378.
② 王伟光. 社会主义通史：第5卷. 北京：人民出版社，2011：221.

一道,在农村把农业搞好,在城市把工业搞好,在学校把学习搞好,在机关把工作做好,在军队把国防军练好,成为现代化军队"①。在全国人民开展工业化建设的浪潮中,青年工人在中华全国总工会开展的增产节约劳动竞赛的号召下,率先改进工业方法,以期提高劳动生产率、保证国家生产计划如期完成;大批青壮农民被工矿、建筑企业吸收,成为工人阶级一员,投身工业建设之中②;在农业、手工业、资本主义工商业的社会主义改造中,广大青年作为一支重要力量,带头加入并接受社会主义改造工作;在"到艰苦的地方去,到祖国需要的地方去"这一口号的感召下,大批高等学校和各类专业技术学校的毕业生服从国家分配,以祖国需要为导向,奔赴全国各地社会主义建设岗位;为组织青年攻坚克难,在团中央的组织和号召下,组织起青年突击队投身社会主义建设,有效发挥了青年的示范作用和先锋作用;此外,一大批海外卓有成就的中国青年科学家及欧美留学生陆续回国,为我国科学技术的发展做出了不可磨灭的贡献。

二、投身改革开放的伟大实践

社会主义建设道路的探索是曲折复杂的,青年运动在一定时期内遇到一些挫折,使得国家在人才培养上遇到了阶段性问题,以至于青年难以发挥应有的作用。在重大历史关头,中国

---

① 毛泽东.毛泽东文集:第6卷.北京:人民出版社,1999:276-277.
② 中共中央党史研究室.中国共产党的九十年:社会主义革命和建设时期.北京:中共党史出版社,2016:424.

共产党召开了十一届三中全会,做出把党和国家的工作重心转移到经济建设上,实行改革开放的历史性决策。40余年来,中国共产党团结带领全党全国各族人民,在对以往社会主义革命和建设经验深刻总结的基础上,开启社会主义现代化建设的伟大征程,"使中国大踏步赶上了时代,实现了中华民族从站起来到富起来的伟大飞跃"①。中国青年作为实现中华民族伟大复兴的先锋力量,不仅是改革开放事业发展的历史见证者,亦是投身改革开放实践的生力军,更是未来全面深化改革的接续奋斗者。无论过去、现在还是未来,青年的发展始终与时代变迁、社会进步同呼吸、共命运。因此,我国改革开放事业的成功离不开青年的艰苦奋斗,广大青年也将同全体人民一道,共享改革开放的伟大成果。

改革开放为青年成长成才提供历史机遇。广大青年生逢其时,身处改革开放的时代大潮,有着大好的发展机遇。十一届三中全会冲破了"两个凡是"的禁锢,重新恢复和发展了实事求是的思想路线,廓清了"文革"期间困扰人们已久的思想迷雾,打破了青年前行路上的思想束缚;一系列改革举措的落地和开放政策的实施,极大改善了我国的经济状况,使青年站在了一个前所未有的发展起点上;多种所有制经济的发展,为"文革"时期上山下乡的知青返城提供了更多的就业选择;"科学技术是第一生产力"口号的提出、高考制度的恢复、城乡免费九年义务教育的推行,使得教育大众化成为现实,学知

---

① 习近平. 在纪念马克思诞辰 200 周年大会上的讲话. 北京:人民出版社,2018:13.

识、重科学在广大青年群体中蔚然成风;党中央将培养和选拔大批优秀年轻干部作为一项战略任务,大胆提拔,使大批年轻干部走上为祖国奉献的领导岗位。"青年的命运总是与祖国的命运紧密联系在一起的"①,中国面貌在被改革开放极大改变的同时,中国青年也正乘着时代东风,站在全新的历史起点上开启奋斗征程。

改革开放为青年建功立业创造广阔天地。时势造英雄,广大青年在改革开放新时期勇做时代弄潮儿,在为祖国建功立业中书写人生华章。青年人年富力强,思想敏锐,富有想象力和创造力,是社会上最有活力的群体。改革开放40余年来,青年人积极响应党和国家号召,凭借无限热情,在社会各行各业的艰苦奋斗中发挥生力军和突击队的作用,为实现社会主义现代化事业做出了贡献。农村青年在实行联产承包责任制中大显身手;部分从土地中解放出来的青壮年劳动力,通过从事工业、商业和服务业,使乡镇企业获得快速发展;工人青年在全国范围内开展的"新长征突击手"活动,领跑社会主义现代化建设,为经济发展增加新活力;广大学生青年自觉到祖国需要、条件艰苦的地方去,在支援边疆教师、大学生村官等基层岗位上增长见识、锻炼才干、奉献青春。同时,青年在"五讲四美三热爱""青年志愿者行动""争做四有新人"等活动中充分发挥引风气之先的社会力量作用,为加强社会主义精神文明建设献力。在国际交往中,青年作为人民友谊的生力军,用自身力

---

① 习近平. 知之深 爱之切. 石家庄:河北人民出版社,2015:66.

量在多形式的交流中实现"民相亲",扩大了国际交流合作的"朋友圈"。在改革开放历史新时期,广大青年以锲而不舍、驰而不息的奋斗精神投身中国特色社会主义伟大实践,"以实际行动证明,当代中国青年不愧为大有希望、大有作为的一代"①。

改革开放为青年接续奋斗赋予时代担当。行百里者半九十,"改革开放已走过千山万水,但仍需跋山涉水"②,伟大事业的实现需要一代又一代有志青年的接续奋斗。在改革开放40余年的伟大实践中,我们的党和国家已取得了许多举世瞩目的成就,但在前行道路上仍面临着更艰巨的任务、更严峻的挑战。习近平强调:改革开放只有进行时没有完成时。站在中国特色社会主义新时代这一时间节点上的广大青年,必须坚定理想信念,听党话、跟党走,勇担民族振兴的时代责任;必须自觉加强学习,"既多读有字之书,也多读无字之书"③,在学习中筑牢基石、增强本领;必须投身实践,"勇于到条件艰苦的基层、国家建设的一线、项目攻关的前沿,经受锻炼,增长才干"④。毛泽东曾说:"中国的青年运动有很好的革命传统,这个传统就是'永久奋斗'。"⑤ 新时代的中国青年不能丢弃这

---

① 习近平. 致全国青联十二届全委会和全国学联二十六大的贺信. 人民日报,2015-07-25(1).
② 习近平. 在庆祝改革开放40周年大会上的讲话. 北京:人民出版社,2018:42.
③ 习近平. 在知识分子、劳动模范、青年代表座谈会上的讲话. 北京:人民出版社,2016:11-12.
④ 习近平. 在同各界优秀青年代表座谈时的讲话. 人民日报,2013-05-05(2).
⑤ 毛泽东. 毛泽东文集:第2卷. 北京:人民出版社,1993:190.

一革命传统,要"毫不畏惧面对一切艰难险阻,在劈波斩浪中开拓前进,在披荆斩棘中开辟天地,在攻坚克难中创造业绩"①,在一代又一代的接力跑中,为实现中华民族的伟大复兴而不懈奋斗!

20世纪中华民族和中国共产党所经历的波澜壮阔的历史,是同一代又一代有志青年的不断探索和英勇奋斗紧密相连的。广大中国青年在救亡图存的探索中选择了马克思主义,并将其作为建立中国共产党的指导思想,使"马克思主义为中国革命、建设、改革提供了强大思想武器,使中国这个古老的东方大国创造了人类历史上前所未有的发展奇迹"②。青年作为祖国的未来、民族的希望,必须始终做马克思主义的忠诚信奉者、坚定实践者,在坚持马克思主义的同时,结合时代新问题发展马克思主义;在中国共产党的带领下,"勇做走在时代前列的奋进者、开拓者、奉献者,让青春在为祖国、为人民、为民族的奉献中焕发出绚丽光彩"③。

---

① 习近平.在纪念五四运动100周年大会上的讲话.北京:人民出版社,2019:10.
② 习近平.在纪念马克思诞辰200周年大会上的讲话.北京:人民出版社,2018:14.
③ 习近平.在庆祝中国共产党成立95周年大会上的讲话.北京:人民出版社,2016:27.

下 篇
马克思主义与新时代青年

第六章

21世纪马克思主义与新时代青年观

新时代呼唤新思想，新思想引领新时代。中国特色社会主义进入新时代，以习近平同志为核心的党中央坚持和发展中国特色社会主义，深化对共产党执政规律、社会主义建设规律和人类社会发展规律的认识，创立了习近平新时代中国特色社会主义思想。习近平新时代中国特色社会主义思想与马克思列宁主义、毛泽东思想、邓小平理论、"三个代表"重要思想、科学发展观既一脉相承又与时俱进，是马克思主义中国化的新飞跃，是当代中国马克思主义、21世纪马克思主义。

青年兴则国家兴，青年强则国家强。党的十八大以来，习近平高度重视青年和青年工作，亲切关怀青年成长，围绕青年和青年工作做出了一系列重要论述，形成了新时代青年观，开辟了马克思主义青年观新境界。新时代青年观回答了新形势下青年发展的重大理论和实践问题，指明了当代青年的历史使命和成长道路，对于准确把握青年工作的基本要求和任务，引导当代青年坚定理想信念，树立和践行社会主义核心价值观，为实现"两个一百年"奋斗目标、实现中华民族伟大复兴的中国梦而努力奋斗，具有十分重要的指导意义。

第一节　马克思主义中国化最新理论成果

理论的生命力在于不断创新，只有不断发展的开放的理论，才能始终站在时代前沿，不断焕发蓬勃生机。马克思主义之所以能够永葆生机与活力，正是因为马克思和恩格斯及他们的后继者们不断吸收人类历史上一切优秀思想文化成果丰富马克思主义的思想宝库，不断根据时代、实践和认识的发展变化推动马克思主义的理论创新，不断结合各国社会主义革命、建设和改革的具体实际开辟马克思主义的发展道路。

理论在一个国家实现的程度，取决于理论满足这个国家需要的程度。中国共产党从成立之日起，就坚持以马克思主义为指导，不断推动马克思主义同中国实际相结合，探索开辟马克思主义中国化发展道路。我们党在领导中国革命、建设、改革的近百年历史进程中，推动马克思主义中国化实现了历史性飞跃。习近平新时代中国特色社会主义思想是马克思主义中国化最新理论成果，是党和人民实践经验和集体智慧的结晶，是全党全国人民为实现中华民族伟大复兴而奋斗的行动指南。

一、马克思主义是不断发展的开放的理论体系

习近平在纪念马克思诞辰 200 周年大会上的讲话中指出，"马克思主义是不断发展的开放的理论，始终站在时代前沿"①，强调了马克思主义理论的发展性和开放性。"马克思的整个世界观不是教义，而是方法。它提供的不是现成的教条，而是进一步研究的出发点和供这种研究使用的方法。"② 教条化的马克思主义不是真正的马克思主义，只有理论的开放包容和开拓创新，才能确保马克思主义始终伴随时代前进的步伐，引领时代发展的方向。恩格斯指出，我们的理论"是一种历史的产物，它在不同的时代具有完全不同的形式，同时具有完全不同的内容"③。马克思主义的个别论断和具体观点是一定历史条件下的产物，有一定的适用范围，但是马克思主义基本原理所揭示的人类社会发展规律和探寻这种规律的思想方法却具有普遍的真理价值。要使马克思主义的普遍真理在不同的时代环境中加以呈现，就需要将其与社会发展实际相结合，探索具体的、历史的、民族的表现形式，这个过程就是马克思主义与时俱进不断发展的过程。

---

① 习近平. 在纪念马克思诞辰 200 周年大会上的讲话. 北京：人民出版社，2018：9.
② 马克思，恩格斯. 马克思恩格斯文集：第 10 卷. 北京：人民出版社，2009：691.
③ 马克思，恩格斯. 马克思恩格斯选集：第 3 卷. 3 版. 北京：人民出版社，2012：873.

一是马克思主义的开放性体系。列宁在批判修正主义者将马克思主义割裂化、碎片化、庸俗化的行为时，曾有一个生动的比喻，即提出马克思主义理论体系是一个整体，犹如一整块钢铁，是肢解不了的。"在这个由一整块钢铸成的马克思主义哲学中，决不可去掉任何一个基本前提、任何一个重要部分，不然就会离开客观真理，就会落入资产阶级反动谬论的怀抱。"① 这句话生动揭示了马克思主义理论结构的完整性和思想逻辑的严密性。同时，马克思主义始终在动态发展的过程中不断实现由相对真理向绝对真理的转化，深刻反映出马克思主义理论体系是一个反对封闭僵化、追求开放发展的体系，这与马克思以前的哲学有着根本性区别。马克思主义并不追求建立一个绝对真理的抽象体系，而致力于寻求认识世界和改造世界的科学方法。马克思所创立的历史唯物主义不在于构建一个重返本体论的哲学体系，也不在于总结出机械的僵化的绝对规律，而在于以科学的实践观作为首要的和基本的出发点，坚持从具体的历史的人类社会出发而不是从抽象的概念范畴出发，寻求人类解放的现实道路——这正是历史唯物主义区别于唯心主义和一切旧唯物主义的根本所在。实践的发展对理论的开放创新不断提出新的要求。马克思主义在空间属性上对不同民族的文明成果保持开放状态，不断汲取文明营养，在时间属性上不仅向历史开放，更向现实和未来开放。正是这种理论上的开放性，使得马克思主义在每个时代都永葆青春活力。

---

① 列宁. 列宁全集：第 18 卷 . 2 版增订版 · 北京：人民出版社，2017：341.

二是马克思主义的创造性运用。纵观国际共产主义运动史和中国革命、建设、改革进程,既取得过伟大的胜利和成就,也经历过沉重的失败和挫折。回顾世界社会主义运动的发展历程,什么时候共产党人能够将马克思主义同本国实际紧密结合、独立自主探索符合本国国情的发展道路,什么时候社会主义运动就能向前发展,而那些照抄经典作家的词句并将其奉为圭臬、照搬他国模式而罔顾本国现实的做法,最终都会陷入挫折甚至失败。一部马克思主义的发展史就是一部不断创造性运用马克思主义探索时代发展的新课题、回应人类社会的新挑战,从而实现马克思主义的民族化、时代化的历史。只有不断对新问题做出新解答、对新形势做出新阐释、对新实践提供新指引,才能不断推动马克思主义的民族化、时代化。马克思主义的创造性运用集中体现在这两个维度上。第一,从民族化层面运用马克思主义。不同民族国家具有不同的社会性质、历史习俗、文化传统和现实经济条件,要探索出一条适合本民族的社会主义发展道路,就要创造性地运用马克思主义的立场、观点、方法研究和解决实现民族解放和发展的过程中遇到的具体问题,并不断推动实践基础上的理论创新,使之具有民族特色、民族风格和民族气派。第二,从时代化层面运用马克思主义,既要在历史的变迁中坚持马克思主义,又要随着时代的变化而不断发展马克思主义。马克思主义诞生于170多年前的欧洲,但时至今日依然展现出蓬勃的生机活力,就是因为其内在蕴含的与时俱进的理论品质。

三是马克思主义的创新性发展。十月革命的胜利建立了世界上第一个社会主义国家,深刻地改变了世界历史的进程,开辟了人类历史的新纪元。第二次世界大战结束后,一大批社会主义国家纷纷建立起来,这些民族国家的社会主义实践一方面印证了马克思主义理论的真理价值,另一方面推动了马克思主义的实践从一国到多国、从单一模式到多元模式的发展进程。马克思主义经典作家并没有为各国实现社会主义和共产主义提供现成的方案,却为追寻这种理想社会找到了现实变革的力量,提供了探索的根本方法,指明了发展的前进方向,并描绘了理想社会的基本特征。中国化的马克思主义是马克思主义的民族形态,更是马克思主义的时代形态,是中国共产党和中国人民为发展马克思主义做出的原创性贡献。在中国共产党推动马克思主义中国化的历史进程中,实事求是的思想路线是我们党实现马克思主义中国化历史性飞跃的关键一环,也是我们党跟随时代发展推动马克思主义不断发展的根本路径。一切从实际出发、理论联系实际、实事求是、在实践中检验真理和发展真理是我们党的思想路线,同时也是认识路线,反映了马克思主义的实践观和认识论及其相互关系。这一思想路线科学展开的过程,也是马克思主义接续转化为现实的过程,即通过不断解决新矛盾、实现新发展、形成新经验,经过概念创新、命题创制、理论阐释,最终形成具有民族特色和时代特点的理论形态的过程。

马克思主义在当代的发展需要当代人的理论自觉。"人类始终只提出自己能够解决的任务,因为只要仔细考察就可以发现,任务本身,只有在解决它的物质条件已经存在或者至少是在生成过程中的时候,才会产生。"① 当今世界与马克思和恩格斯所处的时代相比发生了翻天覆地的变化,要解决当今世界面临的问题和挑战,就要在坚持马克思主义理论本质的基础上不断做出新的理论贡献。我们要坚持用马克思主义观察时代、解读时代、阐释时代、引领时代,不断推动马克思主义在21世纪的发展,不断推动马克思主义在当代中国的发展。

二、马克思主义与时俱进发展的三重逻辑

任何真正的哲学都是自己时代精神上的精华。马克思主义广泛汲取了人类文明的优秀成果,科学揭示了人类社会历史的发展规律,它诞生于19世纪,却跟随历史的脚步迈入了21世纪,在新时代焕发出生机活力。马克思主义早已不是一时一地的理论学说,而成为影响世界历史进程、改变人类社会面貌的伟大思想。马克思主义与时俱进发展的历史逻辑、理论逻辑和实践逻辑深刻反映了21世纪马克思主义和当代中国马克思主义的历史必然性和时代可能性。

从历史逻辑来看,马克思主义的时代化既是理论自身演进逻辑的体现,更是实践发展的需要。马克思主义自诞生之日起就在不断应对外界挑战,尤其在两次世纪之交都面临了空前严峻的挑战,并在应对挑战的过程中实现了新的突破。第一次世纪之交是19世纪末20世纪初,以伯恩施坦为代表的修正主义等思潮披着马克思主义的外衣对马克思主义进行了多方面诘

---

① 马克思,恩格斯. 马克思恩格斯文集:第2卷. 北京:人民出版社,2009:592.

难,其背后的一个重要原因就是时代条件发生了巨大变化,不同立场的思想家和革命家为应对这种变化做出了不同的理论回应。列宁通过系统阐释帝国主义理论、无产阶级革命理论、民族殖民地问题理论、无产阶级专政理论、社会主义建设理论和新型无产阶级政党理论等理论成果,成功地将马克思主义推向了 20 世纪,并对世界格局的变化和人类历史的发展产生了深远的影响。如果说第一次世纪之交遭遇的挑战主要是对马克思主义理论形态的挑战,那么第二次世纪之交遭遇的挑战则来自理论和实践两个方面。20 世纪末,东欧剧变、苏联解体对世界社会主义运动造成严重冲击,使世界社会主义运动陷入低潮,"社会主义失败论""历史终结论"等西方社会思潮侵蚀着人们对社会主义前景的信心。面对日益复杂的国际形势,中国实行改革开放的伟大决策开辟了中国特色社会主义道路,在世界上高高举起了中国特色社会主义的伟大旗帜。中国社会主义现代化建设取得的伟大成就彰显出社会主义制度的巨大优越性和马克思主义的强大生命力,成功地将马克思主义推进到 21 世纪。

从理论逻辑来看,马克思主义内在的科学理论品质要求马克思主义的理论体系必须随着时代的发展而不断丰富和发展。1992 年,邓小平在南方谈话中指出,虽然"一些国家出现严重曲折,社会主义好像被削弱了,但人民经受锻炼,从中吸取教训,将促使社会主义向着更加健康的方向发展"[1],他坚信

---

① 邓小平. 邓小平文选:第 3 卷. 北京:人民出版社,1993:383.

"世界上赞成马克思主义的人会多起来的，因为马克思主义是科学"①。邓小平之所以做出这样的判断，不仅源于马克思主义的科学性，而且在于马克思主义与时俱进的创新性与发展性。20世纪后期以来，以中国为代表的社会主义国家陆续采取了与时俱进的改革与开放举措，并在实践发展的基础上推动了指导思想的创新，不断发展具有民族特色和时代特色的马克思主义。2017年9月，习近平在中共中央政治局第四十三次集体学习时指出，新中国成立以来特别是改革开放以来，中国发生了深刻变革，置身这一历史巨变之中的中国人更有资格、更有能力揭示这其中所蕴含的历史经验和发展规律，为发展马克思主义做出中国的原创性贡献。要有这样的理论自觉，更要有这样的理论自信②。随着中国国家实力的增强、国际地位的提升，中国智慧和中国方案的提出不断为人类文明进步做出更大贡献，中国道路和中国模式不断发挥出令世人瞩目的示范效应，中国价值所蕴含的对美好社会的期许不断勾勒出令世人向往的光明前景，进一步增强了马克思主义和社会主义在全世界的影响力和号召力。

从实践逻辑来看，马克思主义理论形态的演进与实践的发展是辩证统一的。中国共产党人从接受马克思主义之初就有着明确的方法论自觉，将十月革命所验证的无产阶级革命视为解决中国问题的可行方案，将马克思主义视为实现民族独立、人

---

① 邓小平. 邓小平文选：第3卷. 北京：人民出版社，1993：382.
② 习近平. 深刻认识马克思主义时代意义和现实意义 继续推进马克思主义中国化时代化大众化. 人民日报，2017-09-30（1）.

民解放和国家富强、人民幸福的科学指南。五四运动以来的中国历史前进方向，便是马克思主义指引的社会主义方向和中国共产党领导的革命、建设和改革的方向。习近平指出，"实践证明，马克思主义的命运早已同中国共产党的命运、中国人民的命运、中华民族的命运紧紧连在一起"①。在中国共产党成立近百年、新中国成立70多年、改革开放40多年的历史探索中，我们党对"什么是社会主义、怎样建设社会主义""建设什么样的党、怎样建设党""实现什么样的发展、怎样发展""坚持和发展什么样的中国特色社会主义、怎样坚持和发展中国特色社会主义"等一系列重大理论和实践问题做出科学回答，而科学回答这些问题的重要前提便是回答好"什么是马克思主义、怎样对待马克思主义"的问题。历史和实践已经证明，只有坚持推进马克思主义中国化，才能使马克思主义在中国大地上不断发出耀眼光芒，只有实现马克思主义中国化，才能发展中国、发展社会主义、发展马克思主义。

三、新思想是马克思主义中国化的最新成果

马克思主义中国化是理论创新与实践创新双向互动的过程，既包括理论转化为实践的过程，也包括实践经验升华为理论的过程。与时俱进的理论品质是马克思主义永葆生机的内在动力，指导实践、引领时代的能力则是彰显其价值的根本力量。习近平新时代中国特色社会主义思想立足于社会主义初级

---

① 习近平. 在纪念马克思诞辰200周年大会上的讲话. 北京：人民出版社，2018：14.

阶段主要矛盾的转化和国情变化，着眼于中华民族伟大复兴和实现社会主义现代化的时代任务，放眼于世界面临百年未有之大变局的国际形势和格局调整，创造性地发展了马克思主义，是马克思主义中国化最新理论成果，是将中国智慧熔铸于马克思主义的民族化、时代化发展形态，是马克思主义时代精神精华在 21 世纪、在当代中国的生动写照。

> 与时俱进的理论品质是马克思主义永葆生机的内在动力，指导实践、引领时代的能力则是彰显其价值的根本力量。

一个民族要想站在科学的最高峰，就一刻也不能没有理论思维。党的十八大以来，中国共产党人不断开辟马克思主义中国化新境界、中国特色社会主义新境界、治国理政新境界和管党治党新境界，在改革发展稳定、治党治国治军、内政外交国防等各个领域、各个方面提出了行之有效的现实方案。以习近平同志为核心的党中央坚持解放思想、实事求是、与时俱进、求真务实,坚持辩证唯物主义和历史唯物主义,紧密结合新的时代条件和实践要求,围绕坚持和发展中国特色社会主义这一核心主题进行理论探索,取得重大理论创新成果,创立了习近平新时代中国特色社会主义思想。

习近平新时代中国特色社会主义思想从理论和实践的结合上系统回答了新时代"坚持和发展什么样的中国特色社会主义、怎样坚持和发展中国特色社会主义"这一时代课题,深入回答了新时代坚持和发展中国特色社会主义的总目标、总任务、总体布局、战略布局和发展方向、发展方式、发展动力、战略步骤、外部条件、政治保证等基本问题,深刻揭示了新时代中国特色社会主义的本质特征、发展规律和建设路径,大力推进了实践创新、理论创新、制度创新和文化创新以及各方面创新。习近平新时代中国特色社会主义思想在党的第十九次全国代表大会上被确立为党的指导思想,随后被写入新修订的《中国共产党章程》,并在十三届全国人大一次会议第三次全体会议上被载入《中华人民共和国宪法修正案》,成为全党全国各族人民团结奋斗的共同思想基础和决胜全面建成小康社会、建设社会主义现代化强国、实现中华民族伟大复兴中国梦的行动纲领。

习近平新时代中国特色社会主义思想以全新视野深化了对共产党执政规律、社会主义建设规律、人类社会发展规律的认识,深化了对政党治理、国家治理、全球治理的新认识,这一思想作为马克思主义中国化最新理论成果,为马克思主义执政党治理、社会主义国家治理以及全球治理做出了原创性贡献。

一是在马克思主义执政党治理方面。政党政治是近代西方政治文明的产物,与资本主义的发展进程和人类社会的现代化进程相伴随。如何保持党的先进性和纯洁性,实现长期执政,是马克思主义执政党面临的重大问题。习近平在回顾党的历史时指出:"为什么我们党在那么弱小的情况下能够逐步发展壮大起来,在腥风血雨中能够一次次绝境重生,在攻坚克难中能够不断从胜利走向胜利,根本原因就在于不管是处于顺境还是逆境,我们党始终坚守为中国人民谋幸福、为中华民族谋复兴这个初心和使命"①。一个政党要坚守初心和使命,就要始终保持强烈的自我革命精神。党的十九大报告提出要统揽"四个伟大",即伟大斗争、伟大工程、伟大事业、伟大梦想,其中起决定性作用的就是党的建设新的伟大工程。习近平新时代中国特色社会主义思想为全面从严治党、把党建设成为中国特色社会主义事业的坚强领导核心提供了强大思想武器,不仅对马克思主义执政党具有启示意义,也对世界各国的无产阶级政党具有借鉴价值。

二是在社会主义国家治理方面。苏联社会主义模式曾在很长一段时间被人们视为社会主义建设的唯一模式,苏联模式的僵化和体制改革的失败给世界社会主义运动带来了严重的影响。中国特色社会主义进入新时代,意味着科学社会主义在21世纪的中国再度焕发蓬勃生机,在沧海横流中显示出中国

---

① 习近平. 牢记初心使命,推进自我革命. 求是,2019(15):4.

特色社会主义的勃勃生机。党的十九届四中全会围绕坚持和完善中国特色社会主义制度、推进国家治理体系和治理能力现代化，提出中国特色社会主义制度和国家治理体系是以马克思主义为指导、植根中国大地、具有深厚中华文化根基、深得人民拥护的制度和治理体系，是能够持续推动拥有近十四亿人口大国进步和发展、确保拥有五千多年文明史的中华民族实现"两个一百年"奋斗目标进而实现伟大复兴的制度和治理体系，进一步丰富和发展了习近平新时代中国特色社会主义思想。中国特色社会主义制度和国家治理体系充分彰显了社会主义制度的强大生命力和巨大优越性，为社会主义国家的现代化发展树立了典范，为社会主义国家治理提供了中国经验，为人类制度文明发展做出了原创性贡献。

三是在全球治理方面。面对"世界怎么了、我们怎么办"的时代之问，面临治理赤字、信任赤字、和平赤字、发展赤字四大挑战，中国秉持共商共建共享的全球治理观，提出共建"一带一路"倡议，推动构建人类命运共同体，展现了负责任的大国担当，为推动全球治理体系朝着更加公正合理的方向发展做出了重要贡献。中国特色社会主义进入新时代，意味着中国特色社会主义道路、理论、制度、文化不断发展，拓展了发展中国家走向现代化的途径，给世界上那些既希望加快发展又希望保持自身独立性的国家和民族提供了全新选择。当今世界正处于百年未有之大变局，习近平新时代中国特色社会主义思想洞察时代风云，把握世界发展大势，积极探索关系人类前途命运的重大问题，为应对全球性挑战、解决全球性问题贡献了中国智慧和中国方案，为人类文明思想宝库增添了绚丽夺目的瑰宝，对于人类文明进步具有重要意义。

第二节　新时代呼唤与时俱进的青年观

时代是思想之母，实践是理论之源。青年的成长历程和青年作用的发挥受到历史境遇、时代环境、思想条件、文化传统等因素的深刻影响。"时间之河川流不息，每一代青年都有自己的际遇和机缘，都要在自己所处的时代条件下谋划人生、创造历史。青年是标志时代的最灵敏的晴雨表，时代的责任赋予青年，时代的光荣属于青年。"[①] 中国特色社会主义进入新时代，中国共产党人与时俱进地推动马克思主义青年观创新发展，形成了新时代青年观。

一、思想渊源：马克思主义青年观提供了丰富资源

新时代青年观与马克思主义青年观既一脉相承又与时俱进，是马克思主义青年观在当代中国的最新发展。马克思和恩格斯创立的唯物史观揭示了资本主义发展客观规律和未来命运，揭示了人类社会发展的一般规律和基本走向，为建设未来理想社会找到了工人阶级这一现实的主体力量，强调"工人阶

---

① 中共中央文献研究室. 十八大以来重要文献选编：中. 北京：中央文献出版社，2016：2.

级中比较先进的那部分人则完全懂得，他们阶级的未来，因而也是人类的未来，完全取决于新一代工人的成长"①。马克思和恩格斯对作为生产预备队和革命接班人的青年进行了科学分析和规律揭示，从职业选择、培养教育、权利保护、恋爱婚姻等方面进行了研究和论述，充分肯定了青年在工人阶级中的地位及其在无产阶级革命事业中发挥的突出作用，明确指出青年是革命事业和人类未来的希望。对青年社会地位和历史作用的高度肯定和确认，为马克思主义青年观的接续发展奠定了基础。马克思主义青年观伴随着世界社会主义实践的发展而不断发展。十月革命标志着科学社会主义从理论到实践的飞跃，列宁强调，"真正建立共产主义社会的任务正是要由青年来担负"②，并在这一过程中推动了青年的组织化发展。在领导俄国革命、推动世界无产阶级革命的过程中，列宁高度重视青年的革命地位和积极意义，首次提出建立共产主义青年团的设想并付诸实施。这一制度设计和组织建设不仅有效凝聚了广大的青年群体，而且将马克思主义革命事业顺利交接到新一代无产阶级手中，实现了社会主义事业的接续发展。中国共产党在成立与发展的过程中深受列宁新型无产阶级政党学说的影响，既高度重视宣传和动员青年，也高度重视组织和凝聚青年，成立了中国共产主义青年团，为中国共产党储备青年力量，并及时

---

① 马克思，恩格斯.马克思恩格斯全集：第21卷.2版.北京：人民出版社，2003：270.

② 列宁.列宁全集：第39卷.2版增订版.北京：人民出版社，2017：328.

吸收优秀青年加入党的组织。中国共产党在领导革命、建设、改革的过程中,始终注重发挥青年的作用,在开展青年工作的探索实践的基础上形成了具有中国特色的马克思主义青年观,新时代青年观正是对马克思主义青年观的创新与发展。

二、世情背景:中国发展新阶段与世界发展新变局相互交织

中国正处于近代以来最好的发展时期,世界正处于百年未有之大变局,两者同步交织、相互激荡,这是当今时代面临的新形势,也是新时代青年观形成的鲜明时代背景。当前国际格局正在发生深刻调整,全球治理体系正在发生深刻变革,中国国家实力和国际地位不断上升,日益走近世界舞台中央,对世界具有越来越重要的影响。"今日之中国,不仅是中国之中国,而且是亚洲之中国、世界之中国。"① 经济全球化推动了中国与国际社会紧密衔接,加快了中国与世界各国的协同发展,并使中国在当今世界发展中扮演日益关键的角色,肩负愈发重要的使命,在国际政治经济关系亟待变革的时代逐步成为建构公正合理的国际新秩序的关键力量。一方面,就中国自身而言,党的十八大以来,在新中国成立特别是改革开放以来我国发展取得重大成就的基础上,党和国家事业发生历史性变革,中国特色社会主义进入新时代,这是中国发展新的历史方位,也是当代青年建功立业的历史新起点。作为世界上最大的发展中国

---

① 习近平:深化文明交流互鉴 共建亚洲命运共同体.人民日报,2019-05-16(2).

家和世界第二大经济体,作为联合国安理会常任理事国,中国的治理理念和实践受到高度赞赏和广泛认同,国际影响力、感召力、塑造力进一步提高,有信心、有能力为人类繁荣与进步做出新的更大贡献。另一方面,就整个世界而言,经济全球化、社会信息化极大解放和发展了社会生产力,创造了前所未有发展机遇的同时,也面临着全球化发展遭遇逆风、世界经济长期低迷、发展鸿沟日益突出、地区冲突频繁发生等危机和挑战。当今世界正经历新一轮的大发展大变革大调整,国际力量对比发生新变化,国际秩序建构出现新动向,国际形势演进出现新特点。随着国际政治经济格局的调整,大国战略博弈全面加剧,人类文明发展面临的新挑战层出不穷,不确定性、不稳定性因素明显增加,对当代中国青年发展提出了新课题,也对马克思主义青年观的进一步发展提出了新要求。

三、使命使然:实现中华民族伟大复兴关键在人才

改革开放以来,尤其是苏东剧变后,中国共产党在总结新中国成立后的前30年正反两方面经验教训和客观审视国际共产主义运动史的成就与挫折的基础上,相继提出了"关键在党""关键在人""关键在人才"的命题,这三个命题分别对应党的政治路线、组织路线和立德树人的教育根本任务。1992年,邓小平在南方谈话中指出,"中国要出问题,还是出在共产党内部。对这个问题要清醒,要注意培养人"[①]。党的十八

---

① 邓小平. 邓小平文选:第3卷. 北京:人民出版社,1993:380.

大以来，习近平多次强调，"办好中国的事情，关键在党，关键在人，关键在人才"①，揭示了坚持党的政治路线、组织路线与思想政治教育工作之间的关系。"关键在党"的要旨在于始终坚持正确的政治路线，而正确的政治路线必须以组织路线为保障，有效的组织路线的形成则有赖于人才的培养，尤为重要的就是要抓好以立德树人为中心环节的思想政治教育工作。办好中国的事情，关键在党、关键在人、关键在人才这一论断，是在对世界社会主义运动史、中国共产党史、中华人民共和国史以及改革开放史的系统总结后得出的科学结论，为新时代青年和青年工作提供了重要指引。

古往今来，人才都是国家兴旺的关键要素。"百丈高楼起于夯基，千尺大厦撑于栋梁"。历史是最好的教科书，是人类最好的老师。中华优秀传统文化中所阐释的"为政之要，惟在得人""育材造士，为国之本"是中国漫长历史中总结出的治理经验。重视人才培养，这既是中华优秀传统文化的重要内容，也是中国共产党在领导中国革命、建设、改革的长期实践中形成的优良传统。中华民族伟大复兴历史任务需要一代代青年接力完成。在国际格局加速演变，国际秩序和国际体系发展变化的重要时期，要把握民族发展的历史机遇，应对全球性的时代挑战，更应该充分发挥当代青年的作用。实现中华民族伟大复兴的中国梦是近代以来中国人民最伟大的梦想，也是每一个中华儿女的梦想。经过长期努力，"我们比历史上任何时期

---

① 习近平. 加大改革落实工作力度 让人才创新创造活力充分迸发. 人民日报，2016－05－07（1）.

都更接近、更有信心和能力实现中华民族伟大复兴的目标"①，实现这一目标关键在人才，这一结论蕴含着新时代中国青年为实现"两个一百年"奋斗目标、实现中华民族伟大复兴的中国梦而奋斗的历史使命，具有深刻的历史逻辑和价值逻辑。

第三节 新时代青年观开辟马克思主义青年观新境界

青年是祖国的未来、民族的希望，是实现社会主义现代化和中华民族伟大复兴的重要力量。党的十八大以来，以习近平同志为核心的党中央立足当代中国青年和青年工作的发展现状，创造性地运用马克思主义立场、观点、方法，以中国化、时代化、大众化的表达方式，系统阐释了新时代青年观，指明了当代中国青年发展的方向，为新时代中国青年工作提供了根本遵循。

一、新时代青年观的丰富内涵

习近平关于青年的重要论述立足于青年和青年工作发展现状，对新时代青年和青年工作发展提出了新要求，指明了青年和青年工作的未来发展方向。党的十八大以来，世界面临百年未有之大变局，我们正处于中华民族伟大复兴的关键时期，我

---

① 习近平. 决胜全面建成小康社会 夺取新时代中国特色社会主义伟大胜利：在中国共产党第十九次全国代表大会上的报告. 北京：人民出版社，2017：15.

国青年发展呈现出新的特点。习近平高瞻远瞩，谋篇布局新时代，立足经济全球化、世界多极化、社会信息化、文化多样化的时代背景，围绕青年工作和青年发展提出一系列具有创新性的战略思想和理论观点，形成了新时代青年观，科学揭示了新时代青年和青年工作发展规律，深刻阐明了党的青年工作的地位作用、目标任务、职责使命、实践要求。新时代青年观将马克思主义创造性地运用于认识青年问题、指导青年工作、发展青年事业，深化了对青年和青年工作的规律性认识，开辟了马克思主义青年观的新境界。

习近平围绕青年和青年工作发表了系列重要论述，通过接续性的阐释逐渐形成系统科学、结构完整、逻辑严密的青年观，从阐释形式和时间节点来看主要集中在六个方面：一是通过重大事件纪念活动的形式进行阐释，例如在纪念五四运动100周年大会上的讲话；二是通过专门性座谈会的形式进行阐释，例如在北京大学师生座谈会上的讲话、在学校思想政治理论课教师座谈会上的讲话；三是通过党的代表大会和中央全会的形式进行阐释，例如党的十八大报告和党的十九大报告；四是通过集体学习的形式进行阐释，例如在主持中共中央政治局第十四次集体学习时的讲话；五是通过专门工作会议的形式进行阐释，例如在全国教育大会上的讲话、在中央党的群团工作会议上的讲话；六是通过贺信、回信、寄语等形式进行阐释，例如在希望工程实施30周年之际的寄语；等等。从具体内容来看，新时代青年观主要包括七个方面，即青年工作的战略地位、中国青年运动的时代主题、青年工作的职责使命、青年一代健康成长的正确道路、青年工作的路径方法、共青团改革发展的目标任务、必须加强党对青年工作的领导①,不仅揭示了新时代青年发展的基本规律,而且对新时代青年工作做出了全方位战略规划。

二、新时代青年观的内在逻辑

新时代青年观围绕青年这一主体和青年发展、青年工作两大议题形成了较为系统的理论,既从当代中国青年所面临的世情、国情、社情出发,明确当代青年发展的时代定位和历史条件,又立足青年发展的历史使命和时代责任,指明当代青年发展的前进方向和战略目标;既从当下青年工作存在的体制机制问题出发,对青年工作运行机制进行创新性调整和时代性变革,又立足当代青年正在和即将面临的机遇与挑战,对青年工作做出价值性指引和整体性谋划,具有清晰严密的内在逻辑。

新时代青年观的内在逻辑体现在其结构层次中,主要包括以下几个方面:一是青年领导观,强调党对青年工作的领导。"党管青年"原则是"党管人才"原则的具体化,这一原则的确立为青年工作明确了基本原则和政治方向。通过制定出台《中长期青年发展规划(2016—2025年)》,我们党明确提出"党管青年"的原则和"青年优先发展"的理念,强化了新时代青年工作的顶层设计,推动了青年人才资源的合理化配置和

---

① 习近平. 习近平在同团中央新一届领导班子成员集体谈话时强调 代表广大青年赢得广大青年依靠广大青年 让广大青年敢于有梦勇于追梦勤于圆梦. 人民日报,2018-07-03(1).

运用。二是青年作用观，高度肯定青年在党和国家发展全局中的作用。习近平指出，"青年兴则国家兴，青年强则国家强。青年一代有理想、有本领、有担当，国家就有前途，民族就有希望"①。当前，我们正前所未有地接近中华民族伟大复兴的目标，而青年人才力量的高效配置则是实现这一奋斗目标的重要基础。三是青年使命观。新时代中国青年的使命就是坚持中国共产党领导，同人民一道，为实现"两个一百年"奋斗目标、实现中华民族伟大复兴的中国梦而奋斗②。新时代青年的使命是与国家富强、民族复兴、人民幸福的中国梦紧密结合在一起的，只有将青春力量奉献社会、不断创造社会价值，才能真正实现青年的自身价值。四是青年教育观。要广泛开展社会主义核心价值观教育，引导青年扣好人生的第一粒扣子，并通过制度体制改革，调适优化青年工作，为青年"敢于有梦、勇于追梦、勤于圆梦"③塑造良好的环境。

三、新时代青年观的表达特点

表达方式是思想传播与认同的重要载体，表达方式的特点影响着思想观念的传播力和受众的认同感。新时代青年观在表

---

① 习近平．决胜全面建成小康社会　夺取新时代中国特色社会主义伟大胜利：在中国共产党第十九次全国代表大会上的报告．北京：人民出版社，2017：70.
② 习近平．在纪念五四运动100周年大会上的讲话．人民日报，2019－05－01（2）.
③ 习近平．习近平在同团中央新一届领导班子成员集体谈话时强调　代表广大青年赢得广大青年依靠广大青年　让广大青年敢于有梦勇于追梦勤于圆梦．人民日报，2018－07－03（1）.

达方式上体现出鲜明的中国化、时代化、大众化的特点，以富有民族特色、时代特色的话语形式增进了青年的思想认同，凝聚了青年的价值共识。

新时代青年观的表达特点主要体现在三个方面：一是新时代青年观是马克思主义青年观的中国表达，在马克思主义青年观的民族化发展过程中展现出鲜明的民族特色。通过中华优秀传统文化的创造性转化和创新性发展，将民族文化和民族智慧融入青年观之中，例如强调青少年要培养"千磨万击还坚劲，任尔东西南北风"的坚强品格，形成"先天下之忧而忧，后天下之乐而乐"的理想抱负，体现了古语新解、古为今用的特点。二是新时代青年观是中国共产党青年观的当代表达，在马克思主义青年观的时代化发展过程中展现出鲜明的时代特质。我们党结合当前中国发展实际，提出青年教育的"四为"要求，即"为人民服务，为中国共产党治国理政服务，为巩固和发展中国特色社会主义制度服务，为改革开放和社会主义现代化建设服务"①。三是新时代青年观是马克思主义大众化重要成果，具体体现在两个方面。一方面，新时代青年观坚持问题意识和问题导向，以不回避矛盾、不掩盖问题的态度揭示了当前青年工作中的问题和弊端，全面回应了人民群众尤其是青年的真实诉求；另一方面，新时代青年观的话语表达充分体现了通俗化、大众化的特点，运用了诸多形象化的比喻，如"扣好人生的第一粒扣子""迈好人生的第一个台阶"②，强调青年要

---

① 习近平. 习近平谈治国理政：第 2 卷. 北京：外文出版社，2017：377.
② 习近平. 习近平谈治国理政：第 2 卷. 北京：外文出版社，2017：355.

有"逢山开路、遇河架桥的意志"①,充分展现了新时代青年观对推动马克思主义大众化的理论自觉。

第四节　新时代青年观是青年发展的行动指南

国家的希望在青年,民族的未来在青年。新时代青年观是马克思主义青年观的最新发展,是新时代青年的思想旗帜,是广大青年在中国共产党的领导下为决胜全面建成小康社会、建设社会主义现代化强国、实现中华民族伟大复兴的中国梦而奋斗的行动指南。今天,新时代中国青年处在中华民族发展的最好时期,既面临着难得的建功立业的人生际遇,也面临着"天将降大任于斯人"的时代使命,必须坚持以新时代青年观为指导,努力成长为德智体美劳全面发展的社会主义建设者和接班人。

一、为当代中国青年发展指明了基本方向

方向决定道路,道路决定命运。方向问题是根本性问题,具有至关重要的作用,当代中国青年的发展方向是新时代青年观的首要问题。"举什么旗、走什么路、以什么样的精神状态、担负什么样的历史使命、实现什么样的奋斗目标"②的根本性

---

① 习近平.在同各界优秀青年代表座谈时的讲话.人民日报,2013-05-05(2).
② 习近平.高举中国特色社会主义伟大旗帜　为决胜全面小康社会实现中国梦而奋斗.人民日报,2017-07-28(1).

问题贯穿于中国共产党领导中国进行伟大社会革命全过程，既是决定当代中国前途命运的关键性问题，也是培养青年人才的核心性问题。新时代中国青年运动的方向，同新时代中国青年的使命是一致的，即坚持中国共产党领导，同人民一道，为实现"两个一百年"奋斗目标、实现中华民族伟大复兴的中国梦而奋斗。

习近平指出，"人民有信仰，民族有希望，国家有力量"[①]。青年人朝气蓬勃，是全社会最富有活力、最具有创造性的群体，实现中国梦需要一代又一代有志青年接续奋斗。要确保新时代中国青年朝着实现"两个一百年"奋斗目标、实现中华民族伟大复兴的中国梦的宏伟目标不断前进，就要培育青年对马克思主义的信仰、对中国特色社会主义的信念、对中华民族伟大复兴中国梦的信心。五四运动以来，正是那些对祖国和人民满怀赤子之心的中国青年，积极投身到党领导的革命、建设和改革的伟大事业中去，谱写了一曲又一曲壮丽的青春之歌。在新时代，青年要坚持到人民群众中去，到新时代新天地中去，让理想信念在创业创新中升华，让青春在追寻信仰的奋斗中闪光。

符合历史规律和人民意志的价值观是青年发展的价值底色，也是引领青年努力奋斗的关键所在。人类社会发展的历史充分表明，对一个民族、一个国家来说，最为持久、最为深层、最为稳定的力量是全社会所共同认可的核心价值观，它承载着一个民族、一个国家的精神追求，体现着一个社会评判是

---

① 习近平. 习近平谈治国理政：第 2 卷. 北京：外文出版社，2017：323.

非曲直的价值标准。在所有价值取向中，青年的价值取向深刻影响了未来整个社会的价值取向，而青年又正处在价值观形成和确立的关键时期，抓好这一时期的价值观养成十分重要。习近平关于青年和青年工作的重要论述高度强调了引导青年树立和践行社会主义核心价值观的重要性，科学揭示了青年发展与国家命运、民族命运之间的密切联系，为将青年力量融入新时代的伟大斗争、伟大工程、伟大事业、伟大梦想提供了基本方向指引。

二、为实现中华民族复兴树立了时代自信

坚持以新时代青年观为指导，有助于从中华民族伟大复兴的高度认识青年人才培养的长期性、根本性、全局性，有助于发挥中国特色社会主义人才培养制度的优越性，有助于充分激发当代青年将自身梦想融入国家、民族梦想的自觉性。党的十八大以来，我们党不断深化对国家、民族以及自身的独特性和优越性的认识。党的十八大报告提出了"三个自信"，即道路自信、理论自信、制度自信，到庆祝中国共产党成立 95 周年大会上，习近平明确提出，中国共产党人坚持不忘初心、继续前进，就要坚持"四个自信"，即中国特色社会主义道路自信、理论自信、制度自信、文化自信。习近平进一步指出，"当今世界，要说哪个政党、哪个国家、哪个民族能够自信的话，那中国共产党、中华人民共和国、中华民族是最有理由自信的"[①]。

---

① 习近平. 在庆祝中国共产党成立 95 周年大会上的讲话. 北京：人民出版社，2016：12.

这种自信形式集中体现为中国的时代自信。时代自信不仅体现在中国特色社会主义的道路自信、理论自信、制度自信、文化自信上，而且表现在政党自信、国家自信和民族自信上，深刻反映了我们对马克思主义执政党的自信、对马克思主义科学理论和中国特色社会主义伟大事业的自信、对中华民族的自信。

新时代青年观为当代青年投身民族复兴事业树立了时代自信，集中体现为对中国特色社会主义的自信。就道路自信而言，近代以来，我们经历了从学习别国的器物到学习别国的制度、思想文化的曲折转变，最终选择了马克思主义指导思想和社会主义道路，建立起无产阶级专政的社会主义国家，这条道路是历史必然性和人民意志的集中体现；就理论自信而言，马克思主义具有与时俱进的理论品质，在与中国革命、建设、改革和新时代的具体实际相结合的过程中产生了一系列马克思主义中国化理论成果，不断开辟马克思主义新境界，验证马克思主义的真理性和价值性；就制度自信而言，中国特色社会主义制度不仅区别于资本主义制度，而且区别于传统社会主义制度，是根据马克思主义的立场、观点、方法，从中国历史文化、现实国情、发展诉求、理想目标出发开创的制度体系，蕴含着中国智慧和中国经验；就文化自信而言，相较于道路自信、理论自信、制度自信，这是一种更基础、更广泛、更深厚的自信，它不是无源之水、无本之木，而是对中华优秀传统文化以及中国革命、建设、改革中创造的革命文化和社会主义先进文化的传承和弘扬，具有深厚的文化底蕴和鲜明的民族精神和时代特色。

三、为青年肩负时代使命提供了思想武器

新时代青年观的时代意义在于准确把握了新时代青年和青年工作的新特点，及时回应了新时代对青年和青年工作提出的新要求，将当代青年的时代使命和现实地位置于党和国家事业全局中进行统筹规划，阐明了当代青年在实现"两个一百年"奋斗目标的历史进程中的作用，对于形成时代青年共同肩负时代使命的局面具有十分重要的指导意义。

开辟了青年工作理论与实践的新境界。对青年及青年工作的重视是马克思主义的一贯传统，这是由青年在整个国家社会发展全局中的重要地位所决定的，是从历史经验中得出的基本结论。纵观中国共产党近百年的历史，党在最初成立时就是以青年知识分子和进步人士为主体的，呈现出近现代中国政治局势与历史主体互动的一个缩影。我们党自成立之日起就始终代表广大青年、赢得广大青年、依靠广大青年，在建党初期就成立了中国社会主义青年团，后来发展为共产主义青年团，联系和引导广大青年投身民族复兴事业，为我们党培养和输送了大批新生力量和骨干。中国特色社会主义进入新时代，青年群体的组成状况、思想状态等发生了新的变化，立足于时代新特点提出与时代发展相适应的青年观是继承和发展马克思主义青年观的客观需要，也是不断推进马克思主义中国化接续发展的必然要求。

增强了当代青年建功立业的时代自觉。民族复兴的使命要靠奋斗来实现，人生理想的风帆要靠奋斗来扬起。习近平高度

重视青年投身社会实践的重要性，从正确处理认识与实践之间关系的角度出发，为当代青年认识世界和改造世界提供了科学指引。习近平指出，"青年人阅历不广，容易从自身角度、从理想状态的角度来认识和理解世界，难免给他们带来局限性"[①]。为此，必须要通过理想信念教育和价值观塑造克服青年的这种局限性，以先进思想理论引导青年健康发展。同时，要将所有知识转化为能力，就必须躬身实践，"要坚持知行合一，注重在实践中学真知、悟真谛、加强磨练、增长本领"[②]。只有将内化于心和外化于行相结合，才能实现知识和价值力量的现实转化，在担当中历练，在尽责中成长，以真才实学服务人民，以创新创造贡献国家。

李大钊曾说，青年要"为世界进文明，为人类造幸福，以青春之我，创建青春之家庭，青春之国家，青春之民族，青春之人类，青春之地球，青春之宇宙，资以乐其无涯之生"[③]，生动展现出中国青年的理论自觉、实践自觉和使命担当，当代青年仍然需要这种自觉和担当。新时代青年观为我们党团结带领广大青年进行伟大斗争、建设伟大工程、推进伟大事业、实现伟大梦想提供了强大的思想武器，为实现社会主义现代化和中华民族伟大复兴的中国梦凝聚起青年一代的磅礴力量。

---

① 习近平. 在纪念五四运动 100 周年大会上的讲话. 北京：人民出版社，2019：13.
② 习近平. 在知识分子、劳动模范、青年代表座谈会上的讲话. 北京：人民出版社，2016：12.
③ 李大钊. 李大钊全集：第 1 卷. 北京：人民出版社，2013：318.

第七章 新时代青年的使命担当与价值引领

"我们面临的新时代，既是近代以来中华民族发展的最好时代，也是实现中华民族伟大复兴的最关键时代。"① 当代青年是同新时代共同前进的一代，既拥有广阔的发展空间，也承载着民族复兴、国家富强、人民幸福的时代使命。青年是祖国的未来、民族的希望，也是我们党的未来和希望。要引导新时代中国青年成为担当民族复兴大任的时代新人，就要强化当代青年的使命担当和价值引领，培养德智体美劳全面发展的社会主义建设者和接班人。

---

① 习近平. 在北京大学师生座谈会上的讲话. 北京：人民出版社，2018：11.

第一节　新时代中国青年的时代使命

"芳林新叶催陈叶，流水前波让后波。"每个时代都有每个时代的使命和召唤，每个时代的青年都有自己的际遇和机缘。中国特色社会主义进入新时代，广大中国青年生逢其时，肩负着筑梦新时代的伟大使命，正如习近平所强调的，"国家的前途，民族的命运，人民的幸福，是当代中国青年必须和必将承担的重任"①。新时代中国青年要成为实现中华民族伟大复兴的生力军，要成为中国特色社会主义事业的合格建设者和可靠接班人，就要珍惜时代机遇，勇担时代使命，为实现中国梦注入青春能量。

一、新时代与中国青年的使命担当

"逝者如斯夫，不舍昼夜。"历史从来不曾停下脚步，时间之河始终川流不息、奔腾向前。历史是出卷人，每个时代都有每个时代的考卷，这就需要每个时代的青年做出属于这个时代的回答。新中国成立以来，特别是改革开放以来，中国共产党团结带领中国人民开辟了中国特色社会主义道路，形成了中国特色社会主义理论体系，建立了中国特色社会主义制度，发展

---

① 习近平. 习近平致全国青联十二届全委会和全国学联二十六大的贺信. 人民日报，2015-07-25（1）.

了中国特色社会主义文化。党的十九大宣告中国特色社会主义进入新时代,这是我国发展新的历史方位。"新时代中国青年运动的主题,新时代中国青年运动的方向,新时代中国青年的使命,就是坚持中国共产党领导,同人民一道,为实现'两个一百年'奋斗目标、实现中华民族伟大复兴的中国梦而奋斗。"[①] 新时代属于每个人,更属于充满朝气活力和青春热血的广大青年,在为广大青年提供广阔舞台与无限机遇的同时,也对广大青年提出了新的使命要求。

新时代为青年的使命担当指明了前进方向。新时代是当代中国发展的新的历史起点,也是当代中国所处的新的历史方位。我们所处的新时代,是中国特色社会主义新时代。这个新时代,是承前启后、继往开来,在新的历史条件下继续夺取中国特色社会主义伟大胜利的时代,是决胜全面建成小康社会、进而全面建设社会主义现代化强国的时代,是全国各族人民团结奋斗、不断创造美好生活、逐步实现全体人民共同富裕的时代,是全体中华儿女勠力同心、奋力实现中华民族伟大复兴中国梦的时代,是我国日益走近世界舞台中央,不断为人类做出更大贡献的时代。站在新时代的历史起点上,我们比历史上任何时期都更接近、更有信心和能力实现中华民族伟大复兴的宏伟目标,中华民族伟大复兴的中国梦终将在一代代青年的接续奋斗中实现。广大青年要好好珍惜时代机遇,牢牢把握时代使命,勇敢承担时代责任,用中国梦激扬青春梦想,把个人理想

---

① 习近平. 在纪念五四运动 100 周年大会上的讲话. 北京:人民出版社,2019:6.

追求融入国家和民族的事业中,把自己的小我融入祖国的大我、人民的大我之中,升华人生境界,实现人生价值。习近平在北京大学师生座谈会上的讲话中殷切地指出:"新时代青年要乘新时代春风,在祖国的万里长空放飞青春梦想,以社会主义建设者和接班人的使命担当,为全面建成小康社会、全面建设社会主义现代化强国而努力奋斗,让中华民族伟大复兴在我们的奋斗中梦想成真!"①

新矛盾为青年的使命担当提出了时代要求。中国特色社会主义进入新时代,我国社会主义主要矛盾发生了历史性变化。党的十九大报告明确指出,我国社会主要矛盾已经转化为人民日益增长的美好生活需要和不平衡不充分的发展之间的矛盾②。随着生活水平的显著提高,人民对于美好生活的向往更加强烈,不仅对物质文化生活提出了更高要求,而且在民主、法治、公平、正义、安全、环境等方面的要求日益增长。在众多影响满足人们美好生活需要的因素中,发展的不平衡不充分问题是主要问题。我国在保持经济发展水平总体较好的同时,在社会建设、生态文明建设、文化建设等方面存在发展不平衡不充分的问题,这些问题制约着我国的发展和人民日益增长的美好生活需要的实现。社会主要矛盾的转化突出反映了人们对发展速度和发展质量协调推进、物质生活需要和精神生活需要双向满足的需求指向,只有找准社会发展存在的主要矛盾和主

---

① 习近平. 在北京大学师生座谈会上的讲话. 北京:人民出版社,2018:14.
② 习近平. 决胜全面建成小康社会 夺取新时代中国特色社会主义伟大胜利:在中国共产党第十九次全国代表大会上的报告. 北京:人民出版社,2017:11.

要矛盾的主要方面，发展才能有的放矢，难题才会迎刃而解。广大有为青年是社会主义现代化建设的生力军，社会主要矛盾的变化对当代青年提出了许多新要求，新的社会矛盾的解决需要当代青年的不懈奋斗。身处新时代的历史方位，面对新的社会主要矛盾，广大青年要牢牢把握社会主义初级阶段这个基本国情，牢牢立足社会主义初级阶段这个最大实际，牢牢坚持党在社会主义初级阶段的基本路线，深化对社会主要矛盾的把握，发扬艰苦奋斗的精神，不断推动社会主要矛盾的解决，在攻坚克难中创造新时代的伟大业绩。

新征程为青年的使命担当提供了历史际遇。从党的十九大到党的二十大，是"两个一百年"奋斗目标的历史交汇期，习近平在综合分析国际国内形势和我国发展条件后提出："我们既要全面建成小康社会、实现第一个百年奋斗目标，又要乘势而上开启全面建设社会主义现代化国家新征程，向第二个百年奋斗目标进军。"[①] 党的十九大对建设社会主义现代化强国做出了新的战略安排：从现在到 2020 年，是全面建成小康社会决胜期；从 2020 年到 2035 年，在全面建成小康社会的基础上，再奋斗十五年，基本实现社会主义现代化；从 2035 年到本世纪中叶，在基本实现现代化的基础上，再奋斗十五年，把我国建成富强民主文明和谐美丽的社会主义现代化强国[②]。

---

① 习近平. 决胜全面建成小康社会　夺取新时代中国特色社会主义伟大胜利：在中国共产党第十九次全国代表大会上的报告. 北京：人民出版社，2017：28.
② 习近平. 决胜全面建成小康社会　夺取新时代中国特色社会主义伟大胜利：在中国共产党第十九次全国代表大会上的报告. 北京：人民出版社，2017：27-29.

"一代青年有一代青年的历史际遇。我们的国家正在走向繁荣富强，我们的民族正在走向伟大复兴，我们的人民正在走向更加幸福美好的生活。"① 青年是我国社会发展中一支最为活跃、最有生气、最具创造性的力量，蕴含着推动历史发展和社会前进的强劲能量。我国踏上决胜全面建成小康社会进而开启全面建设社会主义现代化国家的新征程，为新时代中国青年提供了经济建设的主战场、文化发展的大舞台、社会建设的新领域、科技创新的最前沿和基层实践的广阔天地，使当代青年迎来了前所未有的发展机遇。在实现中国梦的历史新征程中，国家各方面发展的巨大成就为青年成长成才提供了良好条件，国家建设的艰巨任务也为广大青年施展才华提供了广阔空间和发展平台。实现中国梦，不仅需要青年，也成就青年。广大青年要到人民群众中去，到新时代新天地中去，在实现中国梦的伟大实践中书写壮丽青春。

新时代青年责任重大、使命光荣。习近平指出："现在在高校学习的大学生都是20岁左右，到2020年全面建成小康社会时，很多人还不到30岁；到本世纪中叶基本实现现代化时，很多人还不到60岁。"② 实现"两个一百年"的奋斗目标，新时代中国的千千万万青年将全程参与。当代青年建功立业的舞台空前广阔、梦想成真的前景空前光明，必将在激扬青春、开

---

① 习近平. 习近平致全国青联十二届全委会和全国学联二十六大的贺信. 人民日报，2015-07-25（1）.

② 习近平. 青年要自觉践行社会主义核心价值观：在北京大学师生座谈会上的讲话. 北京：人民出版社，2014：14.

拓人生、奉献社会的进程中成就无悔的精彩人生，书写时代的壮丽篇章。

二、新时代中国青年要勇担时代责任

"乘风好去，长空万里，直下看山河。"新时代呼唤新青年的使命担当，志存高远方能行稳致远。马克思主义青年观强调，青年既是一种现实的积极力量，又是未来的潜在力量。习近平在纪念五四运动100周年大会上的讲话中强调："只要青年都勇挑重担、勇克难关、勇斗风险，中国特色社会主义就能充满活力、充满后劲、充满希望。"[1] 当代中国青年始终是中华民族伟大复兴事业的先锋力量和生力军，是党和国家事业发展的重要力量，是推进全球治理的可持续力量，肩负着为国家、为民族、为人类做出更大贡献的时代责任。

（一）中国青年是实现中华民族伟大复兴的先锋力量

100多年前，中国大地爆发了震惊中外的五四运动，这是一场以先进青年知识分子为先锋的伟大爱国革命运动。五四运动以来，中国青年展现出远大的理想抱负、深厚的家国情怀和伟大的创造力，"无论过去、现在还是未来，中国青年始终是实现中华民族伟大复兴的先锋力量"[2]！五四运动既凸显了青年群体的先锋作用，更标志着近代中国革命由旧民主主义革命

---

[1] 习近平.在纪念五四运动100周年大会上的讲话.北京：人民出版社，2019：8.

[2] 习近平.在纪念五四运动100周年大会上的讲话.北京：人民出版社，2019：5.

迈向新民主主义革命的历史性转折。中国共产党成立后,广大青年在党的领导下扎根人民群众,投身革命运动,发挥了不可替代的历史作用。新民主主义革命时期,广大青年满怀革命理想,在中国共产党领导的争取民族独立和人民解放的斗争中发挥了重要的先锋作用,这种先锋作用"就是带头作用,就是站在革命队伍的前头"①,为中国革命胜利建立了卓越功勋。新中国成立后,广大青年在社会主义改造和建设的伟大实践中与人民群众一道,为完成国家事业发展的各项计划而开拓创业、艰苦奋斗,为保卫新政权、建设新中国建立了卓越功勋。进入改革开放新时期,广大青年积极投身改革开放的伟大事业,团结拼搏、锐意进取,为建设中国特色社会主义做出了重大贡献。习近平指出,五四运动以来,"中国青年满怀对祖国和人民的赤子之心,积极投身党领导的革命、建设、改革伟大事业,为人民战斗、为祖国献身、为幸福生活奋斗,把最美好的青春献给祖国和人民,谱写了一曲又一曲壮丽的青春之歌"②。在近现代中国青年运动史上,青年在认识到自身所应当承担的历史重任后,总是毫不犹豫地将个人的发展规划与国家、民族的前途命运紧密结合起来,始终与历史同向、与祖国同行、与人民同在。新时代的广大青年,更要用行动彰显在实现"两个一百年"奋斗目标进程中的先锋力量,勇做新时代的见证者、开创者、建设者,勇做走在时代前列的奋进者、开拓者、奉

---

① 毛泽东.毛泽东选集:第2卷.2版.北京:人民出版社,1991:565.
② 习近平.在纪念五四运动100周年大会上的讲话.北京:人民出版社,2019:5.

献者。

（二）中国青年是实现中华民族伟大复兴的生力军

青年是国家经济社会发展的生力军。在革命、建设和改革的各个时期，青年群体始终展现出巨大力量和无穷潜力，有力推动了党和国家事业的发展。中国共产党向来把青年看作国家的未来、民族的希望，看作党和国家事业发展的生力军。毛泽东指出，青年是无产阶级革命的"后备军"与"接班人"；邓小平强调，青年一代是"二十一世纪大业的生力军"[①]，"青年一代的成长，正是我们事业必定要兴旺发达的希望所在"[②]；江泽民指出，"青年是祖国的未来，是民族的希望"[③]；胡锦涛强调，青年要做"科学发展的奋力推动者、和谐社会的积极构建者"[④]。习近平不仅高度重视青年在国家社会发展中的生力军作用，指出广大青年是"决胜全面建成小康社会伟大实践中的生力军和突击队"，更进一步强调"广大青年要成为实现中华民族伟大复兴的生力军，肩负起国家和民族的希望"[⑤]。作为整个社会中最具有朝气、最富有激情和创造力的一个群体，当代青年的人生轨迹贯穿于从全面建成小康社会到建成社会主义现代化强国、实现中华民族伟大复兴的过程中，应当勇担使命、接续传承，为实现中华民族伟大复兴的中国梦不断奋斗。

---

① 邓小平.邓小平文选：第3卷.北京：人民出版社，1993：120.
② 邓小平.邓小平文选：第2卷.2版.北京：人民出版社，1994：95.
③ 江泽民.江泽民文选：第3卷.北京：人民出版社，2006：479.
④ 胡锦涛.在纪念中国共产主义青年团成立90周年大会上的讲话.北京：人民出版社，2012：7.
⑤ 习近平.在北京大学师生座谈会上的讲话.北京：人民出版社，2018：2-3.

作为整个社会中最具有朝气、最富有激情和创造力的一个群体，当代青年的人生轨迹贯穿于从全面建成小康社会到建成社会主义现代化强国、实现中华民族伟大复兴的过程中，应当勇担使命、接续传承，为实现中华民族伟大复兴的中国梦不断奋斗。

（三）中国青年是党和国家事业发展的重要力量

中国青年始终是党和国家事业发展的重要力量。习近平在庆祝中国共产党成立 95 周年大会上的讲话中强调，"我们党取得的所有成就都凝聚着青年的热情和奉献"[①]。中国共产党自成立之日起，就同广大青年保持着紧密的联系。党的事业离不开青年，青年的发展也离不开党。党的队伍里始终活跃着具有崇高理想、充沛精力、奋斗激情的青年人，确保党的事业发

---

① 习近平. 在庆祝中国共产党成立 95 周年大会上的讲话. 北京：人民出版社，2016：27.

展始终充满蓬勃生机。在党的事业发展与青年发展的互动中，党始终高度重视青年、关怀青年、信任青年，广大青年积极踊跃地投身到党领导下的革命、建设和改革的事业中，其中一部分先进青年更是发挥了非常重要的领袖作用。当前，青年党员发展迅速，青年党员数量呈现出明显优势。作为党和国家事业发展的重要力量，青年要将个人成长成才的发展前景融入到党和国家事业发展的大势中，充分认识到自身的重要作用，坚定不移跟着中国共产党走，在为祖国、为人民、为民族的无私奉献中焕发出青春的绚丽光彩。

（四）中国青年是推进全球治理的可持续力量

对人类社会而言，青年是未来的领导者和建设者。习近平高度重视青年在全球治理中的基础性、战略性地位，多次指出"青年是国家的未来，也是世界的未来"[①]，勉励全球青年认识到自身在全球治理中肩负的共同的责任担当，为人类社会实现可持续发展做出应有的贡献。在国际交流方面，青年是播种友谊的使者，是友好关系的建设者，是深化合作的推动者，是国际交往的重要桥梁枢纽。"国之交在于民相亲"，而"民相亲"要从青年做起。青年要充分运用国际社会这个大舞台，树立世界眼光和人类情怀，用欣赏、互鉴、共享的观点看待世界，推动不同文明交流互鉴、和谐共生。习近平提出，构建人类命运共同体的理念是中国为人类发展贡献的中国方案，这就需要发挥广大青年的重要作用，当前的全球化形势的发展变化，比以

---

① 习近平．在纪念五四运动 100 周年大会上的讲话．北京：人民出版社，2019：18.

往任何时候都更加需要青年肩负起坚定推动全球化进程、推动全球治理更加完善的时代重任。"世界的未来属于年轻一代",这不仅仅是代际更替上的必然,也意味着青年身上所富含的积极进取、奋斗拼搏、开拓创新等特质必将更为深刻地影响人类社会的进程与走势。"建立一个公平、包容、可持续的地球,是包括全球青年在内的每个人都要重视和担当的责任。"①

三、新时代中国青年的成长道路

"士不可以不弘毅,任重而道远。"青年成长是理想信念、道德品质、知识本领和健康身心的多方面统一。党的十八大以来,习近平对青年的成长目标提出了明确要求,指出要培养德智体美劳全面发展的社会主义事业建设者和接班人,强调要着力培养担当民族复兴大任的时代新人,并根据当前的时代主题对青年的成长路径展开了具体论述,为新时代中国青年成长成才指明了道路。

(一) 树立理想,坚定信念

"凡人须先立志,志不先立,一生通是虚浮,如何可以任得事。"② 理想信念是人的精神世界的核心,是人精神上的"钙",是个人立身处世的"主心骨"。一个人如果没有明确的、坚定的理想信念,精神上就会"缺钙",就会得"软骨病",随

---

① 习近平. 习近平主席在联合国教科文组织第九届青年论坛开幕式上的贺词. 人民日报, 2015 - 10 - 27 (1).
② 姚舜牧. 药言. 北京:中华书局, 1985:15.

之会带来精神上的空虚迷茫,使其不可能担当时代赋予的历史重任。"夫志当存高远"①。远大的理想和崇高的信念是广大青年健康成长、开拓创业的精神支柱和精神动力。"只有把人生理想融入国家和民族的事业中,才能最终成就一番事业。"②广大青年要确立马克思主义的科学信仰,树立共产主义的远大理想和中国特色社会主义共同理想。坚定的理想信念要建立在对马克思主义的深刻理解上,建立在对历史规律的深刻把握上,建立在对国家发展道路的坚定信心上。心中有信仰,脚下有力量。走好新时代的长征路,广大青年要不断增强中国特色社会主义道路自信、理论自信、制度自信和文化自信,自觉做共产主义远大理想和中国特色社会主义共同理想的坚定信仰者、忠实践行者、有力传播者,充分发挥主观能动性,坚定不移为理想信念矢志奋斗。

(二) 服务人民,奉献祖国

当代青年担当新时代赋予的历史责任,就要走与人民群众相结合的道路,将人生目标同国家的前途命运相联系,在服务人民、奉献祖国中创造有意义的人生。习近平指出,"同人民一道拼搏、同祖国一道前进,服务人民、奉献祖国,是当代中国青年的正确方向"③。马克思主义的群众史观认为,人民群众是历史的创造者,是社会物质财富和精神财富的创造者。我

---

① 严可均. 全三国文:下. 北京:商务印书馆,1999:595.
② 习近平. 勇做走在时代前面的奋进者开拓者奉献者. 人民日报,2013-05-05(1).
③ 习近平. 习近平给河北保定学院西部支教毕业生群体代表回信. 人民日报,2014-05-04(1).

国是人民当家作主的社会主义国家，当代中国青年要有所作为，就必须投身人民的伟大奋斗。"同人民一起奋斗，青春才能亮丽；同人民一起前进，青春才能昂扬；同人民一起梦想，青春才能无悔。"① 只有坚持走与人民群众相结合的道路，在与人民群众的共同奋斗中汲取智慧和经验，才能在自己的人生路上不断成长、大有作为。同时，广大青年还要自觉地将人生目标同国家和民族的前途命运紧密联系在一起。回溯历史，自五四运动以来，广大进步青年学生就为救亡图存而勇立时代潮头。新民主主义革命时期，中国青年勇做抗日救国的革命先锋，为实现民族独立和人民解放而奉献牺牲。新中国成立以来，广大青年勇于开拓进取，积极投身社会主义革命和建设事业，踊跃参与社会主义现代化建设的伟大实践。当前我国正处于中华民族伟大复兴的关键时期，建设富强民主文明和谐美丽的社会主义现代化强国任重而道远，广大青年要正确认识国家和民族赋予的历史责任和使命，与时代同步伐、与人民共命运、与祖国同发展、与民族同奋进。

（三）勤学修德，明辨笃实

当代青年要勇担民族复兴大任，努力成长为时代新人，就要以勤学、修德、明辨、笃实为着力点。第一，勤奋学习，练就过硬本领。当代青年思维活跃，精力旺盛，正处于学习科学知识、社会知识、增长工作经验、人生经验的黄金时期，最需要勤奋学习，努力扩大视野、增长才干，既在读书学习中明道

---

① 习近平. 习近平致全国青联十二届全委会和全国学联二十六大的贺信. 人民日报，2015-07-25（1）.

> 广大青年要正确认识国家和民族赋予的历史责任和使命,与时代同步伐、与人民共命运、与祖国同发展、与民族同奋进。

理,又在社会实践中晓事理。要加强马克思主义学习,形成正确的世界观、人生观和价值观,深化对社会主义核心价值观的理论认知和价值认同。第二,加强道德修养,锤炼高尚品格。高尚道德品格是个人立身处世、干事创业的"通行证"。高尚道德品格需要在持续不断加强道德修养的过程中逐渐形成。加强道德修养,提升个人品德,要充分吸收中华优秀传统文化的给养,养成学思并重、存养扩充、省察克治、慎独自律、积善成德等优良习惯,并紧随时代发展身体力行。第三,明辨善恶是非,树立正确价值导向。面对当前社会存在的价值判断模糊、界限不明乃至底线失守的情况,广大青年要善于明辨是非，树立正确的价值导向，增强价值判断本领和道德责任意识，做良好社会风尚的建设者和社会文明进步的推动者。第四，知行合一，矢志艰苦奋斗。马克思曾说过"一个行动胜过一打纲领"，毛泽东也曾强调"实事求是，力戒空谈"。任何事情，仅有积极的认知和端正的态度还不够，必须有实实在在的举措。在中华优秀传统文化中，荀子的"不闻不若闻之，闻之不若见之，见之不若知之，知之不若行之"，西汉刘向的"耳闻之不如目见之，目见之不如足践之，足践之不如手辨之"，宋代陆游的"纸上得来终觉浅，绝知此事要躬行"，明代王夫之的"知行相资以为用"，都是在强调实践出真知的道理。广大青年的成长成才，需要落实到具体行动上来，在实践砥砺中真正成长为担当民族复兴大任的时代新人。

第二节　新时代中国青年的价值引领

实现中华民族伟大复兴，不仅意味着社会主义物质文明的极大发展，也意味着社会主义精神文明的极大丰富，这就需要社会主义物质文明建设和精神文明建设齐头并进。"只要中华民族一代接着一代追求美好崇高的道德境界，我们的民族就永远充满希望。"① 在全社会培育和践行社会主义核心价值观，

---

① 习近平．认真贯彻党的十八届三中全会精神　汇聚起全面深化改革的强大正能量．人民日报，2013-11-29（1）．

推动形成崇德向善的社会氛围,要充分发挥青年的积极作用。青年是引领风气之先的社会力量,青年的价值取向决定了整个未来社会的价值取向。引导当代青年价值观的正向发展,对于广大青年引领良好社会风尚、投身为实现中华民族伟大复兴而奋斗的伟大实践具有重要意义。

一、青年时期价值观养成的重要意义

国无德不兴,人无德不立。习近平明确指出,"一个民族的复兴需要强大的物质力量,也需要强大的精神力量。没有先进文化的积极引领,没有人民精神世界的极大丰富,没有民族精神力量的不断增强,一个国家、一个民族不可能屹立于世界民族之林"[①]。广大青年作为担当民族复兴大任的生力军和先锋力量,不仅需要具备过硬的本领,更要具备优良的道德品质。我国自古以来就非常重视道德的重要地位。《左传》记载,春秋时期鲁国大夫叔孙豹与晋国的范宣子曾就"死而不朽"的问题展开讨论,叔孙豹认为人的"死而不朽"的价值主要体现在"立德、立功、立言"三个方面,并将立德放在首位。《大学》开篇就说"大学之道,在明明德,在亲民,在止于至善"。止于至善,是中华民族始终不变的人格追求。站在新时代的历史起点上,落实立德树人中心任务,加强在全社会培育社会主义核心价值观,尤其需要注重青年的价值观养成,不断强化对青年的价值引领。

---

① 习近平. 在文艺工作座谈会上的讲话. 北京:人民出版社,2015:5.

青年是引领风气之先的社会力量。 社会风气是一个社会经济、政治、文化、道德等方面的综合反映，是人们整体精神面貌的集中表现。社会风气的好坏，关系到百姓能否安居乐业、社会能否和谐稳定、国家能否长治久安。社会的风气优良，身处社会中的人们就会积极向上、敬业乐群、守望相助；社会的风气败坏，就容易助长消极悲观的情绪，导致人心涣散、精神空虚，甚至道德滑坡，社会动荡不安。青年思维活跃，敢想敢干，富有热血和激情，作为社会思想文化的先导者、传播者和互动者，从来都是开风气之先的社会力量，其道德状态和精神风貌在很大程度上影响着整个社会的道德状态和精神风貌。习近平指出，要"高度重视和切实加强道德建设，推进社会公德、职业道德、家庭美德、个人品德教育，倡导爱国、敬业、诚信、友善等基本道德规范，培育知荣辱、讲正气、作奉献、促和谐的良好风尚"①。广大青年自觉抵制历史虚无主义、拜金主义、享乐主义、极端个人主义等错误思想，不断追求更有高度、更有境界、更有品位的人生，不断推动清风正气和蓬勃朝气遍布全社会。

　　青年正处在价值观形成的关键时期。 "凿井者，起于三寸之坎，以就万仞之深。"青年时期是人生的重要阶段，是一个人的世界观、人生观和价值观形成和确立的关键时期。一方面，青年朝气蓬勃、富有活力，思维敏捷、接受新事物快，具有较高创造力和创新性；另一方面，青年社会生活经验相对缺

---

① 习近平. 习近平谈治国理政：第1卷. 2版. 北京：外文出版社，2018：159.

乏，实践性不足，其思想尚处在向成熟阶段不断转化的过程中。因此，青年的价值观念容易受到各方面的影响，表现出强烈的可塑性。青年既面临着学习、工作、家庭等自我成长中的诸多难题，又要适应外界社会带来的各种挑战。如果缺乏良好的抗压能力，缺失正确的价值引领，青年就可能在世界观、人生观、价值观上出现认知偏差，甚至误入歧途。准确把握青年群体的心理特点和这一阶段的特质，是引导青年树立正确的价值理念、抓好青年价值观养成的关键所在。青年时期的价值观养成十分重要和关键，"这就像穿衣服扣扣子一样，如果第一粒扣子扣错了，剩余的扣子都会扣错。人生的扣子从一开始就要扣好"①。因此，做好青年价值观的培育工作，引导青年自觉树立和践行社会主义核心价值观，对于青年成长和社会发展具有至关重要的意义。

青年的价值取向决定了未来社会的价值取向。青年的精神状态、价值取向不仅引领着现实社会的价值取向，而且决定了未来社会的价值取向。习近平明确指出，青年是"标志时代的最灵敏的晴雨表"，"青年的价值取向决定了未来整个社会的价值取向"②。青年是国家的未来、民族的未来，青年的事业成就、梦想实现直接影响着国家未来的发展成就。青年的事业成就关键在于事业理想、价值观念的支撑。青年的价值观念直接

---

① 习近平. 青年要自觉践行社会主义核心价值观：在北京大学师生座谈会上的讲话. 北京：人民出版社，2014：9.

② 习近平. 青年要自觉践行社会主义核心价值观：在北京大学师生座谈会上的讲话. 北京：人民出版社，2014：3，9.

影响着个人的立身处世与事业建立，影响着对他人、社会、国家和人类的基本态度。青年群体能否确立正确的价值取向，关系到能否形成良好社会风气，关系到国家民族未来能否形成正向的价值取向。中国特色社会主义进入新时代，青年担当民族复兴大任、争做时代新人的历史使命愈加突出，面临的各种外部挑战和诱惑也十分严峻，个人主义、自由主义等各式各样的西方社会思潮在社会信息化时代加快传播，在我国的青年群体中产生了不容忽视的消极影响，为青年的价值观教育带来一定的挑战。营造良好的社会风气，为实现"两个一百年"奋斗目标、实现中华民族伟大复兴的中国梦提供精神支撑，迫切需要正确价值观的引领。青年群体作为引领社会风气之先的力量，形成正确的价值取向、良好的精神状态和精神面貌，对于未来社会风气和良好价值取向的形成具有十分重要的先导意义。

二、引领当代青年价值观的正向发展

培育和践行社会主义核心价值观，是有效整合我国社会意识、凝聚社会共识、化解社会矛盾，形成全社会最大公约数、汇聚人民群众的磅礴之力的重要举措，是保证我国经济社会沿着正确方向发展、实现中华民族伟大复兴的重要价值支撑和精神支撑。作为引领社会风气之先的重要社会力量，广大青年能否牢固树立和践行社会主义核心价值观，关系到社会稳定、民族复兴、国家发展。积极引领当代青年价值观的正向发展，对于广大青年立身处世、建功立业、筑梦新时代具有重要的基础性意义。

引领青年价值观正向发展是现实发展的客观需要。从社会运行来看，当代青年亲身见证了国家经济发展的突飞猛进、科技文化发展的日新月异以及生态环境的逐渐改善，整体上热情拥护党领导下的中国特色社会主义，推动了积极向上、开拓进取、崇德向善的社会风气的形成，是社会上正确价值观的认同者、践行者和传播者。从时代主题来看，当代青年群体处在经济全球化、政治多极化、文化多样化的和平与发展的时代，既有深厚和理性的爱国主义情感，又在日趋紧密的国际交往中形成深刻的人类情怀，普遍赞同并热烈支持构建人类命运共同体的理念和推动共建"一带一路"的实践。从个人发展来看，当代青年群体也受教育水平和生活质量显著提高，文化素质和知识水平较高。与此同时，青年群体也受到来自西方社会的"普世价值"等多元价值观的影响。西方社会的所谓"普世价值"，实质上是西方国家在近现代发展过程中形成的资本主义价值观，被当今西方国家作为开展意识形态斗争的武器，对青年正确价值观的养成和理想信念的确立造成了负面影响。这些现象和问题的出现更加凸显了开展社会主义核心价值观教育、引领当代青年价值观正向发展的客观必要性。

社会主义核心价值观是全体人民的共同价值追求。社会历史的发展深刻地表明，对一个民族、一个国家来说，最持久、最深层的力量，就是全社会共同认可的核心价值观。社会主义核心价值观是全体中国人民共同的价值追求，是当代中国精神的集中体现。党的十八大提出，要倡导富强、民主、文明、和谐，倡导自由、平等、公正、法治，倡导爱国、敬业、诚信、友善，积极培育和践行社会主义核心价值观，这与中国特色社会主义发展要求相契合，与中华优秀传统文化和人类文明优秀成果相承接，是我们党凝聚全党全社会价值共识所做的重要论断。社会主义核心价值观把涉及国家、社会、公民的价值要求融为一体，体现了社会主义意识形态的本质要求，继承了中华优秀传统文化，吸收了世界文明有益成果，体现了时代精神，对"建设什么样的国家、建设什么样的社会、培育什么样的公民"的重大问题做出了深刻的解答，是建设中国特色社会主义现代化强国、实现中华民族伟大复兴中国梦的价值引领。当代青年要深刻领会社会主义核心价值观的重要意义和科学内涵，自觉践行社会主义核心价值观，努力成为培育和弘扬社会主义核心价值观最积极、最活跃、最充分的模范和先进代表。

坚定树立中国特色社会主义价值自信与价值自觉。社会主义核心价值观有深厚的历史底蕴和坚实的现实基础，它所倡导的价值理念具有强大的道义力量，它所昭示的前进方向契合中国人民的美好愿景。社会主义核心价值观的提出，鲜明确立了当代中国的核心价值理念，生动展现了中国共产党和中华民族高度的价值自信与价值自觉。习近平指出，"一个民族、一个国家的核心价值观必须同这个民族、这个国家的历史文化相契合，同这个民族、这个国家的人民正在进行的奋斗相结合，同这个民族、这个国家需要解决的时代问题相适应"，并进一步强调，"一个民族、一个国家，必须知道自己是谁，是从哪里来的，要到哪里去，想明白了、想对了，就要坚定不移朝着目标前进"[①]。

---

① 习近平. 习近平谈治国理政：第1卷. 2版. 北京：外文出版社，2018：171.

这种坚定不移朝着目标前进的精神状态，就是一个民族、一个国家高度自觉自信的状态。坚定的核心价值观自信，是中国特色社会主义道路自信、理论自信、制度自信和文化自信的价值内核。培育和弘扬社会主义核心价值观，增强中国特色社会主义道路自信、理论自信、制度自信、文化自信，这是保持民族精神独立性的重要支撑。社会主义核心价值观丰厚的历史底蕴、坚实的现实基础、强大的道义力量为我们坚定树立中国特色社会主义的价值自信和价值自觉提供了充分的理由。

三、自觉树立和践行社会主义核心价值观

对于青年的成长成才而言，外在环境的影响并不足以决定最终的价值判断和选择，其内在的价值自觉具有更为关键的决定性力量。正如毛泽东所说，"外因是变化的条件，内因是变化的根据，外因通过内因而起作用"[①]。当代中国青年要在新时代建功立业，实现人生价值，就要"自觉践行社会主义核心价值观，不断养成高尚品格。要以国家富强、人民幸福为己任，胸怀理想、志存高远，投身中国特色社会主义伟大实践，并为之终生奋斗"[②]。

在文化传承中涵养正确价值观。价值观是文化的核心。正确价值观的养成离不开优秀文化的熏陶感染。党的十九大报告

---

① 毛泽东.毛泽东选集：第1卷.2版.北京：人民出版社，1991：302.
② 习近平.在知识分子、劳动模范、青年代表座谈会上的讲话.北京：人民出版社，2016：11.

指出:"中国特色社会主义文化,源自于中华民族五千多年文明历史所孕育的中华优秀传统文化,熔铸于党领导人民在革命、建设、改革中创造的革命文化和社会主义先进文化,植根于中国特色社会主义伟大实践。"① 不忘本来才能开辟未来,善于继承才能更好创新。中国人民的理想、价值观和精神世界始终扎根于中华优秀传统文化的沃土,同时又随着历史和时代发展而与时俱进。当代青年要养成正确价值观,就要增强文化自觉和文化自信,在文化传承发展中增进对正确价值观的认知认同。一是要在传承发展中华优秀传统文化中涵养正确价值观。回顾五千多年的文明发展史,我国古代尤为重视"仁义礼智信"等核心价值观的培育和践行。唐虞时期我国形成了"父义,母慈,兄友,弟恭,子孝"的"五教"价值观,春秋战国时期出现了"礼义廉耻""仁义礼智"的系列价值观念,两汉时期逐渐确立了"仁义礼智信"的"五常"价值观,宋代则发展出了"孝悌忠信、礼义廉耻"的"八德"价值观。中华优秀传统文化是当代中国核心价值观的重要滋养,也是当代青年价值观养成的重要文化基础,青年正确价值观的养成离不开优秀传统文化的认知认同和传承发展。二是要在发展弘扬革命文化中塑造正确价值观。革命文化起源于五四新文化运动和中国共产党的成立,形成于新民主主义革命时期,在社会主义革命建设以及改革开放时期不断被赋予新的内涵,蕴含了中华民族一以贯之的优秀思想观念、价值理念、人文精神,体现了中华民

---

① 习近平. 决胜全面建成小康社会 夺取新时代中国特色社会主义伟大胜利:在中国共产党第十九次全国代表大会上的报告. 北京:人民出版社,2017:41.

族一以贯之的精神追求、精神特质，积淀了社会主义核心价值观的重要理念。当代青年要在积极传承弘扬、发展创新革命文化中增进对正确价值观的认知认同。三是要在发展创新社会主义先进文化中养成正确价值观。"社会主义先进文化与社会主义核心价值观在指导思想和理想目标、价值取向和时代方向、教化功能和实践路径等方面具有高度的内在一致性。"① 广大青年积极投身于社会主义先进文化的学思结合、知行实践，有利于在当代先进文化建设中增进正确价值观的认知认同和切身践行。此外，当代青年还要在广泛借鉴吸收人类优秀文化成果的过程中不断形成正确价值观。

在明德修身中践行正确价值观。道德之于个人、之于社会，都具有基础性意义，做人做事第一位的便是崇德修身，正如蔡元培先生曾说，"若无德，则虽体魄智力发达，适足助其为恶"。修德，既要立意高远，又要立足平实。立志报效祖国、服务人民是大德，养大德者方可成大业。同时，还要从做好小事、管好小节起步，"见善则迁，有过则改"，踏踏实实修好公德、私德，学会劳动、学会勤俭，学会感恩、学会助人，学会谦让、学会宽容，学会自省、学会自律。"才者，德之资也；德者，才之帅也。"习近平强调，"核心价值观，其实就是一种德，既是个人的德，也是一种大德，就是国家的德、社会的德。国无德不兴，人无德不立"②。一个人只有明大德、守公

---

① 蒋艳.社会主义先进文化与社会主义核心价值观的共同属性论.思想教育研究，2019（1）.
② 习近平.习近平谈治国理政.北京：外文出版社，2014：168.

德、严私德，其才方能用得其所。青年要把正确的道德认知、自觉的道德养成、积极的道德实践紧密结合起来，不断修身立德，打牢道德根基，确保在人生的道路上走得更正、走得更远。"面对复杂的世界大变局，要明辨是非、恪守正道，不人云亦云、盲目跟风。面对外部诱惑，要保持定力、严守规矩，用勤劳的双手和诚实的劳动创造美好生活，拒绝投机取巧、远离自作聪明。面对美好岁月，要有饮水思源、懂得回报的感恩之心，感恩党和国家，感恩社会和人民。"① 新时代中国青年要在奋斗中摸爬滚打，体察世间冷暖、民众忧乐、现实矛盾，从中找到人生真谛、生命价值、事业方向，从中华民族传统美德中汲取道德滋养，从英雄人物和时代楷模身上感受道德风范，从自身内省中加强品德修养，提升道德修为，使社会主义核心价值观成为自己的基本遵循，并通过身体力行将其大力推广到全社会。

在知行合一中坚持正确价值观。"纸上得来终觉浅，绝知此事要躬行。"高尚道德品格的形成重在实践，贵在坚持。当代青年投身崇德向善的道德实践，就要向道德模范学习，培养志愿服务精神，大力弘扬时代新风。道德模范是指思想和行为能够激励人们不断向善且为人们所崇敬、模仿的先进人物，学习道德模范的高尚品格和先进事迹，有利于提升社会成员的道德素质和社会整体道德水平。当代青年要向道德模范学习，见贤思齐，弘扬真善美，传播正能量，做社会良知的守望者、积

---

① 习近平. 在纪念五四运动 100 周年大会上的讲话. 北京：人民出版社，2019：11.

极传播者和践行者。在深入社会、关爱他人、奉献社会中感受善的力量，以自身的实际行动为实现中华民族伟大复兴的中国梦做出贡献。

良好的社会风尚是人们在社会道德实践中逐渐形成的，当代青年投身崇德向善的道德实践，发挥社会主义道德的示范和引领作用，有助于促成知荣辱、讲正气、作奉献、促和谐的社会风尚。一是要知荣辱。要以正确的荣辱观为指导，坚定正确的行为导向，产生正确的价值激励，推动全社会形成知荣明辱的良好道德风尚。二是要讲正气。只有坚持真理、坚持原则，坚持同一切歪风邪气做斗争，才能无所畏惧地前进，才能不屈不挠地为国家、为社会建功立业。三是要作奉献。青年选择奉献，就是选择了高尚，奉献精神传递的温暖将拉近人与人之间的距离，建立和谐的人际关系和稳定的社会秩序，促进社会健康有序发展。四是要促和谐。民主法治、公平正义、诚信友爱、充满活力、安定有序、人与自然和谐相处的社会，是国家富强、民族复兴、人民幸福的重要保证。要促进自我身心的和谐、个人与他人的和谐、个人与社会的和谐、人与自然的和谐。新时代中国青年要在知行合一中深化道德践履，锤炼道德品质，担负起党和人民赋予的历史重任，努力成为德智体美劳全面发展的社会主义建设者和接班人！

第八章

马克思主义信仰引领新时代青年

　　信仰是人们最高层次的精神追求，是人的精神世界的最终旨归。马克思主义是关于自然、社会和人类思维发展一般规律的理论学说，是引导人们改造现实世界创造美好生活的行动指南，同时也是人类历史上具有变革意义的伟大信仰。作为一套系统完整、逻辑严密的世界观和方法论体系，马克思主义是历经实践检验的科学真理；而作为以人民群众为根本立场、以实现共产主义为最高目标的价值理想，马克思主义也是一种崇高的信仰追求。马克思主义正是科学真理和信仰追求的辩证统一，而使马克思主义信仰的真理性与价值性相统一的现实途径则是无产阶级和广大人民群众的实践。

　　信仰指引着人生奋斗的方向，新时代青年的使命担当与价值引领，在精神层面的最高表现就是科学信仰，归根结底是马克思主义的科学信仰。青年时期是世界观、人生观、价值观形成的关键时期，也是一个人信仰确立的关键时期。树立马克思主义科学信仰对于当代人特别是青年具有极为重要的意义，没有科学信仰和理想信念的支撑，很容易导致精神上得"软骨病"。信仰也引领着社会前进的步伐。我们所处的新时代，是实现中华民族伟大复兴最关键的时代，中华民族伟大复兴的中国梦是这个时代最伟大的梦想。习近平在党的十九大报告中指出："青年兴则国家兴，青年强则国家强。"[1] 当代青年只有在建设中国特色社会主义的伟大实践中磨砺意志、淬炼信仰，才能最终成长为合格的社会主义建设者和接班人，让青春出彩于新时代。

第一节 马克思主义是科学与信仰的统一

一、信仰的内涵及其历史形态

作为最高层次的精神追求，信仰是一个人实现人生价值的精神向导，是一个社会团结凝聚的精神纽带，是一个民族做出历史选择的精神动因。在人们寻求客观世界复杂现象的成因时，信仰提供了关于这个世界何以构造以及如何运转的解答；在人们遭遇现实的磨难和人生的困境时，信仰给予了人们迎难

---

[1] 习近平. 决胜全面建成小康社会 夺取新时代中国特色社会主义伟大胜利：在中国共产党第十九次全国代表大会上的报告. 北京：人民出版社，2017：70.

而上、克难前行的精神激励；在人们对未来怀抱美好憧憬时，信仰赋予了人们追求的目标和行动的指引。信仰具有强大的精神力量，拥有信仰的人具有明确的人生追求和价值选择，无论面临何等苦难，都会坚定信念并为之付出巨大的努力。反之，如果信仰缺失，就会使人丧失生活的方向和动力，在理想和现实之间巨大落差的痛苦中难以前行。正如陈先达先生所说："人生的最大危机，不是某种专业技能的缺失，而是生活意义和生活价值的丧失，是思想信仰、理想和价值观的危机。"①

（一）信仰的内涵和类型

"信仰"指的是对某种宗教或主义极度信服和尊重，并以之为行动的准则②。从信仰的主体上看，信仰属于人的主观意识范畴，同时包含认识的理性因素和感性因素，表现出人的高度的主体自觉性。不同于一般的信任或信念，信仰的相信程度更高，形成了一种神圣的尊崇感和心灵的归属感，表现为最高形式的精神追求。从信仰指向的对象看，信仰总是以某种思想主张或理论学说作为载体，体现出信仰的主体对这一对象的吸纳和遵从，而信仰的对象通常是较为完整的概念体系，包含了对外在世界和人类自身的总体看法和基本观点。从理论与实践的关系上看，作为精神世界的终极向导，信仰为人们提供了理想的蓝图和效仿的榜样，从而帮助人们建构起符合信仰要求的思维方式和行为准则。是否能够根据信仰的要求指导和规范自

---

① 陈先达. 马克思与信仰. 北京：中国人民大学出版社，2018：16.
② 夏征农，陈至立. 辞海. 第6版缩印本. 上海：上海辞书出版社，2010：2123.

身，并为信仰所指向的价值理想奋斗牺牲，是一个人信仰是否坚定的判断标准。

根据信仰主体层次的不同，信仰可以分为个人信仰和群体信仰。个人信仰的作用主要表现为对于个体生存意义、生活状态和生命价值的把握。每个人在成长过程中都会产生对于人生目的、人生态度和人生价值的思考，从而形成每个人独有的人生理解，信仰的建立有助于加深人们自身对于人生问题的总体理解，引导人们追求和实现人生价值。群体信仰则是在一定的社会、民族、国家或地区范围内的人群共同持有的信仰，反映着这一由地域、民族、文化等因素构成的群体的根本性认知和总体追求。群体信仰的作用主要表现为对群体成员的团结和凝聚，以及对其社会关系的约束和调控。其中，政治信仰反映了社会成员对某种核心意识形态及其政治思想理论的认同、信服和敬仰，并将其奉为每个成员身体力行的准则。

（二）信仰的历史形态

信仰作为一种观念上层建筑的主观意识，根源于一定历史阶段的社会经济基础，其历史形态随着社会的发展进步而不断演进。从最初的原始信仰、宗教信仰、理性信仰到科学信仰，信仰在历史前进的过程中表现出不同的具体形态。原始信仰形成于人类社会早期的原始社会，表现为创世神话、英雄神话、图腾崇拜和巫术崇拜等形式，尽管内容形式上较为简单，但为早期的人们认识和理解世界提供了相对完整的诠释体系。宗教信仰是人类社会发展到一定阶段的特殊的意识形态，其思想体系和理论架构更加庞大而严整，对世界的解释更加系统化，对人们的现实生活具有更加直接的指导意义。随着私有制的发展和社会等级的分化，宗教信仰往往沦为统治阶级用来压迫人民群众的工具，其钳制人民思想和行动自由、阻碍社会文明发展进步的一面不断暴露出来。近代西方社会掀开了理性启蒙的大幕，在与封建专制和宗教愚昧做斗争的过程中，人们逐渐形成了以自由、平等、民主和法制理念为代表的象征新兴资本主义精神的理性信仰。在自然科学取得新进展和工业革命带动生产力飞速提升的背景下，人们不再把世界视为独立于主体之外的自在物，而将其把握为由人们自己创造因而能为人们所认识的产物，信仰在人的个性解放和能动性彰显的层面上被赋予了新的意义。随着现代化、全球化的步伐不断加速，人们对于世界的科学认识获得了空前发展，19世纪中叶，马克思主义的诞生终于使资本主义生产的奥秘和人类社会发展的科学规律呈现在世人面前。马克思主义信仰以一种崭新的形式占据了信仰发展历程的最高点，实现了人类信仰史上的伟大变革。

（三）宗教信仰与科学信仰

在日常生活中提及信仰，仍有不少人会将其与宗教信仰混为一谈，但是通过对信仰发展过程中的不同历史形态的考察，便能清晰地把握二者的区别。在社会生产力取得了一定发展但又发展不充分的阶段，宗教信仰能够以其独特的方式解释自然界万千变化的原因，干预和引导人类社会的行为规则和秩序，反映了人们试图揭开宇宙与人生之谜的探索性尝试。经过长期的历史演进，宗教信仰发展出较为完善的理论体系，通过宗教典籍和阐释性著作的广泛传播以及为数众多的团体组织的建立，对现实社会的发展和人类文明产生了极为深刻的影响。其中，基督教、伊斯兰教、佛教、道教、印度教等宗教拥有较为广泛的信徒，其影响依然渗透在现代社会生活的方方面面。

宗教信仰所信奉的对象是超自然的存在和神圣化的理念，通过其神秘的形式对世界的本质、人类的起源和社会运行规律等重要问题提供解释，以适应一定历史阶段内人们认识世界和改造世界的需要。在私有制社会中，宗教凭借其神秘性和垄断性的特征，往往成为统治阶级剥削和奴役人民群众的手段。为宗教统治所笼罩的中世纪的欧洲就是最鲜明的例证，即使是宗教改革运动的兴起依然没有改变其压迫的实质。马克思曾这样评价马丁·路德的宗教改革："他破除了对权威的信仰，是因为他恢复了信仰的权威。他把僧侣变成了世俗人，是因为他把世俗人变成了僧侣"，"他把肉体从锁链中解放出来，是因为他给人的心灵套上了锁链"①。在《〈黑格尔法哲学批判〉导言》中，马克思尖锐地指出宗教的本质是私有制社会这种"**颠倒的世界**"产生的"**颠倒的世界意识**"，批判其为"被压迫生灵的叹息"和"人民的**鸦片**"②，他站在无产阶级的立场上对资产阶级的宗教观进行了无情的鞭挞。

科学信仰在自然科学高速发展的进程中应运而生，建立在科学命题的基础之上，强调在一定的现实历史条件下理解人类

---

① 马克思，恩格斯. 马克思恩格斯文集：第 1 卷. 北京：人民出版社，2009：12.
② 马克思，恩格斯. 马克思恩格斯文集：第 1 卷. 北京：人民出版社，2009：3-4.

社会活动，运用辩证的科学思维方法探求规律性认识，这既与宗教信仰将超自然的存在和理念作为寄托截然不同，又与资产阶级启蒙时代对永恒化的、非历史的理性的追求区别开来。人们对客观世界的认识经历了由不科学到科学的发展过程，任何时代的任何知识，其科学性都是相对的，都需要经历进一步的发展和实践的检验。科学信仰既源于科学认识，又高于科学认识，反映了人们掌握世界规律而又不受制于僵化教条的认知高度。辩证唯物主义和历史唯物主义科学揭示了自然、社会和人类思维发展的一般规律，在这一基础上形成的马克思主义信仰为人们更好地认识世界和改造世界提供了现实的指南，同时为人们在追寻真理之路上的不懈求索提供了坚定的精神支柱。

二、马克思主义既是科学也是信仰

关于马克思主义的科学理论何以成为一种信仰，陈先达先生曾说："马克思主义当然是科学学说，但对以马克思主义为指导的共产党来说，对马克思主义者和一切反对资本主义制度的革命者来说，马克思主义学说可以成为一种信仰。"① 不同于资产阶级意识形态和自然科学所谓"价值中立"的形式合理性即工具理性，马克思主义对于社会发展规律的科学建构是具有鲜明的无产阶级立场的，它不仅仅是一种理论学说，更是马克思主义信仰者所拥有的强大思想武器。马克思主义既蕴含了对客观世界的本质性认识和规律性把握，又以最广大人民的根

---

① 陈先达. 马克思与信仰. 北京：中国人民大学出版社，2018：172.

本利益为出发点追求全人类的解放，是科学真理和信仰追求的统一。马克思主义信仰既具有真理性的维度，又具有价值性的维度，其真理性与价值性在无产阶级的实践中实现了辩证统一。

（一）马克思主义是科学真理

科学真理指的是对客观事物及其规律的正确反映。马克思主义的科学性在于其对自然、社会和人类思维发展本质和规律的正确反映，它不因一时一事的移易而失效，在历史的变迁中始终闪烁着耀眼的真理光芒。习近平指出："马克思主义哲学尽管诞生在一个半世纪之前，但由于它深刻揭示了客观世界特别是人类社会发展一般规律，被历史和实践证明是科学的理论，在当今时代依然有着强大生命力"[①]。马克思和恩格斯通过创立唯物史观和剩余价值学说，揭示了资本主义运行的特殊规律和人类社会发展的一般规律，为深刻理解事物的本质和发展规律提供了科学的认识，这些认识的真理性在历史与实践的长期检验中不断得到了确证。

科学真理包含了认识主体对于客体的能动的正确把握。从认识的客体看，马克思主义科学地强调社会存在决定社会意识，物质资料的生产方式是人类社会存在和发展的基础。马克思指出："共产党人的理论原理，决不是以这个或那个世界改革家所发明或发现的思想、原则为根据的。这些原理不过是现存的阶级斗争、我们眼前的历史运动的真实关系的一般表述。"[②]

[①] 习近平. 坚持历史唯物主义不断开辟当代中国马克思主义发展新境界. 求是，2020（2）：4.

[②] 马克思，恩格斯. 马克思恩格斯文集：第2卷. 北京：人民出版社，2009：44-45.

具体而言,马克思主义哲学的研究对象是整个世界的本质和一般规律,马克思主义政治经济学的研究对象是以社会化大生产为基础的资本主义经济运行的客观规律,科学社会主义的研究对象是无产阶级和人类解放的目标与实现途径。从认识的主体看,马克思主义具有鲜明的无产阶级立场,而无产阶级的阶级利益与人民群众的根本利益是一致的,无产阶级解放的目标与全人类解放的目标也是一致的。无产阶级代表了最为革命、进步的力量,象征着社会生产力和人类文明前进的方向,它在革命运动的实践中提出了对科学指导思想的要求,推动着科学理论的不断发展。

马克思主义的科学真理意义既是绝对的,又是相对的,一部马克思主义的发展史正是生动地展现相对真理向绝对真理不断迈进的历史。毛泽东曾形象地指出:"在绝对真理的长河中,人们对于在各个一定发展阶段上的具体过程的认识只具有相对的真理性。无数相对的真理之总和,就是绝对的真理。"[1] 一方面,马克思主义所揭示的客观事物及其规律是不以人的意志为转移的,同时,马克思主义还在不断发展当中,能够不断认识无限发展的客观世界,因此可以作为真理来把握。另一方面,马克思主义也是特定历史时代的产物,必然受到历史条件的限制,其认识的范围有待拓展,认识的程度有待深化,故而具有相对的真理意义。经典马克思主义诞生于19世纪中叶的欧洲资本主义社会,没有也不可能穷尽真理,它既不可能断言

---

[1] 毛泽东.毛泽东选集:第1卷.2版.北京:人民出版社,1991:295.

不同民族和国家的具体发展情形，也不可能包治当今时代产生的各种疑难杂症。但时至今日，马克思主义的生命力非但没有减弱，反而更加旺盛，是因为当代的马克思主义信仰者依然在坚持中发展马克思主义，在实践中丰富马克思主义。

（二）马克思主义是信仰追求

承认理论的科学性和规律的客观性，并不意味着人们能够安逸地等待理论自发地起作用，不能期望理论能够代替实践的功能。只有充分发挥人的主观能动性，在深刻理解和把握客观规律的基础上，遵循规律的指引改造现实世界以服务于人的需要，才能真正推动历史的发展。马克思主义是在指导人们变革旧世界、创造新世界的革命实践中锤炼形成的，也是在一代代马克思主义信仰者前赴后继的接续奋斗中丰富和发展的。"哲学家们只是用不同的方式**解释**世界，问题在于**改变**世界"①，生动地体现了马克思主义信仰所要求的自觉的实践性。习近平指出："马克思主义不是书斋里的学问，而是为了改变人民历史命运而创立的"②。马克思主义信仰作为人类历史上最具实践性、革命性的信仰，为人们认识世界、改造世界提供了强大精神力量。

思想只有为人民所掌握，才能激发出现实的能量；信仰只有获得群众的支持和拥护，才能真正引领社会的进步。马克思

---

① 马克思，恩格斯. 马克思恩格斯文集：第 1 卷. 北京：人民出版社，2009：502.

② 习近平. 在纪念马克思诞辰 200 周年大会上的讲话. 北京：人民出版社，2018：9.

指出:"批判的武器当然不能代替武器的批判,物质力量只能用物质力量来摧毁;但是理论一经掌握群众,也会变成物质力量。"① 马克思主义蕴含的磅礴的真理力量需要现实的载体,这个现实载体就是马克思主义的信仰者,首先是以马克思主义为纲领的无产阶级政党。作为无产阶级的先锋队,马克思主义政党代表着掌握最先进生产力、最具革命性的社会阶级,在革命斗争中通过党的领导组织起广大人民群众,为特定历史时期和条件下的目标而奋斗,最终实现共产主义。作为信仰的马克思主义不仅有着坚实稳固的理性支柱,而且赋予信仰者感性的价值理想和澎湃的革命情怀。在《共产党宣言》的最后,马克思高呼"共产党人不屑于隐瞒自己的观点和意图。他们公开宣布:他们的目的只有用暴力推翻全部现存的社会制度才能达到。让统治阶级在共产主义革命面前发抖吧。无产者在这个革命中失去的只是锁链。他们获得的将是整个世界"②。面对现实世界的残酷压迫,面向风起云涌的革命浪潮,"全世界无产者,联合起来!"的号召高高擎起了马克思主义信仰的旗帜。

(三)马克思主义是科学真理与信仰追求的统一

马克思主义既是科学真理,也是信仰追求,但并不是所有的科学理论都可以成为人的信仰。科学理论的指导意义是无差

---

① 马克思,恩格斯. 马克思恩格斯文集:第1卷. 北京:人民出版社,2009:11.
② 马克思,恩格斯. 马克思恩格斯文集:第2卷. 北京:人民出版社,2009:66.

别、一般性的，它所揭示的客观事物及其规律是普遍适用的，而信仰则是为个人和一定的群体所特有的，即只有信仰主体的存在才有信仰的存在。从这个意义上说，马克思主义信仰问题主要指的是马克思主义信仰者的问题，正是马克思主义的信仰者使马克思主义理论不仅作为理论而存在，而且作为信仰而存在[①]。"对坚定的马克思主义者来说，科学和信仰是统一的。"[②] 对于马克思主义理论的信仰者和践行者而言，尤其是对于以马克思主义为纲领的共产党而言，马克思主义是科学真理与信仰追求的统一。其中，信仰追求以科学真理作为基础和出发点，科学真理以信仰追求作为目标和落脚点。没有科学理论的坚实基础，信仰只能沦为精神上的自我慰藉，理想只是海市蜃楼；没有理想信仰的价值引领，理论的力量亦难以转化到现实的实践之中。

马克思主义信仰既具有真理性的维度，又具有价值性的维度。在实践的过程中，真理是制约实践的客观尺度，价值则是制约实践的主体尺度，它们共同构成了实践主体追求的目标，共同规范和引导着主体的实践活动。追求马克思主义信仰是一个遵循了真理性和价值性双重维度的过程，马克思主义信仰的真理性和价值性在无产阶级的实践中实现了辩证统一。170多年来，科学社会主义的理论与实践发展历经艰险曲折，为共产主义而奋斗的事业充满磨难和牺牲，但在马克思主义信仰的指引下，人民努力追求自身解放、自觉推动历史前进的总体进程

---

① 刘建军. 马克思主义信仰论. 北京：中国人民大学出版社，1998：21.
② 陈先达. 马克思与信仰. 北京：中国人民大学出版社，2018：175.

没有改变，人类社会向前发展的趋势和方向没有改变，世界各民族平等交往、共同发展的共同追求没有改变。从国际工人联合会的巴黎公社革命到第二国际的工人运动，从苏维埃俄国的无产阶级革命到世界各国追求民族解放的斗争，从近代中国的新民主主义革命到新时代中国特色社会主义的伟大实践，马克思主义信仰者和追随者用百折不挠的革命意志和波澜壮阔的革命行动为无产阶级和人类的解放而斗争，守护着马克思主义者的精神家园。

"实践证明，马克思主义的命运早已同中国共产党的命运、中国人民的命运、中华民族的命运紧紧连在一起"①。近代以来的中华民族一度陷入内忧外患的悲惨境地，师夷长技以制夷和师夷长技以自强屡屡失败，资产阶级改良派和资产阶级革命派的方案纷纷破产，十月革命一声炮响，给中国送来了马克思列宁主义，以马克思主义为指导的中国共产党应运而生。马克思主义为中国革命、建设、改革提供了强大的思想武器，引领近代以来积贫积弱的中国走向了全面建设社会主义现代化强国的康庄大道。历史和实践充分证明，只有把马克思主义基本原理同中国具体实际相结合，才能让中华民族实现从"东亚病夫"到站起来再到富起来的伟大飞跃，进而迎来强起来的光明前景。中国共产党人要始终坚持马克思主义的根本指导思想，坚持运用马克思主义的立场、观点、方法不断深化对共产党执政规律、社会主义建设规律、人类社会发展规律的认识，为推

---

① 习近平. 在纪念马克思诞辰200周年大会上的讲话. 北京：人民出版社，2018：14.

动马克思主义与时俱进、不断发展而不懈奋斗。

三、青年确立科学信仰的意义

科学信仰作为人们的精神向导，不仅具有思想上的指导意义，而且具有重大现实意义。马克思主义的科学信仰强调理论联系实际，在赋予人们强大的精神能动性的同时引导人们自觉地按照理论的要求付诸行动，促进理论向实践的转化，从而发挥信仰作为精神活动的现实意义。

青年时期是一个人世界观、人生观、价值观形成的关键时期，也是一个人信仰确立的关键时期。习近平在纪念五四运动100周年大会上的讲话中指出："新时代中国青年要树立对马克思主义的信仰、对中国特色社会主义的信念、对中华民族伟大复兴中国梦的信心"[①]。只有马克思主义这样兼具世界观和方法论的科学性和积极的价值取向的理论学说，才能成为当代青年最应当确立的科学信仰。坚定马克思主义科学信仰，树立马克思主义理想信念，对当代青年的成长进步和全面发展具有极为重要的意义。

第一，有助于形成系统科学的世界观。法国思想家帕斯卡尔曾将人比喻成"一根能思想的苇草"，认为人类"全部的尊严就在于思想"[②]。人是理性思考的动物，能够运用理性认识去探索世界的规律，寻求宇宙的奥秘。青年时期是一个人关于自

[①] 习近平.在纪念五四运动100周年大会上的讲话.北京：人民出版社，2019：7.

[②] 帕斯卡尔.思想录.何兆武，译.北京：商务印书馆，1985：157-158.

身所处的世界以及自身与世界关系的认知的形成时期。青年的思维是活跃的，易于接受新鲜事物，乐于体验大千世界。同时，青年理性思考的能力处于动态发展和提升的过程中，科学信仰的确立会对青年认识世界、通过理性思考把握世界起到巨大的引导作用。辩证唯物主义和历史唯物主义是人们观察和理解世界的有效认识工具。在马克思主义产生以前，历史上的唯物论总是同形而上学相联系，辩证法和历史观则无法摆脱唯心主义的桎梏。马克思和恩格斯在批判继承德国古典哲学的基础上创立了唯物论与辩证法相统一、唯物主义自然观与历史观相统一的系统科学的世界观。这一世界观引导青年一切从实际出发、实事求是，并学会从实践出发理解社会生活的本质、把握人与自然之间的关系。与这一世界观相统一的方法论引导青年按照联系与发展的观点看待问题，采取矛盾分析方法面对问题，运用抽象与归纳、逻辑与历史相统一等辩证思维方法理解问题，形成关于世界以及自身与世界关系的清晰认知和全面把握。

第二，有助于塑造积极正向的价值观。价值观是人们对于价值本质的认识以及关于价值评价标准和体系的观点的总和。人生价值是一种特殊的价值，反映了人的生命活动对于个人和社会的意义，体现出对于个人需求和社会需要的满足程度。习近平指出，"青年的价值取向决定了未来整个社会的价值取向，而青年又处在价值观形成和确立的时期，抓好这一时期的价值观养成十分重要"，并曾用扣扣子的巧喻形象地说明了青年时期价值观养成的重要性——"这就像穿衣服扣扣子一样，如果第一粒扣子扣错了，剩余的扣子都会扣错。人生的扣子从一开始就要扣好"①。信仰是人的认知与情感、意志的统一，在人的理性认识的基础上，包含了其自身的情感、情绪以及个体的意志品质。价值观的养成则与认识主体的特殊需要和个性体验紧密联系，相同的事物和现象对于价值观不同的主体而言，具有不同的价值评判结果。马克思主义信仰为青年提供了积极的价值取向，即把社会生产力进步和人的全面发展作为价值评判的根本标准。在这一价值理念引导下，青年将会把人生的自我价值放在社会价值的视野内加以审视，在追求自我价值满足的同时促进社会价值的实现，在为社会进步做出贡献的过程中实现自己的人生价值。党的十八大提出，要倡导富强、民主、文明、和谐，倡导自由、平等、公正、法治，倡导爱国、敬业、诚信、友善，积极培育和践行社会主义核心价值观。坚定的核心价值观自信是中国特色社会主义道路自信、理论自信、制度自信和文化自信的价值内核，而中华优秀传统文化与历史底蕴、中国特色社会主义实践基础和马克思主义信仰的强大道义力量则为坚定核心价值观自信提供了充分的依据。弘扬社会主义核心价值观有助于引领当代青年自觉提升道德修为，抵制社会错误思想和不良风气，鼓舞当代青年努力成为社会主义核心价值观的坚定信仰者、积极传播者和模范践行者。

第三，有助于树立青春奋斗的人生观。人为什么活着，生命的意义在于什么，人生的前途通往何方，这些问题贯穿人的一生，青年时期的这些思考对个人的发展尤为重要。人生观是

---

① 习近平. 习近平谈治国理政：第1卷. 2版. 北京：外文出版社，2018：172.

人们在实践中形成的关于人生目的、人生意义与价值等问题的总体看法和根本观点。人生目的是人生观的核心，人生意义则是人生观的归宿。然而，人生意义与价值的寻求并不是一件简单的事，人们也很难在日常生活中直观地体验到生命意义的满足和实现。每个人的生命在一定意义上是偶然的、有限度的，而信仰的出现则建立了一个必然的、永恒的精神世界，为现实中的个人提供了精神归宿，使人从中探寻生存的意义和生命的价值。马克思主义信仰指明了人生的终极目标，即实现人的自由而全面的发展和全人类解放，这与马克思主义的人民立场是一致的，也与马克思主义的社会进步观是一致的。一个人在青年时期树立的人生目标，会在潜移默化中影响和规范自身的言行，引导人生前进的方向。青年时期设立了什么样的人生目标，在成长的机遇和挑战面前就会采取什么样的人生态度，在现实世界的诸多选择面前就会追求什么样的人生价值。青年在规划自己的职业生涯时，不能仅仅考虑自身的需要，而要用更宽广、科学的态度投身到符合整个社会绝大多数人的利益的事业中。习近平曾经指出，"离开了祖国需要、人民利益，任何孤芳自赏都会陷入越走越窄的狭小天地"，"只有把自己的小我融入祖国的大我、人民的大我之中，与时代同步伐、与人民共命运，才能更好实现人生价值、升华人生境界"[①]。把服务人民、奉献社会作为最高意义的人生追求，有助于青年更加清晰地把握奋斗方向，珍惜青春时光，实现人生价值升华。

---

① 习近平. 在纪念五四运动100周年大会上的讲话. 北京：人民出版社，2019：7.

身处中国特色社会主义新时代，我们比历史上任何时期都更加接近实现中华民族伟大复兴的目标，但这一伟大目标绝不是轻轻松松、敲锣打鼓就能实现的，而是需要全国各族人民一代又一代的接续奋斗。当前，我国意识形态领域面临着新的挑战，西方"普世价值论""历史终结论""虚无主义"等错误思潮冲击着人们的思想，要坚持好、发展好中国特色社会主义，我国青年必须要确立起坚定的科学信仰，做坚定的马克思主义信仰者，树立科学的世界观、人生观和价值观。当代青年要全面掌握辩证唯物主义和历史唯物主义的世界观和方法论，深刻理解马克思主义的科学思维方法和实践方法，深刻理解马克思主义的理论意义和现实意义，主动运用马克思主义的立场、观点、方法来观察世界、指导实践，为迎接未来的新情况新形势新挑战做好准备，在开拓创新、锐意进取中不断开辟人生的新境界。

第二节　引领当代青年树立马克思主义信仰

马克思主义是中国共产党人理想信念的灵魂，毛泽东曾指出，"如果我们党有一百个至二百个系统地而不是零碎地、实际地而不是空洞地学会了马克思列宁主义的同志，就会大大地提高我们党的战斗力量"①，反映出马克思主义信仰的强大现

---

① 毛泽东. 毛泽东选集：第2卷. 2版. 北京：人民出版社，1991：533.

实力量。我们党的奋斗历程和成功经验充分表明，只有牢固树立马克思主义信仰，建立坚实的信仰根基，才能在各种风浪考验面前始终坚持正确的政治方向。引领当代青年树立马克思信仰，使马克思主义的信仰力量不断彰显，就要"让有信仰的人讲信仰"。要以习近平关于青年和青年工作的重要论述、关于理想信念教育的重要论述为指导开展新时代青年信仰教育；要坚持把立德树人作为中心环节，把思想政治工作贯穿教育教学全过程；要密切关注时代潮流的发展和不断出现的新课题，迎接时代的新变化和新挑战。就具体的途径而言，要从强化理性认同、促进价值认同、培养文化认同三个方面帮助青年树立信仰，努力培养德智体美劳全面发展的社会主义事业建设者和接班人。

一、让有信仰的人讲信仰

习近平在学校思想政治理论课教师座谈会上的讲话中指出，要让有信仰的人讲信仰，这体现出信仰引领在思想政治工作中的重要性。"我们党立志于中华民族千秋伟业，必须培养一代又一代拥护中国共产党领导和我国社会主义制度、立志为中国特色社会主义事业奋斗终身的有用人才。在这个根本问题上，必须旗帜鲜明、毫不含糊。"[①] 唯有信仰坚定，才能旗帜鲜明。开展新时代青年信仰教育，发挥信仰对青年的引领作用，是培养社会主义建设者和接班人的重要环节。

---

① 习近平. 用新时代中国特色社会主义思想铸魂育人　贯彻党的教育方针落实立德树人根本任务. 人民日报, 2019-03-19 (1).

(一)开展青年信仰教育的理论遵循和行动指南

开展新时代青年信仰教育,要以习近平新时代中国特色社会主义思想作为根本指导思想,以习近平关于青年和青年工作的重要论述、关于理想信念教育的重要论述作为理论遵循和行动指南。党的十八大以来,习近平对青年地位、青年教育和青年成长成才等重大理论和实践问题做出了一系列重要论述,形成了新时代青年观,引领新时代的青年和青年工作始终沿着正确的方向健康发展,这是新时代青年信仰教育必须坚持的指导思想。

习近平关于理想信念教育的重要论述对开展新时代青年信仰教育具有重要的指导意义。党的十九大报告把坚定理想信念作为党的思想建设的首要任务,突出体现了理想信念教育的重要性。理想指引人生方向,信念决定事业成败。失去了理想信念把牢方向的作用,人的思想意志就会动摇,道德自律就会滑坡。习近平形象地将理想信念喻为"共产党人精神上的'钙',没有理想信念,理想信念不坚定,精神上就会'缺钙',就会得'软骨病'"[①]。习近平关于青年和青年工作的重要论述要求当代青年自觉确立马克思主义信仰,树立为实现中华民族伟大复兴中国梦而奋斗的人生理想,为新时代青年信仰教育提供了科学的理论依据和行动纲领。

(二)落实好思想政治工作立德树人根本任务

百年大计,教育为本。教育是立德树人的事业,决定着党

---

① 习近平. 习近平谈治国理政. 北京:外文出版社,2014:15.

和国家的未来。习近平在全国高校思想政治工作会议上的讲话中强调："高校思想政治工作关系高校培养什么样的人、如何培养人以及为谁培养人这个根本问题。要坚持把立德树人作为中心环节,把思想政治工作贯穿教育教学全过程,实现全程育人、全方位育人,努力开创我国高等教育事业发展新局面。"①我们的高校是中国特色社会主义高校,做好高校思想政治工作,必须全面贯彻党的教育方针,坚持马克思主义的指导地位,突出马克思主义信仰的引领作用。要通过马克思主义科学理论的传播,为青年的成长和发展奠定科学的思想基础;要通过马克思主义价值理想的培育,引导青年做社会主义核心价值观的坚定信仰者、积极传播者、模范践行者,为改革开放和社会主义现代化建设事业培养德才兼备、全面发展的人才。

落实立德树人的根本任务,必须把思想政治理论课作为关键一环。要"理直气壮开好思政课",就要用习近平新时代中国特色社会主义思想铸魂育人,引导学生树立对马克思主义的信仰、对中国特色社会主义的信念和对实现中华民族伟大复兴中国梦的信心,这是新时代思想政治教育工作者的光荣使命。习近平强调,办好思想政治理论课的关键在于教师,在于发挥教师的积极性、主动性、创造性——"思政课教师,要给学生心灵埋下真善美的种子,引导学生扣好人生第一粒扣子"②。在引导青年树立马克思主义信仰的实际教学过程中,思政课教

---

① 习近平. 习近平谈治国理政:第2卷. 北京:外文出版社,2017:376.
② 习近平. 用新时代中国特色社会主义思想铸魂育人 贯彻党的教育方针 落实立德树人根本任务. 人民日报,2019-03-19(1).

师队伍的自身建设是关键因素,"如果说马克思是'盗火'的普罗米修斯,那么马克思主义理论课教员就是播火者"①。就思想政治教育工作者而言,只有坚定马克思主义信仰不动摇,才能充分发挥教育主体的主导性和理论内容的说服力,有效加强知识的传递和价值的引导,营造教学过程双向互动的积极循环。新时代的思想政治教育工作者队伍要按照政治要强、情怀要深、思维要新、视野要广、自律要严、人格要正的六个方面要求提升自身素养,不负时代使命与党和人民的重托,努力培养具有坚定的马克思主义信仰、能够担当民族复兴大任的时代新人。

(三)积极回应时代发展提出的新课题和新挑战

当今世界格局正处在加快演变之中,出现了前所未有的深刻复杂的现实形势和理论问题。新时代理论工作者和教育工作者要密切关注时代潮流的发展演变,认真研究和合理解答时代的新课题,善于顺应时代的新变化,勇于迎接时代的新挑战。时代在改变,信仰教育的主体和客体的实际情况也在相应地改变,而追寻信仰的奋斗却具有永恒的意义和持久的力量。让有信仰的人讲信仰,既要坚定马克思主义信仰不动摇,还要顺应时代发展,不断提升"讲信仰"的能力和水平。习近平指出:"世界格局正处在加快演变的历史进程之中,产生了大量深刻复杂的现实问题,提出了大量亟待回答的理论课题。"② 这些都是时代的新变化及其带来的新挑战,需要当代理论工作者和

---

① 陈先达.伟大的马克思:做新时代马克思主义者.天津:天津人民出版社,2019:218.

② 习近平.习近平谈治国理政:第2卷.北京:外文出版社,2017:66.

教育工作者密切关注和研究。

马克思主义为我们提供了观察和解读时代的认识工具,我们就要善于利用马克思主义的立场、观点、方法准确把握时代发展的脉搏,有效应对面临的时代课题。面对世界格局加快演变产生的大量深刻复杂的现实问题,要加强对当代资本主义的研究,分析把握其出现的各种变化及其本质,深化对资本主义和国际政治经济关系深刻复杂变化的规律性认识。面对当代世界马克思主义思潮,要密切关注和研究,有分析、有鉴别,既不能一概排斥,也不能全盘照搬,而是要批判吸收国外马克思主义研究的优秀理论成果,准确把握当代资本主义新变化新特征,加深对资本主义发展趋势和命运的理解。

新中国成立以来特别是改革开放以来,中国社会发生了沧海桑田的巨大变迁,见证了世所罕见的发展奇迹,"置身这一历史巨变之中的中国人更有资格、更有能力揭示这其中所蕴含的历史经验和发展规律,为发展马克思主义作出中国的原创性贡献"①。新时代的理论工作者和教育工作者要具备这样的理论自觉,更要建立这样的理论自信,深入总结当代中国发展实践,用宽广视野吸收人类文明一切有益成果,不断丰富和发展马克思主义,让马克思主义信仰永放光芒。

二、当代青年信仰培育的基本途径

(一)强化理性认同

理性认同,是指当代青年对所收集和了解的包括马克思主

---

① 习近平. 习近平谈治国理政:第2卷. 北京:外文出版社,2017:66.

义在内的信息进行分析、处理和加工，在经过合理推理和理性判断之后做出价值评价和选择的过程。实现理性认同的关键，在于当代青年必须具备完善的理性思维、正确的价值判断和选择能力。引领当代青年树立科学信仰，首要在于强化当代青年对马克思主义的理性认同。当前，世界范围内各种社会思潮融会交锋，国内各种矛盾和热点问题叠加出现，境外敌对势力对我国实施西化、分化的战略一刻也没有放松。而当今社会又是信息高度发达的社会，青年了解外界信息的渠道日益多元，西方资产阶级思潮正通过互联网等手段不断渗透，给我国的青年信仰教育带来了一定的压力。当代青年正处于价值观养成和信仰确立的关键时期，面对深刻复杂的世界形势，面对思潮激荡的信息时代，如何运用理性思维看待世界、采取正确的价值理念做出选择，显得尤其重要。为此，要努力培养青年理性思考、综合分析和正确选择的能力，把握好世界观、人生观、价值观这把"总钥匙"，才能在纷繁复杂的社会万象中洞若观火，做出正确的判断和选择。

"古今中外，每个国家都是按照自己的政治要求来培养人的"，"我国社会主义教育就是要培养社会主义建设者和接班人"[①]。马克思主义作为我国大学最鲜亮的底色，具有主导当代青年学生信仰建构的必然要求。强化当代青年对马克思主义科学信仰的理性认同，就要引导学生从社会主义思想的理论源头和历史飞跃中探寻马克思主义信仰的科学性和真理性，从世

---

① 习近平. 在北京大学师生座谈会上的讲话. 北京：人民出版社，2018：6.

界社会主义运动的理论和实践发展历程中体会马克思主义的人民性和实践性,从中国共产党探索和开创中国特色社会主义的伟大实践中理解社会主义的历史必然性,从马克思主义与时俱进开拓创新的当代发展中坚定科学信仰的开放性,从而更加深刻地建构起马克思主义崇高信仰,为实现共产主义远大理想和中国特色社会主义共同理想而奋斗终生。

(二)促进价值认同

价值认同,是人们基于对自身和社会发展及其相互关系的认知和理解,在观念上和心理上对某类价值观产生的认可和赞同。价值认同是经过理性判断基础之上的价值选择,是精神层面更深层次的认知和判断。每个时代都有每个时代的精神,每个时代都有每个时代的价值观念。国有四维,礼义廉耻,"四维不张,国乃灭亡",这是中国先人对当时核心价值观的认识。在全球化信息化的时代,西方的文化及价值观念不断冲击着我国青年的思想。加强对青年价值认同的感召,不断增强社会主义核心价值观的价值主导作用,进而强化青年对马克思主义信仰的价值认同十分重要。中国特色社会主义进入新时代,青年是新时代建设中国特色社会主义的关键力量,只有坚持不懈地通过价值观培养和教育,促使青年将社会主义核心价值观牢记于心,引导广大青年做科学信仰的坚定信仰者和模范践行者,才能真正将中国特色社会主义道路自信、理论自信、制度自信、文化自信转化为青年一代的价值自信,为培养社会主义建设者和接班人贡献青年力量。

一个时代的精神,是青年代表的精神;一个时代的性格,是青年代表的性格①。在当代中国，我们的民族、我们的青年应该坚守什么样的价值品质呢？从古代"从善如登，从恶如崩"的道德准则，到当代弘扬社会主义核心价值观，从"见善则迁，有过则改"到助人为乐、宽容谦让，从"礼义廉耻"到"公正法治"，这都是当代青年为人处世的标准，也是当代青年应该坚守的价值观。其中，对马克思主义科学信仰的价值认同对新时代青年尤为重要。首先，要引导当代青年深刻认识并理解马克思主义的科学性，厚植价值理想的科学理论根基，在深刻认识马克思主义理论的科学品格的基础上，进一步强化对马克思主义信仰的价值认同。其次，要加强当代青年对马克思主义理论的学习。马克思毕生忘我工作，努力从人类创造的一切文明成果中汲取养料，创造出博大精深的马克思主义理论。要引导青年深入学习和理解马克思主义基本原理，鼓励青年读原著、学原文、悟原理，做到深学深悟、常学常新。最后，要引导当代青年运用马克思主义科学原理指导实践、推动工作。"纸上得来终觉浅，绝知此事要躬行。"只有将理论运用于实践，才能让广大青年真正加强对科学信仰的价值认同，更好地把科学理论转化为改造世界的强大力量。

（三）培养文化认同

文化认同，指的是一种群体文化认同感，是一种个体被群体文化影响的心理效应。一个国家要实现长久的统一和稳定，民族内在的文化凝聚力至关重要，而文化认同是国家凝聚力的

---

① 张良驯，杨长征. 中国青年发展规划的理论与实践. 北京：人民出版社，2018：60.

关键所在，是国家屹立于世界民族之林的伟大精神力量，是使民族在激烈的国际竞争中立于不败之地的精神支柱。文化认同不仅仅是抽象的文化符号，更是人的社会属性的表现形式，是一个人最根本的信仰所在。它融入人们的内心，内化为人存在的一部分，并通过生活方式、行为模式、价值观念、思维方式等形态表现出来。文化认同更是文化自信的基础，没有坚定的文化认同，就不可能有坚定的文化自信。

当今社会的发展日新月异，人们的思想受到各种多元文化的影响，这对培养和增进文化认同形成了很大挑战。有效应对这一挑战，关键在于形成对中华优秀传统文化、革命文化和社会主义先进文化的强烈认同感。中华优秀传统文化博大精深，是我们文化精神的根基和源泉，是中华民族的精神命脉，革命文化和社会主义先进文化是中华民族文化的独特标识，是激励全党全国人民奋勇前进的强大精神力量，这些文化是形成中国特色社会主义文化自信的重要基础。马克思主义的文化理论是引导我国建设文化强国的根本指导思想，要加强青年的信仰培育，就要引领当代青年不断增强中国特色社会主义文化自信。首先，要加强中华优秀传统文化的宣传教育。中华文化有其独特的魅力，五千多年文化源远流长，成为中华民族生生不息、发展壮大的精神滋养，要加大对中华民族历史文化的宣传力度，引导广大青年树立正确的文化观，旗帜鲜明地反对文化虚无主义和历史虚无主义，这是坚定文化认同的基础。其次，加强革命文化的宣传教育。我们党领导革命、建设、改革开放的各个时期，形成了我们民族独有的红色文化、先进群体、模范人物，是中国人民艰苦奋斗、玉汝于成的真实写照和生动体现，如井冈山精神、长征精神、"两弹一星"精神、焦裕禄精神等等。要根据我国各地区的具体实际，深入阐释各地的革命历史和社会主义革命文化。再次，加强社会主义先进文化的宣传教育。社会主义先进文化是中国共产党领导人民在社会主义建设和改革开放实践中形成的，具有显著的时代特征，社会主义核心价值观就是先进文化的重点内容，凝聚起推动社会主义精神文明和物质文明协调发展的强大动力。同时，还要加强初心和使命教育。为中国人民谋幸福、为中华民族谋复兴的初心和使命，是我们党保持永不懈怠的精神状态和一往无前的奋斗姿态的根本动力。通过在青年群体中开展初心和使命教育，可以让广大青年认清文化自信究竟是何来路、要做何用、有何去路，从内心真正热爱自己的国家和民族，增进对中国特色社会主义先进文化的认同感、归属感和自信心，让文化自信成为坚定的精神信仰。

第三节　造就新时代的青年马克思主义者

中国特色社会主义进入新时代，需要建设一支党和国家事业发展的生力军，培育和造就新时代的青年马克思主义者。党的十九大报告提出，要培养担当民族复兴大任的时代新人，而培养时代新人的重心在于以坚定的理想信念筑牢精神之基，坚定对马克思主义的信仰，对社会主义和共产主义的信念，对中国特色社会主义道路、理论、制度、文化的自信。未来是属于青年人的，新时代青年要以马克思主义信仰激扬青春奋进，书写青春华章，为实现中国梦注入青春力量。

一、以坚定信仰勇担时代使命

人民有信仰，民族有希望，国家有力量。习近平深情地指出："青年一代有理想、有本领、有担当，国家就有前途，民族就有希望。"[①] 中国特色社会主义进入新时代，需要培养时代新人，凝聚青春力量。培养新时代的青年马克思主义者，是夺取新时代中国特色社会主义伟大胜利的重要保障。新时代的青年马克思主义者，就是坚定马克思主义信仰、走在时代前列、勇担历史使命、充满昂扬斗志和奉献热情的新时代青年。新时代青年既要立足本民族，坚定共产主义远大理想和中国特色社会主义共同理想，承担起民族复兴的历史使命；又要胸怀世界，树立人类命运共同体意识，肩负起全球化时代的历史责任。

要坚持共产主义远大理想。科学社会主义是建立在坚实的理论基础和实践基础之上的。青年马克思和青年恩格斯通过艰苦的理论与实践探索，完成了从激进的革命民主主义者向共产主义者的转变。在唯物史观和剩余价值理论这两大理论发现的基础上，科学社会主义的诞生使社会主义理论运动与工人阶级现实运动历史性汇合，激荡出巨大的现实能量。根据唯物史观

---

① 习近平. 决胜全面建成小康社会 夺取新时代中国特色社会主义伟大胜利：在中国共产党第十九次全国代表大会上的报告. 北京：人民出版社，2017：70.

的基本原理，人类社会从资本主义发展到社会主义进而迈入共产主义是一个客观的、自然的历史过程。到了共产主义社会阶段，马克思设想道："代替那存在着阶级和阶级对立的资产阶级旧社会的，将是这样一个联合体，在那里，每个人的自由发展是一切人的自由发展的条件。"① 共产主义信仰是马克思主义信仰的核心组成部分，集中体现了马克思主义为全人类求解放的价值目标，而共产主义理想社会的实现，即人类由必然王国迈入自由王国的飞跃，是一个极为漫长的过程。实现这一远大理想，必然会经历无数坎坷，承受无数考验，这就需要一代又一代青年人在前赴后继中不懈追寻和努力。当代青年要正确认识共产主义远大理想同中国特色社会主义共同理想之间的关系，将共产主义的最终目标融入中国特色社会主义的阶段性事业之中，将共产主义的最高追求融入日常生活的现实努力之中，为共产主义远大理想奋斗终生。

要坚定中国特色社会主义共同理想。党的十九大报告指出，中国特色社会主义是党和人民历经千辛万苦、付出巨大代价取得的根本成就。坚持和发展中国特色社会主义，是改革开放以来我们党全部理论和实践的鲜明主题，也是习近平新时代中国特色社会主义思想的核心要义。习近平多次强调，"中国特色社会主义是社会主义，不是别的什么主义"②，其根本原

---

① 马克思，恩格斯. 马克思恩格斯文集：第 2 卷. 北京：人民出版社，2009：53.
② 中共中央宣传部. 习近平新时代中国特色社会主义思想三十讲. 北京：学习出版社，2018：26.

因就在于对科学社会主义基本原则的坚持。从内涵上看，中国特色社会主义包括中国特色社会主义道路、中国特色社会主义理论体系、中国特色社会主义制度、中国特色社会主义文化，是道路、理论、制度、文化四个方面的有机统一。现阶段我们各族人民的共同理想是，在中国共产党领导下，坚持和发展中国特色社会主义，实现中华民族伟大复兴。这一共同理想来源于当代中国社会主义现代化建设取得的伟大成就，在世界上高高举起了中国特色社会主义伟大旗帜；这一共同理想还来源于近代以来中华民族追求民族解放和复兴的伟大斗争，让在苦难中铸就辉煌的中华民族以更加昂扬的姿态屹立于世界民族之林；这一共同理想更来源于中华民族源远流长生生不息的伟大文明，让勤劳勇敢的中国人民在五千多年的历史中风雨无阻、高歌前行。当代青年要坚定对中国特色社会主义道路、理论、制度、文化的自信，把中国特色社会主义这篇大文章继续做下去，续写出更加宏伟的篇章。

要树立人类命运共同体意识。马克思主义的世界历史思想描述了"日益完善的生产方式、交往以及因交往而自然形成的不同民族之间的分工"[①] 带来的各个民族原始封闭状态的解除，以及在资本主义条件之下历史何以成为世界历史的演进过程。当今时代，马克思的科学预言已经在世界各国的普遍交往和深度依存中成为不可辩驳的现实，人类交往的世界性更加深入和广泛，各国相互联系和彼此依存更加频繁和紧密，超越了

---

① 马克思，恩格斯. 马克思恩格斯文集：第 1 卷. 北京：人民出版社，2009：541.

历史上的任何时期。面对人类已经生活在同一个地球村的时代背景，习近平创造性地提出构建人类命运共同体的重要思想，呼吁世界各国携手构建以合作共赢为核心的新型国际关系，协力打造人类命运共同体。正如《礼记·中庸》所记载，"万物并育而不相害，道并行而不相悖"。身处经济全球化的历史大势，"一体化的世界就在那儿，谁拒绝这个世界，这个世界也会拒绝他"①。全球化时代的中国青年承载着民族和国家的希望，也承载着人类未来的希望。面对朋辈，青年人最容易建立畅通的交流、结下纯洁的友谊，为各国之间的民间交往和人文互信打下良好的基础；面对挑战，青年人最善于拥抱变化，乐于团结合作，勇于迎难而上，不断解决发展中的新课题；面向未来，青年人最具有非凡的想象力和创造力，最能够读懂时代潮流的语言，拥抱崭新的未来世界。在联合国教科文组织第九届青年论坛开幕式上，习近平殷切地指出："希望各国青年用欣赏、互鉴、共享的观点看待世界，推动不同文明交流互鉴、和谐共生，积极为构建人类命运共同体添砖献瓦。"② 新时代的中国青年，更要积极承担全球化时代的历史责任，为推动人类文明发展进步提供中国智慧，为维护人类共同利益贡献中国力量，为建设一个更加美好的世界做出中国青年的努力。

---

① 习近平. 在纪念马克思诞辰 200 周年大会上的讲话. 北京：人民出版社，2018：22.
② 习近平. 习近平主席在联合国教科文组织第九届青年论坛开幕式上的贺词. 人民日报，2015 - 10 - 27（1）.

> 新时代的中国青年,更要积极承担全球化时代的历史责任,为推动人类文明发展进步提供中国智慧……

二、以马克思主义崇高信仰激扬青春

青年兴则国家兴,青年强则国家强。在每一个历史时代,青年始终是最富有朝气、最富有梦想的群体。回望历史,近代以来的中华儿女为了革命理想不懈奋斗的历程,始终与民族复兴和国家富强的历史进程紧密相连。在历史的滚滚洪流中,马克思主义的崇高信仰引领着一代代青年为追寻信仰前赴后继,一代代青年的接力奋斗也让马克思主义的科学真理永葆青春活力。李大钊曾寄语青年,要"为世界进文明,为人类造幸福,以青春之我,创建青春之家庭,青春之国家,青春之民族,青春之人类,青春之地球,青春之宇宙,资以乐其无涯之生"①。新时代青年要在经典著作中感悟马克思主义科学信仰,在实践砥砺中追求马克思主义崇高信仰,在时代考验中坚守马克思主义伟大信仰,以马克思主义信仰激扬青春奋进。

(一)从"学马"到"懂马"——感悟信仰须水滴石穿

"学马"是"懂马"的前提。习近平在哲学社会科学工作座谈会上的讲话中指出,"坚持以马克思主义为指导,是当代中国哲学社会科学区别于其他哲学社会科学的根本标志,必须旗帜鲜明加以坚持"②。马克思主义的科学属性、实践意义和时代价值对当代青年学习和实践马克思主义提出了客观要求。"懂马"则是"学马"的目标,只有真正懂得马克思主义的思想精髓和基本原理,才能熟练运用马克思主义的世界观和方法论认识和改造世界。从"学马"到"懂马"并非一日之功,需要水滴石穿的努力。马克思主义的科学理论是其作为信仰的理论基石,没有扎实的理论学习作为基础,筑于其上的所谓"信仰"便会摇摇欲坠、面临坍塌的危机。因此,提高自身理论素养是当代青年成为一名真正的马克思主义信仰者的首要任务。真理的力量是不可战胜的,"人们往往容易崇拜权力而轻视理论的力量,实际上正确的、科学的理论的力量比权势的力量要大得多"③。

从"学马"到"懂马",要求把握好研读马克思主义经典和

---

① 李大钊. 李大钊全集:第1卷. 北京:人民出版社,2013:318.
② 习近平. 在哲学社会科学工作座谈会上的讲话. 北京:人民出版社,2016:8.
③ 陈先达. 伟大的马克思:做新时代马克思主义者. 天津:天津人民出版社,2019:195.

领悟马克思主义原理之间的关系。习近平曾要求全党同志："要把读马克思主义经典、悟马克思主义原理当作一种生活习惯、当作一种精神追求，用经典涵养正气、淬炼思想、升华境界、指导实践。"① 读原著、悟原理，点明了学习马克思主义的两个重要方面。马克思主义基本原理是对马克思主义的立场、观点、方法的集中概括，是马克思主义思想的精华所在，必须全面、准确地加以把握。而要真正掌握马克思主义基本原理，研读经典著作便是不可或缺的一环。马克思主义经典著作包含着马克思、恩格斯、列宁、毛泽东等经典作家在不同历史时期的代表作，系统地展示了理论发展的全景，有利于青年人在理解的基础上学会运用马克思主义，并在马克思主义的理论指导下分析和解决现实问题。当代青年要将读原著、悟原理作为马克思主义理论学习的基本方式，以滴水之功求穿石之效，时时刻刻将"学马"与"懂马"相结合，促进从"学马"到"懂马"的思想飞跃，不断接受马克思主义科学理论的滋养。唯有如此，才能在掌握科学世界观与方法论的基础上加深对客观世界发展规律的理解，以达到有所发现、有所创造的境地，更有智慧、更有自信、更有底气地坚持好和发展好新时代中国特色社会主义。

（二）从"知马"到"用马"——砥砺信仰须知行合一

如果说从"学马"到"懂马"还是停留在理论层面，那么从"知马"到"用马"则是从理论迈向实践的关键一步。"知马"是"用马"的基础，掌握马克思主义科学理论是用马克思

---

① 习近平. 在纪念马克思诞辰 200 周年大会上的讲话. 北京：人民出版社，2018：26.

主义的立场、观点、方法观察和分析世界的基础;"用马"则是"知马"的最终归宿,如何在"知马"的基础上正确地"用马",由知入行、以行促知、知行合一,是当代青年面临的重要课题。习近平强调:"坚持以马克思主义为指导,最终要落实到怎么用上来。"① 对于当代青年而言,学会"用马"离不开实践的砥砺,马克思主义信仰的真理性只有在实践中才能得到检验和发展,其价值性也只有在指导实践活动的过程中才能充分发挥出引领的功能。

青年的实践始于自身的道德修养和践履。道德修养就是自觉地将社会的道德规范、准则和要求内化为内在的道德品质,以促进人格的自我培育和完善的实践过程。加强自身的道德修养,需要省察克治、身体力行。青年既要忠于祖国、忠于人民,弘扬爱国主义精神和社会主义道德,也要遵守社会公德、完善个人品德,传承中华民族传统美德,"勿以恶小而为之,勿以善小而不为"。当代青年要在与祖国同呼吸、与民族同步伐、与人民心连心的高尚情怀中陶冶社会主义道德观,深化具有马克思主义价值取向的道德践履。

青年的实践重在求真学问、练真本领。当今时代日益呈现出知识更新不断加快、社会分工日益细化、新技术新模式新业态层出不穷的特征,既为青年的人生发展提供了广阔舞台,也对青年的学问本领提出了更高要求。"问渠那得清如许?为有源头活水来。"青年成长成才一定要以扎实的知识基础和过硬

---

① 习近平. 在哲学社会科学工作座谈会上的讲话. 北京:人民出版社,2016:13.

的本领能力为基石，在持续学习和不断实践中充分发挥自身潜力。当代青年要珍惜大好时光，努力学习马克思主义立场观点方法、学习科学文化知识和专业技能，让勤奋学习成为青春远航的动力，让增长本领成为青春搏击的力量。

青年的实践落脚于知行合一、砥砺奋斗。"道虽迩，不行不至；事虽小，不为不成。"① 人生的价值要靠务实奋斗来实现，民族的复兴也只有在艰苦奋斗中才能成为现实。中国特色社会主义进入新时代，靠的就是中国人民特别是一代代中国青年栉风沐雨、砥砺前行，实现中华民族伟大复兴，更需要当代青年持之以恒的不懈奋斗。习近平曾以切身体会鼓励青年："我在长期工作中最深切的体会就是：社会主义是干出来的。"② 广大青年要努力成为有理想、有学问、有才干的实干家，在实干中闯出新天地，创造新事业，不负新时代。

（三）从"姓马"到"信马"——坚守信仰须历经考验

马克思主义不仅是科学的理论，更是科学的信仰。从"学马"到"懂马"是青年坚定科学信仰的根本要求，从"知马"到"用马"是发挥理论引领力量的实践过程，从"姓马"到"信马"则是青年高尚精神的自觉追寻和理想信仰的真正建立。马克思说过"在科学上没有平坦的大道，只有不畏劳苦沿着陡峭山路攀登的人，才有希望达到光辉的顶点"③。有信仰是立

---

① 方勇，李波.荀子.北京：中华书局，2011：21.
② 习近平.在北京大学师生座谈会上的讲话.北京：人民出版社，2018：14.
③ 马克思，恩格斯.马克思恩格斯文集：第5卷.北京：人民出版社，2009：24.

身之魂，唯有做到有信仰有情怀有担当，始终坚守理想信念的伟大力量，才能坚定地走在马克思主义所指出的光明道路上。当代青年要把马克思主义理想信念作为精神之"钙"，用科学信仰武装头脑，深刻领悟马克思主义内涵和方法并运用到社会主义现代化建设的实践中。

成为一名马克思主义者并非需要理论与实践上的双重印证。"姓马容易信马难"这句警语更加强调了从马克思主义的学习者、研究者到真正的信仰者之间仍然存在漫长的道路，需要经受考验。能否成为马克思主义的坚定信仰者，在于是否真正掌握了马克思主义的思想真谛，真正领会了马克思主义的实质，即运用马克思主义的立场、观点、方法研究和解决现实问题，并以此指导实践。毛泽东曾就党内存在的严重的主观主义错误批评道："对于理论脱离实际的人，提议取消他的'理论家'的资格。只有用马克思主义观点来研究实际问题、能解决实际问题的，才算实际的理论家。"[1]

自马克思主义问世以来，马克思主义与反马克思主义之间的斗争就从未停息，而马克思主义与伪马克思主义、非马克思主义之间的斗争也不容忽视。新时代中国青年必须具备坚定的政治信仰和高度的责任感，坚决维护马克思主义在我国意识形态领域的指导地位，反对"伪马"、"非马"和"反马"的各种势力，敢于在错误思潮面前亮剑，积极发出当代中国青年的声音。信仰马克思主义，为实现共产主义远大理想而奋斗，归根

---

[1] 毛泽东. 毛泽东文集：第2卷. 北京：人民出版社，1993：374.

到底是要为广大人民的根本利益而奋斗。当代青年不仅要牢记"姓马",而且要真正"信马",树立起坚定的理想信念和信仰意识,始终葆有"天下兴亡,匹夫有责"的使命和担当,始终怀抱"为世界进文明,为人类造幸福"的胸襟和气魄,始终肩负"士不可以不弘毅,任重而道远"的历史重任。

新的历史时代孕育着马克思主义的新发展,信仰只有在时代的熔炉中才能不断淬炼出耀眼的光芒。新时代中国青年不仅要学习经典马克思主义,更要学习 21 世纪马克思主义、当代中国马克思主义,要以习近平新时代中国特色社会主义思想武装头脑,深刻理解其中蕴含的治国理政新理念新思想新战略,才能最终成为坚定的"信马"青年。心中有信仰,脚下有力量。当代青年要始终坚持将"学""用""信"三者统一起来,即将学习马克思主义、运用马克思主义、信仰马克思主义相统一,积极传播马克思主义的科学理论,不断发扬马克思主义的真理伟力,争做马克思主义的坚定信仰者、忠诚践行者和有力传播者。初心凝聚动力,使命铸就辉煌。在中华民族伟大复兴的历史征程中,新时代青年马克思主义者要珍惜时代机遇、担负时代使命,在担当中历练,在尽责中成长,不断书写新时代中国特色社会主义的宏伟画卷,不断推动马克思主义中国化时代化的历史进程,让马克思主义在中国大地上创造出更多更伟大的发展奇迹!

结 语

中国特色社会主义进入新时代，马克思主义理论与实践的发展也进入了全新的时代。从世界社会主义500年的大视野来看，我们依然处在马克思主义所指明的历史时代之中。马克思主义在新时代的今天依然具有极其重要的真理价值，它为我们提供了观察和解读时代的科学世界观和方法论，以其科学思想的伟力始终占据着真理和道义的制高点。在新时代中国特色社会主义的伟大实践中，中国共产党人与时俱进地推动马克思主义中国化实现新的历史飞跃，形成了习近平新时代中国特色社会主义思想，在理论与实践创新中不断开辟当代中国马克思主义、21世纪马克思主义新境界，指引中华民族迈向实现伟大复兴的历史进程。

马克思主义是科学真理，更是信仰追寻。对马克思主义的信仰者而言，马克思主义是科学与信仰的统一，对马克思主义的信仰是人类历史上最具真理力量、价值引领和历史前景的伟大信仰。坚定马克思主义科学信仰对于青年世界观、人生观和价值观的养成具有重要意义。实现中华民族伟大复兴，需要培养担当民族复兴大任的时代新人，培育新时代的青年马克思主义者。

面向时代，新时代青年最重要的时代使命就是实现中华民族伟大复兴。在实现中华民族伟大复兴的伟大征程中，应对重大挑战、抵御重大风险、克服重大阻力、解决重大矛盾，都需要青年一代迎难而上、挺身而出。青年"所多的是生力，遇见深林，可以辟成平地的，遇见旷野，可以栽种树木的，遇见沙漠，可以开掘井泉的"①。当代青年要珍惜来之不易的美好时代，承接代代传承的光荣使命，努力成为德智体美劳全面发展的社会主义建设者和接班人。

面向未来，新时代青年要矢志不渝地坚定马克思主义信仰，以马克思主义崇高信仰激扬奋进人生。马克思主义在当代中国的发展进程中已经取得了丰硕成果，但真理的发展之路永无止境。理论的生命力在于不断创新。当代青年马克思主义者是推动理论创新的生力军，要坚持用鲜活丰富的当代中国实践来推动马克思主义发展，用宽广视野吸收人类创造的一切优秀文明成果，努力推进实践基础上的理论创新，不断开辟马克思主义新境界。

面向信仰，新时代青年要坚定不移地跟着中国共产党走，勇做走在时代前列的奋进者、开拓者、奉献者，在前赴后继的

---

① 鲁迅．鲁迅选集：第 2 卷．北京：人民文学出版社，1983：180．

接续奋斗中书写中国青年的时代画卷。要始终坚持马克思主义的立场、观点、方法，坚持唯有砥砺奋斗才能铸就辉煌的人生信念，将个人的事业抱负融入社会的宏大理想之中，将青春的宝贵时光融入对信仰的永恒追寻之中，将生命的有限存在融入奋斗的无限价值之中，无愧青春年华，成就无悔人生。

时代呼唤信仰，信仰引领青年，青年开创时代。"我们面临的新时代，既是近代以来中华民族发展的最好时代，也是实现中华民族伟大复兴的最关键时代。"[①] 当代中国青年是同中国特色社会主义新时代共同前进的一代。在新时代的历史方位中，当代青年享有极为广阔的发展空间，也肩负着无上光荣的使命责任，这就需要青年在时代风云的考验中坚守真理品格、不辱历史使命。广大思想政治教育工作者要通过信仰引领立德树人，更好担负起科学真理的传播者和青年成长的引路人的重任。广大青年要坚定对马克思主义的信仰、对中国特色社会主义的信念和对中华民族伟大复兴中国梦的信心，以勇敢奔跑的英姿奋力追逐中国梦，不断创造出让世界刮目相看的新奇迹，让青春在为祖国、为人民、为民族、为人类的奉献中焕发出绚烂光彩！

[①] 习近平．在北京大学师生座谈会上的讲话．北京：人民出版社，2018：11．

后 记

中国人民大学出版社策划出版"走近马克思"小丛书，邀约我撰写《马克思与青年》一书。接到约稿后，我深感诚惶诚恐，迟迟没有落笔。一是因为这套小丛书的作者陈先达、卫兴华、孙正聿、顾海良、陈学明等五位学术大家的著作已经围绕马克思主义信仰、马克思主义经典著作、马克思主义基本原理、马克思主义发展史、马克思主义中国化等重要问题做了深入阐释，作为晚辈后学，如何"接着讲"让我深感压力；二是因为这本书面向青年讲述马克思主义，如何引领青年走近马克思，深入浅出地还原马克思主义思想史并展现其理论魅力，如何在马克思主义发展史中把握青年的贡献与作用，是富有挑战性的工作。

在这个过程中，我受到了新中国培养的第一代马克思主义哲学家陈先达先生，经济学家、马克思主义政治经济学中国化的奠基人之一卫兴华先生的厚爱、支持和鼓励。围绕马克思主义与青年教育的相关问题，我多次登门请教陈老师和卫老师。陈先达老师鼓励我要在学术上传承马克思主义，把自己坚定的马克思主义信仰传递给青年学生，要把学术性、思想性和生动性结合起来向青年阐释和书写马克思主义，把道理讲到青年心里。陈老师也欣然接受了以对谈的方式为本书作序，深入浅出、娓娓道来地回应了当下青年关心的问题。卫兴华老师不断鼓励我要把所学、所信、所爱传达给学生，要用学生听得懂的语言讲授马克思主义，传递好学术的"接力棒"，引导学生树立正确的价值观。在与卫老师最后一次会面时，他把自己的几箱藏书都搬出来，一本本赠送给我并反复叮嘱；在他写给我的最后一次来信中，卫老师谦虚地讲"无深知高论"，但愿意聊聊"面向青年的马克思主义"。未承想，卫老师因病情突然加重而不幸离世，本书未能收录卫老师的专访也成了一个永久的遗憾。

可以说，《马克思与青年》这本书的顺利完稿离不开前辈学者的厚爱与支持。陈先达老师说，我们所从事的是一项重要的工作，我们讲授的内容可以影响学生一生。也正是在这一责任使命的驱使下，我更加明白了向青年解读马克思主义的意义所在。借此机会，我想向陈先达老师、卫兴华老师等前辈学者致以晚辈后学的敬意，他们以坚定的信仰、高尚的师德和无私奉献的精神影响着一代代马克思主义理论工作者，引领着无数青年学子追寻马克思主义真理，让我辈有幸站在更高的起点上从事科研与教学工作。在书稿写作的过程中，我参与了中央马克思主义理论研究和建设工程重点教材配套用书《〈马克思主义基本原理概论〉辅导用书》的编写工作，围绕如何面向青年讲授马克思主义，受到了首席专家刘建军教授和编写组各位专家学者的指导和启发，在此向他们表示由衷的感谢！也一并感谢为本书提出意见和建议的吴起民、安哲照、王莅、兰洋诸位老师，谢谢参与书稿相关工作的周鼎、杨磊、杨彬彬、安丽梅、高揽月、刘月红、郑梅玲、杨慧、柯旭东同学，他们以青年的视角为本书提出了诸多宝贵意见。

习近平在纪念马克思诞辰200周年大会上用三个"一生"高度概括了马克思的精神品格，指出马克思的一生，是胸怀崇高理想、为人类解放不懈奋斗的一生，是不畏艰难险阻、为追求真理而勇攀思想高峰的一生，是为推翻旧世界、建立新世界而不息战斗的一生。《马克思与青年》一书面向新时代青年而作，希望能够帮助青年走近马克思，重温马克思的光辉思想，感悟马克思主义的真理力量，树立马克思主义的崇高信仰。

作为一名青年教师，我深知要接过上一代人的精神旗帜，在学习前辈学人的师者风范和情怀中做好学术传承；要站稳马克思主义的立场，承担起传播马克思主义真理的重任；要把道理讲到学生心里，让马克思主义信仰扎根在学生内心深处。感谢中国人民大学出版社给我一次总结和梳理教授马克思主义理论和思想政治理论课的教学思考的机会，敦促我以"在路上"的"学习者"的身份践行"传授者"的使命。由于自身学识能力所限，书中难免存在不妥与疏漏之处，敬请读者批评指正。

：